AGRIDULCE

SUSAN CAIN

Agridulce

La fuerza de la melancolía
en un mundo que rehúye la tristeza

Traducción de David León Gómez

URANO

Argentina – Chile – Colombia – España
Estados Unidos – México – Perú – Uruguay

Título original: *Bittersweet*
Editor original: Random House, un sello de Penguin Random House LLC, New York
Traducción: David León Gómez

1.ª edición Abril 2022

Copyright © 2022 Susan Cain
All Rights Reserved
© 2022 de la traducción *by* David León Gómez
© 2022 *by* Ediciones Urano, S.A.U.
Plaza de los Reyes Magos, 8, piso 1.º C y D – 28007 Madrid
www.edicionesurano.com

ISBN: 978-84-17694-69-2
E-ISBN: 978-84-19029-89-8
Depósito legal: B-3.530-2022

Fotocomposición: Ediciones Urano, S.A.U.

Impreso por: Rodesa, S.A. – Polígono Industrial San Miguel
Parcelas E7-E8 – 31132 Villatuerta (Navarra)

Impreso en España – *Printed in Spain*

A la memoria de Leonard Cohen

There is a crack, a crack in everything.
That's how the light gets in.

L. C.

Gregorio Magno (h. 540-604) habló de la compunctio, *el dolor sagrado, la pena que siente quien se ve delante de lo más hermoso… La experiencia agridulce procede de la condición de desahuciado que siente el hombre en un mundo imperfecto, de su conciencia y, al mismo tiempo, deseo de la perfección. Este vacío espiritual interior se vuelve dolorosamente real cuando se encuentra frente a la belleza. Ahí, entre la pérdida y lo deseado, se forman las lágrimas sagradas.*

OWE WIKSTROM, PROFESOR DE PSICOLOGÍA DE LA RELIGIÓN EN LA UNIVERSIDAD DE UPSALA

NOTA DE LA AUTORA

Aunque, oficialmente, he estado trabajando en este libro desde 2016, llevo toda mi vida (como no tardarás en leer) preparándome para escribirlo. Son cientos las personas con las que he hablado, de viva voz o por escrito, sobre cuanto es agridulce y cuyos escritos sobre el particular he leído. A algunas las menciono de forma explícita y otras han dado forma a mi pensamiento. Me habría encantado nominarlas a todas, pero, de haberlo hecho, el presente libro habría resultado ilegible. Por tanto, algunos nombres aparecen solamente en las notas y los agradecimientos, mientras que otros, sin duda, se me habrán quedado por error en el tintero. Les estoy agradecida a todos.

También por hacer más legibles estas páginas he prescindido de puntos de elisión y de corchetes en ciertas citas, aunque siempre me he asegurado de que las palabras añadidas u omitidas no mudaran el significado de lo que quiso decir su autor. Quien desee remitirse a las fuentes originales encontrará las referencias de la mayoría de ellas en las notas finales.

Por último, he cambiado los nombres y otros detalles identificadores de algunas de las personas cuya historia refiero. Si bien no he verificado los testimonios personales que me han transmitido los entrevistados, solo incluyo los que he considerado verdaderos.

Sarajevo Requiem, de Tom Stoddart, © Getty Images

PRELUDIO

El violonchelista de Sarajevo

Una noche, soñé que quedaba con una amiga mía poeta llamada Mariana en Sarajevo, la ciudad del amor. Me desperté confundida. ¿Sarajevo, símbolo del amor? ¿No fue escenario de una de las guerras civiles más sangrientas de finales del siglo xx?

Entonces lo recordé.

Vedran Smailović.

El violonchelista de Sarajevo. [1]

Estamos a 28 de mayo de 1992 y Sarajevo está sitiada. Los musulmanes, los serbios y los croatas llevan siglos conviviendo en esta ciudad de tranvías y confiterías, cisnes que se deslizan con suavidad en los estanques de los parques, mezquitas otomanas y catedrales ortodoxas; una ciudad con tres religiones y tres pueblos en la que, sin embargo, hasta hace poco nadie prestaba demasiada atención a quién era quién. Lo sabían y no lo sabían. Preferían verse como vecinos que se encontraban para tomar café o un kebab, coincidían en clase en la universidad y, a veces, se casaban y tenían hijos.

Y, de pronto, la guerra civil. Los combatientes de los montes que rodean la ciudad han cortado el suministro eléctrico y el agua. El estadio olímpico de los Juegos de 1984 yace hecho cenizas y sus pistas se han transformado en tumbas improvisadas. Los bloques de pisos están picados de viruelas por la acción de los morteros, los semáforos están rotos y las calles, sumidas en el silencio. Solo se oye el crepitar de los disparos...

Hasta este preciso instante, en que los compases del *Adagio en sol menor* de Albinoni invaden la calle peatonal situada frente a una panadería destrozada por las bombas.*

¿Conoces esta pieza? Si no, quizá deberías pararte a oírla ahora mismo: youtube.com/watch?v=kn1gcjuhlhg. Resulta evocadora, exquisita, triste hasta lo infinito. Vedran Smailović, violonchelista primero de la Ópera de Sarajevo, la está tocando en honor a las veintidós personas que murieron ayer por un proyectil de mortero mientras esperaban en la cola del pan. Smailović, que estaba cerca cuando estalló la bomba y ayudó a atender a los heridos, ha vuelto al escenario de la matanza vestido como si acudiera a un concierto en el teatro de la ópera, con camisa blanca y frac negro. Se sienta entre los cascotes, en una silla blanca de plástico y con el chelo entre las piernas. Las notas anhelantes del *Adagio* ascienden hacia el cielo.

A su alrededor disparan los fusiles, retumban las bombas y restallan las ametralladoras. Smailović sigue tocando. Hará lo mismo durante veintidós días, uno por cada persona muerta ante la panadería. De un modo u otro, las balas nunca lo alcanzan.

La ciudad está construida en un valle, envuelta por montañas desde la que los tiradores de precisión apuntan a los habitantes que, famélicos, buscan hacerse con pan. Algunos aguardan durante horas antes de poder cruzar la calle, corriendo como venados a los que persigue el cazador.

Pero hete aquí a un hombre sentado en una plaza, ataviado con las galas propias de un concierto como si tuviese todo el tiempo del mundo. *«Me preguntáis si estoy loco por tocar el chelo en zona de guerra*

---

* Aunque normalmente se atribuye a Tomaso Albinoni, lo más probable es que sea obra del musicólogo italiano Remo Giazotto, quien posiblemente se basó en un fragmento de una composición de Albinoni. (*Britannica* [*Enciclopedia británica* en línea], https://www.britannica.com/topic/Adagio-in-G-Minor).

—dice—. ¿Por qué no les preguntáis a ellos si no están locos por bombardear Sarajevo?».

Su gesto resuena en toda la ciudad por las ondas radiofónicas. No tardará en encontrar expresión en una novela y una película; pero, antes aún, durante los días más aciagos del asedio, Smailović inspirará a otros músicos, que saldrán a la calle con sus propios instrumentos. Algunos morirán por las balas de los tiradores mientras tocan, no música marcial con la que enardecer a los soldados frente a los tiradores, ni música pop con la que animar los corazones de la ciudadanía: los que se afanan en destruir atacan con cañones y con bombas y los músicos responden con la música más agridulce que conocen.

«Nosotros no somos combatientes», aseveran los violines. «Tampoco somos víctimas», añaden las violas. «Somos solamente seres humanos —cantan los violonchelos—; humanos solamente, imperfectos y hermosos y sedientos de amor».

Han pasado unos meses. La guerra civil sigue causando estragos y el enviado especial Allan Little observa una procesión de cuarenta mil paisanos surgir de un bosque. Llevan cuarenta y ocho horas seguidas caminando penosamente entre los árboles mientras huyen de un ataque.

Entre ellos hay un anciano de ochenta años. Parece desesperado, exhausto. El hombre se dirige a Little y le pregunta si ha visto a su esposa, de quien se ha separado durante la larga marcha.

Él le responde que no y, como buen periodista, le pregunta a su vez si no le importaría identificarse como musulmán o como croata. Y la respuesta del hombre, como recuerda Little años después en una preciosa grabación de la BBC, sigue sonrojándolo pese a las décadas transcurridas.

—Yo —dijo el octogenario— soy músico. [2]

ÍNDICE

Nota de la autora 11

Preludio: el violonchelista de Sarajevo 13

Índice 17

Introducción: el poder de lo agridulce 21

PRIMERA PARTE
LA PENA Y LA AÑORANZA

1. ¿Para qué sirve la tristeza? 39
2. Por qué anhelamos un amor «perfecto» e incondicional
   (y qué tiene esto que ver con nuestra afición a las canciones
   tristes, los días de lluvia y también lo divino) 63
3. ¿Está ligada la creatividad a la tristeza, el anhelo...
   y la trascendencia? 93
4. ¿Cómo deberíamos afrontar el amor perdido? 121

SEGUNDA PARTE
GANADORES Y PERDEDORES

5. ¿Cómo se ha convertido en una cultura de sonrisas
   normativas una nación fundada sobre tanto dolor? 157

6. ¿Cómo podemos superar la positividad forzosa
en el trabajo y otros ámbitos?............................ 179

TERCERA PARTE
MORTALIDAD, TRANSITORIEDAD Y DOLOR

7. ¿Deberíamos tratar de vivir eternamente?.................. 207

8. ¿Deberíamos «sobreponernos» a la pena
y la transitoriedad?..................................... 225

9. ¿Heredamos el dolor de nuestros padres
y nuestros ancestros? Y, si es así,
¿podemos transformarlo al cabo de varias generaciones?..... 251

Coda: cómo volver a casa 281

Agradecimientos.. 295

Notas... 303

Retrato de una joven (Ucrania, 2021), © Tetiana Baránova
(Instagram: @artbytaqa)

INTRODUCCIÓN:

El poder de lo agridulce

Siempre nostalgia hallamos por un mundo distinto, otro.[1]

Vita Sackville-West, *The Garden*

Hace tiempo, cuando tenía veintidós años y estudiaba derecho, vinieron a recogerme unas amigas a mi cuarto para ir a clase. Había estado oyendo, feliz, música agridulce en clave menor, no el *Adagio* de Albinioni, que entonces todavía no conocía, sino probablemente una canción de mi eterno favorito Leonard Cohen, también conocido como el Poeta Laureado del Pesimismo.

No es fácil expresar con palabras lo que experimento al escuchar esta clase de música. En teoría es triste, pero lo que yo siento en realidad es amor, una gran efusión impetuosa de amor; una honda afinidad con todas las demás almas del mundo que conocen la pena que la música se afana en expresar; un claro sobrecogimiento ante la capacidad del músico para transformar el dolor en belleza. Si estoy sola mientras oigo la música, a menudo adopto un gesto espontáneo de plegaria, uniendo las manos y llevándomelas al rostro aunque soy profundamente agnóstica y nunca rezo formalmente. La música, sin embargo, me abre el corazón, literalmente, porque siento que se me expanden los músculos del pecho. Hasta me parece bien que todos mis seres queridos, incluida yo misma, vayamos a morir un día. Esta ecuanimidad en lo tocante a la muerte dura quizá tres minutos, pero, cada vez que se manifiesta, me cambia ligeramente. Si definimos trascendencia como un instante en el que el propio ser se difumina y uno se siente conectado al absoluto, nunca he estado tan cerca de experimentarlo como en esos momentos musicalmente agridulces. Eso sí, nunca dejan de repetirse.

Y nunca he logrado entender por qué.

Mientras, mis compañeras se reían de lo incongruente que resultaba que aquellas canciones tristes sonaran a todo volumen en el equipo de música de un dormitorio universitario. Una de ellas me preguntó qué hacía oyendo marchas fúnebres, yo me reí y nos fuimos a clase. Fin de la historia.

En realidad, le estuve dando vueltas a aquel comentario los siguientes veinticinco años. ¿Por qué la música melancólica me resultaba tan extrañamente inspiradora? ¿Qué tiene nuestra cultura para que algo así sea motivo de burla? ¿Por qué mientras escribo esto estoy sintiendo la necesidad de asegurarte que también me encanta la música bailable (cosa que es totalmente cierta)?

Al principio, todas estas no eran más que preguntas interesantes. Sin embargo, a medida que buscaba las respuestas, me fui dando cuenta de que se trataba de cuestiones fundamentales, de las grandes; de que la cultura contemporánea nos ha adiestrado para que no nos las planteemos, y de que eso nos empobrece marcadamente.

Hace dos mil años, Aristóteles se preguntaba por qué los grandes poetas, filósofos, artistas y políticos tienen a menudo personalidades melancólicas.[2] Se basaba en la antigua creencia de que el cuerpo humano contiene cuatro humores, o sustancias líquidas, vinculadas a otros tantos temperamentos: melancólico (triste), sanguíneo (feliz), colérico (enérgico) y flemático (calmoso). Se daba por hecho que las proporciones de cada uno que contenía un organismo concreto conformaba su carácter. Hipócrates, el célebre médico griego, sostenía que la persona ideal disfruta de un equilibrio armonioso de los cuatro.[3] Pero muchos de nosotros tendemos a inclinarnos en un sentido o el otro.

Este libro gira en torno a la inclinación melancólica, lo que yo llamo «lo agridulce», una tendencia hacia estados de añoranza, aflicción y pena; la conciencia acentuada del paso del tiempo; un gozo curiosamente punzante de la belleza del mundo.[4] Lo agridulce está también relacionado con el reconocimiento de que la luz y la sombra, el nacimiento y la muerte —lo amargo y lo dulce— van siempre de la mano. Días de miel y días de cebolla, como dice el proverbio árabe. La tragedia de la vida está ligada de forma indisoluble con su esplendor: podemos echar abajo toda la civilización y reconstruirla desde los cimientos, que volverán a surgir las mismas dualidades. Con todo, habitarlas plenamente, para vivir la oscuridad tanto como la luz, es, por paradójico que resulte, el único modo de trascenderlas. Y trascenderlas es el fin último. Lo agridulce se identifica con el deseo de comunión, con el deseo de volver a casa.

A quien se considere de temperamento agridulce le costará analizar el aserto de Aristóteles sobre la melancolía de las personas sobresalientes sin sonar autocomplaciente; pero lo cierto es que los ecos de semejante observación han resonado a lo largo de los milenios que nos separan de él. En el siglo xv, el filósofo Marsilio Ficino afirmó que Saturno, el dios romano vinculado a la melancolía, «ha renunciando a la vida ordinaria en favor de Júpiter, pero reclama para sí una vida recluida y divina».[5] Alberto Durero, artista del xvi, representó una archiconocida personificación de tal estado como un ángel abatido rodeado por símbolos de la creatividad, el conocimiento y el anhelo: un poliedro, un reloj de arena, una escalera que asciende al cielo...[6] Por su parte, el poeta decimonónico Charles Baudelaire se confesaba incapaz de «concebir belleza alguna que no lleve en sí su tristeza».[7]

Esta visión romántica de la melancolía, que ha ido cobrando y perdiendo fuerza a lo largo de la historia, se encuentra en nuestros días de capa caída. En un influyente ensayo de 1918, Freud la desestimaba por considerarla una disposición narcisista y desde entonces ha desaparecido entre las fauces de la psicopatología. La psicología convencional la tiene por sinónimo de depresión clínica.*

Aun así, la pregunta que se hacía Aristóteles no ha desaparecido nunca. Es imposible que lo haga. La melancolía tiene cierta propiedad misteriosa, esencial. Platón y Sócrates la compartían, y también Ŷalāl ad-Dīn Rūmī, Charles Darwin, Abraham Lincoln, Maya Angelou, Nina Simone... y Leonard Cohen.

Pero ¿qué era exactamente lo que tenían?

He pasado años investigando al respecto, siguiendo el rastro que durante siglos han ido dejando artistas, escritores, místicos y sabios de todo el mundo. Su senda me llevó también a la obra de psicólogos y científicos contemporáneos; de hecho, hasta a investigadores especializados en administración de empresas (que han descubierto algunos de los puntos fuertes peculiares de dirigentes empresariales y creativos, así como el mejor modo de sacarles partido).

Todo esto me ha llevado a la conclusión de que lo agridulce no es, como solemos pensar, un sentimiento o efecto momentáneo, sino también una fuerza callada, un modo de ser, una tradición compleja que se ha pasado por alto de forma dramática pese a que rebosa de potencial humano. Constituye una respuesta genuina y enriquecedo-

---

* Esta fusión de la melancolía con la depresión tiene una tradición prolongada en la psicología occidental. Freud, de hecho, usó el vocablo *melancolía* para describir la depresión clínica: «un abatimiento dolorosísimo, falta de interés en el mundo exterior, pérdida de la capacidad de amar, inhibición de toda actividad...» La influyente psicóloga Julia Kristeva escribió en 1989 que «los términos *melancolía* y *depresión* designan la amalgama de lo que podríamos llamar *melancolicodepresivo*, cuyos límites aparecen, de hecho, difuminados». (Julia Kristeva, *The Black Sun: Depression and Melancholy*, trad. de Leon S. Roudiez, Columbia University Press, Nueva York, 1989, p. 10 [hay trad. esp. del original francés: *Sol negro: depresión y melancolía*, Wunderkammer, Terradas, 2017]. Véase también Emily Brady y Arto Haapala, «Melancholy as an Aesthetic Emotion», *Contemporary Aesthetics*, vol. 1 [2003]). Prueba a introducir «melancolía» en el motor de búsqueda de la PubMed y verás que los artículos resultantes versan sobre... la depresión.

ra al problema de estar vivos en un mundo lleno de defectos y, sin embargo, obstinadamente hermoso.

Por encima de todo, lo agridulce nos enseña a responder al miedo, al reconocerlo y tratar de convertirlo en arte como hacen los músicos, en curación, en innovación o en cualquier otra cosa que alimente el alma. Si no transformamos nuestras penas y nuestros anhelos, podríamos acabar por hacer que pagasen otros por ellos mediante el maltrato, la dominación o el abandono; pero, si somos conscientes de que todos los seres humanos conocen —o conocerán antes o después— la pérdida y el sufrimiento, podremos volvernos los unos hacia los otros.*

Esta idea —la de transformar el dolor en creatividad, trascendencia y amor— constituye la base del presente libro.

En la comunidad ideal, como en el ser humano ideal, deberán tener expresión los cuatro temperamentos hipocráticos; pero también las sociedades, como las personas, se decantan en un sentido o en otro. Y en Estados Unidos, como veremos en el capítulo 5, hemos organizado la cultura en torno a lo sanguíneo y lo colérico, que asociamos con el optimismo y la fortaleza.

Esta actitud sanguinocolérica es emprendedora y combativa; valora la actitud de quien busca resultados en su vida personal... y la de quien se indigna con aires de superioridad moral en internet. Deberíamos ser duros, optimistas y resueltos; tener la confianza necesaria para expresar lo que pensamos y las capacidades interpersonales de quien hace amigos con facilidad e influye en los demás. Los estadounidenses apreciamos tanto la felicidad que dejamos por escrito su búsqueda en nuestros documentos fundacionales y, a continuación,

---

* Nadie ha expresado esta idea mejor que el músico Nick Cave en su página *The Red Hand Files*: https://www.theredhandfiles.com/utility-of-suffering/.

nos dedicamos a crear treinta mil libros más sobre el particular, según una búsqueda reciente en Amazon. Nos enseñan desde muy pequeños a desdeñar nuestras propias lágrimas («¡No seas llorica!») y luego a censurar nuestra pena para el resto de nuestra existencia. En un estudio llevado a cabo con más de setenta mil personas, la psicóloga Susan David, de la Universidad de Harvard, pudo comprobar que una tercera parte de nosotros se juzga y hasta se castiga por albergar emociones «negativas» como la tristeza o la aflicción. «Lo hacemos no solo con nosotros mismos —señala—, sino también con la gente a la que queremos, como, por ejemplo, nuestros hijos». [8]

Recientemente, los medios sociales nos han abierto vías nuevas de expresión, pero sus arquitectos han desperdiciado una ocasión de oro, de manera que, en lugar de ayudarnos a convertir en belleza el dolor, sus algoritmos lo han encauzado hacia la indignación y la división.

Las actitudes sanguinocoléricas tienen muchas ventajas, por supuesto. Nos ayudan a lanzar una pelota para que llegue a la segunda base, aprobar una ley en el Congreso y luchar por causas nobles. Aun así, toda esta rotunda alegría y esta rabia socialmente aceptable no hacen más que disfrazar la realidad de que el ser humano —incluidos los *influencers* que pueblan la Red con coreografías impresionantes o las opiniones más feroces— es frágil y perecedero. De modo que carecemos de empatía para con quienes no están de acuerdo con nosotros; de modo que los problemas, cuando llegan, nos cogen desprevenidos.

Por el contrario, el talante agridulce-melancólico parece, de entrada, indeciso, improductivo y preso de la nostalgia. Anhela lo que podría haber sido.... o lo que podría ser.

Pese a todo, el anhelo (*longing*) es ímpetu disfrazado: es activo y no pasivo, y está ungido por lo creativo, lo tierno y lo divino. Pretendemos algo o a alguien y tendemos hacia ello (no en vano procede del latín *prae-tendere*, «estirarse hacia delante»). *Longing* deriva del inglés antiguo *langian*, «alargarse», y está emparentado con el alemán *langen*, «alargar la mano». Su sinónimo *yearning* está vinculado etimológicamente con el hambre y la sed, pero también con el deseo. En hebreo, su traducción procede de la misma raíz que la palabra que designa la pasión. En otras palabras, lo que nos hace sufrir coincide con lo que nos importa de verdad, lo bastante para actuar. Por eso en la *Odisea* de Homero fue la nostalgia lo que llevó a Ulises a emprender su épico viaje, que comienza llorando en una playa por su Ítaca natal. [9] Por eso en muchísimos de los relatos infantiles que amamos, desde Harry Potter hasta Pippi Calzaslargas, el protagonista es huérfano. Las aventuras del crío empiezan después de la muerte de sus padres, que los convierte en objetos de añoranza. Si nos atraen es porque todos estamos expuestos a la enfermedad y la vejez, a las rupturas y a la pérdida, a las plagas y a la guerra, y el mensaje oculto de todas ellas, el secreto que *llevan siglos tratando de transmitirnos* nuestros poetas y filósofos, es que esta fragilidad nuestra encierra en sí la semilla de nuestro conocimiento: nuestro anhelo (*longing*) es la gran puerta que nos lleva a la integración (*belonging*).*

Muchas de las religiones del mundo nos enseñan la misma lección. «Toda tu vida debe ser anhelo», escribe el autor anónimo de *La nube del desconocimiento*, clásico del misticismo inglés del siglo XIV. [10] «Pero el piadoso estará a salvo [si actúa] anhelando el Rostro de su Señor, el Altísimo, y por eso quedará complacido», dice el Corán (92:17-21). [11] «Dios es el suspiro que se queda en el alma», aseveraba

---

* Nos hemos hecho a la idea de que el gran relato de la humanidad es el «viaje del héroe», en el que hay un protagonista que vive una aventura, se enfrenta a un gran reto y sale transformado. Buena parte de los guiones de Hollywood se basa en esta progresión. Sin embargo, hemos olvidado nuestro otro gran relato, el que podríamos llamar el «viaje del alma», en el que nos percatamos de que hemos venido a este mundo con la sensación de haber sido relegados de nuestro verdadero hogar, de habernos visto separados de un estado en el que amamos y somos amados sin medida y de que la dulce aflicción del anhelo nos ayudará a regresar. Ansiamos la belleza porque nos recuerda a ese hogar, nos incita a emprender ese viaje.

el Maestro Eckhart, místico y teólogo cristiano del siglo XIII, mientras que una de las frases más citadas de san Agustín es la que afirma: «Nuestro corazón está inquieto hasta que descanse en ti». [12]

Es fácil sentir esta verdad durante esos momentos intemporales en los que asistimos a algo tan sublime —sea un solo legendario de guitarra o un salto gimnástico sobrehumano— que parece propio de un mundo más perfecto y hermoso. Por eso veneramos de ese modo a las «estrellas del *rock*» y a los atletas olímpicos: porque nos traen un soplo de la magia de aquel otro lugar. Con todo, estos instantes son fugaces y nos dejan con ganas de vivir para siempre en ese otro mundo, convencidos de que es allí donde está nuestro sitio.

En el peor de los casos, los de carácter agridulce se desesperan al ver que el mundo perfecto y hermoso se encuentra fuera de su alcance de manera indefectible. Sin embargo, en el mejor, hacen lo posible por que se haga realidad. Lo agridulce es el origen oculto por el que enviamos cohetes a la Luna, creamos obras de arte y engendramos historias de amor. Por añoranza tocamos sonatas al claro de luna y construimos naves para que nos lleven a Marte. Por añoranza, Romeo amaba a Julieta, Shakespeare escribió la historia de la pareja y nosotros la seguimos representando siglos más tarde.

Da igual que lleguemos a estas verdades por mediación de Pippi Calzaslargas, Simone Biles o san Agustín, que seamos ateos o creyentes: las verdades son las mismas. Podemos sentir nostalgia de la pareja que ha roto con nosotros o de la que soñamos con conocer; afán por la infancia feliz que nunca tendremos o de lo divino; deseo de llevar una vida creativa, de volver a la tierra que nos vio nacer o de una unión más perfecta (en lo personal o en lo político); la aspiración de escalar las cumbres más altas del planeta o de fundirnos con la belleza que contemplamos la última vez que fuimos a la playa de vacaciones; ansia por aliviar el dolor de nuestros ancestros o de un mundo en el que sea posible subsistir sin consumir otras vidas; anhelo por un ser al que hemos perdido, por un hijo no nacido, por la fuente de la eterna juventud o por un amor incondicional. Todas estas son manifestaciones del mismo gran dolor.

Este lugar, este estado, es lo que yo llamo «añorar el mundo perfecto y bello». En la tradición judeocristiana sería el Jardín del Edén o el reino de los cielos. Los sufíes lo llaman «el amigo del alma».[13] Sus nombres son incontables. Puede ser, sin más, «el hogar» o «*Somewhere Over the Rainbow*», o, en palabras del novelista Mark Merlis, «la costa de la que nos deportaron antes de nacer».[14] C. S. Lewis lo llamó «el lugar del que procede todo lo bello».[15] Todos estos nombres se refieren a una misma realidad, al deseo más hondo de todo corazón humano, a lo que invocó Vedran Smailović al tocar el chelo en las calles de una ciudad asolada por la guerra.

Durante las últimas décadas, *Hallelujah*, la balada del anhelo espiritual compuesta por Leonard Cohen, se ha convertido en una presencia habitual —se diría incluso que en un lugar común— de *American Idol* y otros concursos de talentos, y ese es el motivo por el que por los rostros del auditorio corren lágrimas de gozo mientras los aspirantes la interpretan por enésima vez.[16] Da igual que nos tengamos por «laicos» o «religiosos»: lo importante es que, en cierta manera fundamental, todos estamos tendiendo los brazos con el afán de alcanzar el cielo.

En la época en la que aquellas compañeras fueron a buscarme a mi cuarto de la Facultad de Derecho y empecé a plantearme preguntas sobre la música triste, conocí la idea budista de que, como lo expresa el mitólogo Joseph Campbell, deberíamos afanarnos en «participar con júbilo en las penas del mundo».[17] No podía dejar de pensar al respecto. ¿Qué quería decir? ¿Cómo era posible algo así?

Entendí que semejante principio no debía tomarse literalmente: no hablaba de bailar sobre una tumba ni de una respuesta pasiva ante la tragedia y el mal, sino de todo lo contrario: tenía que ver con la sensibilidad ante el dolor y la transitoriedad, con una invitación a abrazar este mundo de sufrimiento (o de descontento, dependiendo de la interpretación que le demos al sánscrito de la primera noble verdad del budismo).

Aquello no acabó de resolver la pregunta. Supongo que podría haber viajado a la India o al Nepal para tratar de responderla, o haberme matriculado en un curso universitario de estudios asiáticos; pero lo cierto es que no lo hice. Me limité a salir y a vivir la vida, aunque sin abandonar nunca esta duda ni otras semejantes. ¿Qué ha hecho que la tristeza, una emoción que nos abate y nos convierte en algo semejante al Ígor de Winnie the Pooh, haya sobrevivido a las exigencias de la evolución? ¿Qué es lo que guía en realidad nuestro anhelo de un amor «perfecto» e incondicional (y qué tiene que ver con el amor que profesamos a las canciones tristes, a los días de lluvia y hasta a lo sagrado)? ¿Por qué parece estar asociada la creatividad a la añoranza, a la pena... y a la trascendencia? ¿Cómo hacer frente a la pérdida del amor? ¿Cómo ha podido convertirse una nación fundada sobre tanta angustia en una cultura de alborozo normativo? ¿Cómo podemos vivir y trabajar con autenticidad en una sociedad que impone un pensamiento positivo? ¿Cómo se supone que debemos vivir sabiendo que moriremos y que morirán todos nuestros seres queridos? ¿Hemos heredado el dolor de nuestros padres y ancestros? En tal caso, ¿nos es dado también transformar algo así en una fuerza benéfica?

Décadas después, este libro es mi respuesta.

También da cuenta de mi paso del agnosticismo a... ¿A qué? A la fe no, exactamente. No soy ni más ni menos agnóstica que cuando empecé, pero sí me he convencido de que no hace falta creer en concepciones concretas de Dios para vernos transformados por el anhelo espiritual. En cierta parábola hasídica, un rabino repara en un anciano de su congregación que manifiesta una indiferencia total ante sus prédicas relativas al ser divino. Entonces, tararea para él una melodía conmovedora, una canción anhelante, y el hombre dice: «Ahora entiendo lo que quiere enseñarnos. Siento un ansia loca por ser uno con el Señor».[18] Yo me parezco mucho a este anciano. Empecé escribiendo este libro para resolver el misterio de por qué muchos de nosotros respondemos con tanta intensidad a la música triste. De entrada, parecía un asunto modesto para un proyecto de tantos años. Aun así, no podía renunciar a él. En aquel momento, no tenía la menor idea de que la música no era más que un portal a un ámbito más profundo en el que el mundo se nos vuelve sagrado y misterioso, hechizado incluso. Hay quien entra en él a través de la oración o la meditación y quien para lograrlo se interna en un bosque. La música en clave menor y otras composiciones tristes fueron el portal que me atrajo a mí, pero hay otros por todas partes y adoptan un sinfín de formas. Uno de los objetivos de este libro es el de instarte a encontrarlos... y a cruzarlos.

Cuestionario agridulce

Algunos habitamos en el estado agridulce de manera instintiva y siempre lo hemos hecho; otros lo evitamos en la medida de lo posible, y otros llegamos a él con la edad o después de afrontar los retos y los triunfos de la vida. Si te estás preguntando cuánto te inclinas hacia esta forma de sentir, te invito a rellenar el cuestionario de la página siguiente, que he creado en colaboración con dos investigadores: el doctor David Yaden, profesor de la Facultad de Medicina de la Universidad Johns Hopkins, y el doctor Scott Barry Kaufman, experto en ciencia cognitiva y director del Centro para la Ciencia del Potencial Humano.*

---

* Nota para psicólogos y otros estudiosos interesados en explorar la idea de lo agridulce: Este cuestionario está en su forma preliminar. En los estudios piloto llevados a cabo por Yaden y Kaufman no se han incluido aún pasos tradicionales como grupos de sondeo, revisión por expertos, análisis factorial exploratorio y confirmatorio de muestras más amplias, etc.

Para averiguar cuál es tu grado de agridulzor en este momento particular, hazte las siguientes preguntas e indica si encajan con tu forma de ser en una escala del 0 (nada) al 10 (completamente):

- ¿Lloras con facilidad ante un anuncio de televisión conmovedor?

- ¿Te emocionas de forma particular al ver fotografías antiguas?

- ¿Reaccionas con intensidad a la música, el arte o la naturaleza?

- ¿Te han descrito alguna vez como «muy maduro para tu edad»?

- ¿Te parecen reconfortantes o inspiradores los días de lluvia?

- ¿Sabes lo que quería decir C. S. Lewis cuando describió la alegría como una «punzada intensa y maravillosa de añoranza»?

- ¿Prefieres la poesía a los deportes (o percibes quizá lo que tienen de poético los deportes)?

- ¿Se te pone la piel de gallina varias veces al día?

- ¿Eres capaz de percibir «las lágrimas de las cosas» de las que habla Virgilio en la *Eneida*?

- ¿Te sientes elevado por la música triste?

- ¿Sueles ver al mismo tiempo lo que tienen las cosas de alegres y de tristes?

- ¿Buscas la belleza en tu día a día?

- ¿Te sientes identificado con el término «conmovedor»?

- Cuando hablas con amigos íntimos, ¿eres propenso a abordar los problemas que han tenido o que tienen?

- Por último: ¿tienes la sensación de que puedes extasiarte en el momento más insospechado?

Esta pregunta final puede parecer extraña en un inventario relativo a lo agridulce, pero no me refiero a tener una actitud optimista o una sonrisa fácil, sino a la extraña exaltación que pueden provocar los anhelos. Según un estudio reciente de Yaden, la autotrascendencia (la capacidad para ir más allá de la propia identidad, así como parientes suyos más moderados, como la gratitud y el estado de concentración conocido como *flow* o «fluir») aumenta en momentos de transición, de desenlace o muerte: en los momentos agridulces de la vida. [19]

De hecho, podría decirse que lo que predispone a una persona a lo agridulce es una conciencia agudizada de lo irreversible. La visión de un crío chapoteando feliz en un charco hará que se les salten las lágrimas a sus abuelos porque son conscientes de que, un día, ese chiquillo crecerá y se hará mayor... y ellos no estarán allí para verlo. Sin embargo, no son lágrimas de pena exactamente, sino, en el fondo, de amor.

La puntuación del cuestionario será la resultante de sumar las respuestas y dividirlas entre 15. Si obtienes menos de un 3,8, es que tiendes al carácter sanguíneo. Si la cuenta está entre el 3,8 y el 5,7, podrás considerar que te mueves entre este y el carácter agridulce. Si el resultado supera el 5,7, estaremos ante un verdadero conocedor de la línea en la que se encuentran la luz y la oscuridad.

A los lectores de mi libro *Quiet: El poder de los introvertidos* les interesará saber que los estudios exploratorios de Yaden y Kaufman revelan una estrecha vinculación entre quienes obtienen una puntuación alta en el cuestionario y el rasgo que la doctora Elaine Aron, psicóloga y escritora, denomina «alta sensibilidad».* También parecen estar muy ligados a la tendencia a la «absorción» —predictor de creatividad— y algo menos al sobrecogimiento, la autotrascendencia y la espiritualidad. Por último, hallaron cierta asociación con la ansiedad y la depresión —lo que no resulta sorprendente—. En exceso, la melancolía puede desembocar en lo que Aristóteles llamaba «enfermedades de atrabilis» (bilis negra o *mélaina jolé*, de donde procede la palabra *melancolía*). [20]

Si crees estar sufriendo depresión o un cuadro grave de ansiedad, incluso estrés postraumático, debes saber que hay mucha gente dispuesta a ayudarte. ¡No dudes en salir a buscarla! Ten en cuenta también que este volumen no va de estas afecciones, tan reales como devastadoras, ni, desde luego, pretende ensalzarlas.

Este libro versa sobre las bondades de la tradición agridulce... y de cómo el hecho de acceder a ellas puede transformar nuestra forma de crear, de ser padres, de guiar a otros, de amar y de morir. Espero que también nos ayude a comprendernos unos a otros... y a nosotros mismos.

---

* Curiosamente, no han hallado correlación alguna con la introversión.

Maya Angelou, © Craig Herndon / *The Washington Post*

PRIMERA PARTE

LA PENA Y LA AÑORANZA

Cómo transformar el dolor en creatividad,
trascendencia y amor

1

¿PARA QUÉ SIRVE LA TRISTEZA?

Antes de conocer la bondad, lo más profundo que tienes,
habrás de conocer la pena, que la sigue en profundidad.

NAOMI SHIHAB NYE [1]

En 2010, Pete Docter, célebre director de Pixar, decidió hacer una
película sobre las emociones desbocadas y confusas de una niña de
once años llamada Riley. [2] Tenía en la mente, a grandes rasgos, la
historia que quería contar. Empezaría en el momento en que la cría
se ve desarraigada de su Minesota natal y tiene que adaptarse a una
casa nueva y una nueva escuela en San Francisco mientras se enfrenta, para colmo, al torbellino emocional de la adolescencia que se
acerca.

Hasta aquí, perfecto. Sin embargo, Docter tenía ante sí un enigma creativo. Quería representar los sentimientos de Riley como adorables personajes animados que, al mando del centro de control de su
cerebro, daban forma a sus recuerdos y su vida diaria. Pero ¿qué emociones elegir? Los psicólogos lo informaron de que había veintisiete
diferentes. [3] Él, no obstante, sabía que no podía contar una buena
historia con tantos personajes y, por tanto, decidió reducir el número
y elegir a una de ellas como protagonista.

Tras considerar a varias para el papel principal, optó por situar en
el centro a Miedo, al lado de Alegría. Según cuenta, lo hizo, en parte,

porque Miedo resulta divertido.[4] Pensó en Tristeza, pero le parecía poco atractiva. Docter se crio en Minesota, donde, por lo que me aseguró, estaban muy claras las normas sanguíneas: «la simple idea de llorar delante de la gente cortaba muchísimo el rollo».[5]

Entonces, cuando llevaba tres años desarrollando la película —habían creado ya el diálogo y animado parte de la cinta, y los efectos cómicos de Miedo se hallaban ya en su sitio; de hecho, había algunos «muy logrados»—, se dio cuenta de que algo no iba bien. Tenía una cita con el equipo ejecutivo de Pixar para mostrarle una proyección de lo que llevaban hecho y estaba convencido de que era un fracaso. El tercer acto no funcionaba. El hilo argumental exigía que Alegría hubiese aprendido una gran lección, pero Miedo no podía enseñarle nada.

En aquel momento de su trayectoria, Docter había conseguido dos éxitos espectaculares: *Up* y *Monstruos, S. A.* Sin embargo, empezaba a tener la sensación de que ambos habían sido fruto de un golpe de suerte. «No sé qué hago aquí —pensó—. Debería dejarlo y ya está». A su cabeza acudieron en tropel imágenes aciagas de un futuro alejado de Pixar en el que no solo había perdido su trabajo, sino que había dado al traste con su carrera profesional. Se sumió en un duelo preventivo. La simple idea de vivir al margen de su queridísima comunidad de creativos y empresarios inconformistas lo llevaba a hundirse... en la tristeza. Y, cuanto más abatido se encontraba, más claro veía cuánto amaba a sus colegas.

Aquello fue lo que lo llevó a tener una revelación: el objetivo real de sus emociones —de todas nuestras emociones— no es otro que el de conectarnos. Y, de todas las emociones, el verdadero agente aglutinante es la tristeza. «De pronto tuve claro que teníamos que sacar a Miedo del papel protagonista —recuerda ahora— y vincular a Tristeza con Alegría».[6]

El único problema era que tenía que convencer a John Lasseter, que se hallaba entonces al frente de Pixar, de que el alma de la película debía ser Tristeza. Temía que no fuese fácil.

Mientras me cuenta todo esto, los dos estamos sentados en el vestíbulo que diseñó Steve Jobs para las oficinas de Pixar en Emeryville (California), un lugar espacioso en el que entra luz a raudales. Nos rodean esculturas gigantescas de los personajes de la empresa: la familia Parr, de *Los Increíbles*; Buzz, de *Toy Story*... Todos posan ante ventanales que parecen querer llegar al cielo. Docter goza de una gran reputación en Pixar. Poco antes he dirigido una reunión ejecutiva sobre cómo sacar partido al talento de cineastas introvertidos y, minutos después de empezar la sesión, ha entrado en la sala de juntas y su simpatía la ha iluminado de inmediato.

Él mismo parece un personaje de animación dibujado con piezas rectangulares. Tiene una figura desgarbada de poco menos de dos metros y la cabeza alargada, de la cual la mitad es frente. Hasta sus dientes son largos y rectangulares, de lo más larguirucho que se despacha en el mundo odontológico. Aun así, el rasgo más sobresaliente de su persona es la viveza de sus expresiones faciales. Su sonrisa y sus mohínes dan testimonio de una sensibilidad radiante y adorable. De niño, se mudó con su familia a Copenhague para que su padre pudiera trabajar en su tesis doctoral sobre la música coral danesa. No hablaba el idioma y, por tanto, no tenía la menor idea de lo que decían los demás críos. El dolor de aquella experiencia lo empujó a la animación, pues le resultaba más fácil dibujar gente que hablar con ella. Aun hoy, tiene una gran habilidad para crear personajes que viven en casas construidas en los árboles y escapan volando a escenas de ensueño sin palabras.

Le preocupaba que Tristeza le pareciese demasiado taciturna al equipo ejecutivo, demasiado sombría. El personaje que habían creado los dibujantes era una chica achaparrada y azul de vestimenta anodina. ¿Quién iba a querer situar una figura así en el centro de una película? ¿Quién iba a querer identificarse con ella?

Durante todo este proceso, Docter contaba con un aliado un tanto insólito: Dacher Keltner, influyente profesor de psicología de la Universidad de California. Había recurrido a él para que los pusiera al tanto, a él y a sus colegas, de la ciencia de las emociones y los dos se hicieron grandes amigos. La hija de Keltner estaba atravesando los altibajos de la adolescencia a la vez que la de Docter y los dos estaban experimentando de forma indirecta la misma angustia. El profesor enseñó al equipo las funciones de cada una de las principales emociones: el miedo nos salvaguarda, la ira evita que se aprovechen de nosotros y la tristeza... ¿Qué hace la tristeza?

Keltner les había explicado que la tristeza suscita compasión, une a la gente y a él le ayuda a ser consciente de la importancia de su comunidad pixariana de cineastas estrafalarios.

El equipo ejecutivo aprobó la idea y Docter y su equipo reescribieron la película, que, a la postre, ganó el Óscar a la mejor película de animación y se convirtió en la producción original más taquillera de la historia de Pixar... con Tristeza en el papel protagonista.*[7]

La primera impresión que ofrece Dacher Keltner, con sus mechones rubios, el porte atlético y relajado de un surfero y esa sonrisa brillante como el haz de luz de un faro, no es precisamente la de embajador de la tristeza. Se diría que su estado de ánimo por defecto es más bien de alegría. Irradia cordialidad y simpatía, y tiene, como un político, el don de hacer que sus interlocutores se sientan apreciados. Lektner dirige en Berkeley el Laboratorio de Interacción Social y el Centro Científico para el Bienestar (Greater Good Science Center), dos de los institutos de psicología positiva más influyentes del planeta, donde se dedica a estudiar las bondades emocionales de estar vivo: el asombro, el sobrecogimiento, la felicidad...

---

* Keltner reconoció a *The New York Times* que había albergado «ciertas objeciones sin importancia» ante la representación definitiva de la protagonista. «Tristeza se presenta como un personaje lento y remolón —dijo—, cuando, de hecho, se ha descubierto que está asociada con una gran excitación fisiológica, que activa al organismo para que responda ante la pérdida. En la película, sin embargo, aparece como desaliñada y poco atractiva».

Sin embargo, basta pasar un tiempo con él para notar que el plie-gue de los ojos se le inclina como a un sabueso y que se describe a sí mismo como ansioso y melancólico, como un tipo agridulce.

—La tristeza está en el centro de lo que soy —me asegura. [8]

En *Quiet: El poder de los introvertidos*, describí los célebres experi-mentos del psicólogo de Harvard Jerome Kagan y de Elaine Aron con los que se concluyó que entre el 15 y el 20 por ciento de los bebés he-redan un temperamento que los predispone a reaccionar con más inten-sidad tanto a las incertidumbres de la vida como a su esplendor. Keltner se tiene a sí mismo por lo que Kagan llamaría un «hiperreactivo» nato o lo que Aron consideraría una persona «altamente sensible».

Keltner se crio en el seno de una familia entusiasta y soñadora de la década de los setenta. Su padre, bombero y pintor, lo llevaba a museos de arte y lo introdujo en el taoísmo, y su madre, apasionada de la obra de D. H. Lawrence, era profesora de literatura y le leía poesía romántica. Dacher estaba muy unido a su hermano pequeño, Rolf, con quien pasaba los días y las noches vagando por la naturale-za. Sus padres los alentaban a descubrir cuáles eran sus pasiones y a construir una existencia en torno a ellas.

Sin embargo, su afán por vivir intensamente llevaba a los Keltner a mudarse a un ritmo vertiginoso: de la modesta ciudad de México en la que, en una clínica diminuta, nació Dacher, a Laurel Canyon, ba-rrio de Los Ángeles inmerso en la contracultura en el que fueron vecinos del pianista Jackson Browne y donde nuestro psicólogo asistió a segundo de primaria en una escuela llamada El País de las Maravillas, y de allí a una ciudad agrícola al pie de Sierra Nevada (California), donde pocos de sus compañeros de quinto tenían in-tención de seguir estudios universitarios. Cuando la familia llegó a la ciudad inglesa de Nottingham, estando ya Keltner en secundaria, el matrimonio de sus padres se vino abajo. Su padre se enamoró de la mujer de un amigo de la familia y su madre empezó a viajar a París para estudiar teatro experimental. Rolf y él, desatendidos, se dedicaron a emborracharse y a organizar fiestas. Jamás volverían a ser cuatro.

El aspecto físico de Keltner era —y sigue siendo— el de un triunfador, pero aquel desmoronamiento abrupto tuvo, en él y en el resto de la familia, lo que describe como un «efecto triste largo y duradero». Su padre desapareció casi por completo, su madre sufrió una depresión clínica, Keltner pasó tres años con ataques de pánico en toda regla y Rolf, que acabaría dedicándose a trabajar como logopeda en un barrio desfavorecido y convertido en marido y padre devoto, desarrolló trastorno bipolar y adicción al alcohol y a las drogas.

De todos estos desenlaces, fue el de Rolf el que más perturbó a Keltner, en parte porque su hermano había sido su sostén desde la infancia de ambos: eran compañeros del alma, compinches a la hora de explorar el nuevo territorio, pareja de tenis imbatible en partidos de dobles... Cuando la familia se desmoronó, tuvieron que valerse por sí mismos... juntos.

Además, Rolf era su modelo. Era solo un año más joven que él, pero, según Keltner, el más grande, el más valiente y el más amable de los dos, la persona más «hermosa moralmente» que haya conocido nunca. Era modesto y humilde, mientras que Keltner tenía una naturaleza más resuelta y competitiva. Jamás topó con un desamparado al que no diera todo su amor. En una de las muchas ciudades que tuvieron que llamar hogar vivía Veneta, una muchacha criada en una casucha destartalada con un jardín que más parecía un vertedero. Estaba desnutrida, tenía el pelo estropajoso y sucio. Era la víctima preferida de los abusones y Rolf, que no era ni el más corpulento ni el más fuerte de su curso, la defendía constantemente de sus muchos atormentadores. «Este tío es valiente por compasión —pensaba su hermano mayor—. Yo quiero ser como él».

Cuando Keltner salió de la adolescencia y empezó a evaluar el hundimiento de su familia, sospechó que lo que les había causado tantos problemas había sido la excesiva entrega de sus padres a sus grandes pasiones. Pese a tener un temperamento artístico y romántico, también tenía alma de científico y quiso centrar sus estudios en las emociones humanas, en sentimientos como el sobrecogimiento, el asombro y la felicidad que tan presentes habían estado en su vida, la de Rolf y la de sus padres; pero también como la tristeza, que habitaba su interior, el de su familia y el de tantos de nosotros.

Una de las piedras angulares de su investigación, que resumió en su *Born to Be Good*, es lo que él llama «el instinto de compasión», la idea de que los seres humanos estamos predispuestos a responder con afecto a los problemas del prójimo.[9] Nuestros sistemas nerviosos no distinguen demasiado entre nuestro propio dolor y el de los demás según descubrió Keltner, y reaccionan de un modo parecido ante ambos. Este instinto forma parte de nosotros, tanto como el deseo de comer y respirar. Se trata de un aspecto fundamental del éxito de nuestra especie... y de una de las principales ventajas del sentimiento agridulce. La palabra *compasión* significa etimológicamente «sufrimiento compartido» y Keltner la considera una de nuestras mejores cualidades y más redentoras.[10] La tristeza de la que nace la compasión constituye una emoción prosocial, un agente de conexión y de amor. Es lo que el músico Nick Cave llama «la fuerza unificadora universal».[11] La pena y las lágrimas se encuentran entre los mecanismos de vinculación afectiva más poderosos con que contamos.

El instinto de compasión está grabado tan a fuego en nuestro sistema nervioso que parece tener su origen en el comienzo mismo de nuestra historia evolutiva.[12] Si, por ejemplo, nos pellizcan o nos queman, se nos activará el córtex del cíngulo anterior (CCA), la parte del cerebro de evolución más reciente, exclusiva del ser humano y responsable de nuestra capacidad para llevar a cabo tareas tan especializadas como pagar impuestos u organizar una fiesta.[13] Pero el CCA se activa de igual modo si vemos que pellizcan o queman a otra persona.

Keltner ha descubierto asimismo dicho impulso de compasión en las partes más instintivas y primitivas de nuestro sistema nervioso: en la región del centro del cerebro de los mamíferos en que se encuentra la sustancia gris periacueductal, responsable de que las madres den el pecho a sus hijos, y en una parte más antigua, profunda y fundamental del sistema nervioso conocida como el *nervio vago*, que parte del tronco encefálico y es el mayor y uno de los más importantes de nuestro organismo. [14]

Se sabe desde hace mucho que el nervio vago está vinculado a la digestión, el sexo y la respiración; en resumidas cuentas, a la mecánica de estar vivo. Sin embargo, Keltner ha descubierto, en doce ensayos replicados, otra de sus funciones: cuando somos testigos del sufrimiento ajeno, el nervio vago hace que nos preocupemos por otros. [15] Si vemos una fotografía de un hombre con una mueca de dolor o de un chiquillo que llora la agonía de su abuela, se nos activará dicho nervio. También observó que las personas con nervios vagos especialmente fuertes («superestrellas vagales», como las llama él) son más propensas a cooperar con otros y a mantener amistades duraderas, a intervenir —como Rolf— cuando ven que están abusando de alguien o a renunciar a su tiempo de descanso para atender a un compañero de clase que necesita ayuda con los deberes de mates.

El de Keltner no es el único estudio que hace patente esta conexión entre la tristeza y la solidaridad: Joshua Greene, psicólogo de Harvard, y Jonathan Cohen, psicólogo y neurólogo de Princeton, por ejemplo, pudieron comprobar que, a las personas a las que pedían que observaran el sufrimiento de víctimas aleatorias de violencia, se les activaba la misma región cerebral que en un estudio anterior, en el que habían mostrado fotografías de bebés a sus amorosas madres. [16] Los neurólogos James Rilling y Gregory Berns, de la Universidad Emory, descubrieron que ayudar a personas necesitadas estimula la misma zona del cerebro que se excita cuando ganamos un premio o ingerimos un alimento delicioso. [17] También sabemos que quienes sufren depresión o la han sufrido son más proclives a ver el mundo desde el punto de vista de otros y a experimentar compasión, y que, de manera inversa, las personas más empáticas tienden a disfrutar más con la música triste. [18] «La depresión ahonda nuestra empatía natural —observa Nassir Ghaemi, profesor de psiquiatría de la Universidad Tufts— y produce personas para quienes la inevitable red de interdependencia es una realidad personal y no un sueño ilusorio». [19]

Estos hallazgos permiten sacar conclusiones de una relevancia monumental, pues vienen a revelarnos que lo que nos impulsa a responder a la tristeza de otros se encuentra en la misma región que nuestra necesidad de respirar, digerir alimentos, reproducirnos y proteger a nuestros bebés; en el mismo lugar que nuestro deseo de recompensas y de disfrutar de los placeres de la vida. Nos dicen, tal como me explicó Keltner, que «la tendencia a preocuparse por los demás está en las entrañas mismas de la existencia humana. La tristeza tiene que ver con esta preocupación y la madre de la tristeza es la compasión».

Si quieres experimentar en primera persona los hallazgos de Keltner, observa este vídeo de cuatro minutos que se hizo viral de manera inesperada: https://www.youtube.com/watch?v=cDDWvj_q-o8. [20] Lo creó la Cleveland Clinic con la intención de inspirar empatía entre sus cuidadores y acompaña al espectador durante una breve visita por los pasillos del hospital, en la que la cámara se va deteniendo en los rostros de personas al azar, personas a cuyo lado pasamos normalmente sin reparar demasiado en ellas. Esta vez, sin embargo, los subtítulos nos informan de las dificultades (y triunfos) que no vemos: «Su tumor es maligno»; «Su marido es enfermo terminal»; «Está visitando a su padre por última vez»; «Se acaba de divorciar», y también: «Acaba de enterarse de que va a ser papá».

¿Qué ha pasado? ¿Se te han saltado las lágrimas, quizá? ¿Se te ha hecho un nudo en la garganta? ¿Has tenido tal vez la sensación física de que se te expandía el pecho? Puede que te haya asaltado una oleada de amor ante este baño aleatorio de humanidad, seguida de la determinación intelectual de prestar más atención en adelante no solo a quienes pasan a tu lado en el pasillo de un hospital, sino también al chaval de la gasolinera o al compañero de trabajo que habla por los codos. Lo más seguro es que estas reacciones se hayan visto influidas por el nervio vago, el córtex del cíngulo anterior y la sustancia gris periacueductal, que han procesado el dolor de personas a las que no conoces como si fuese el tuyo propio. Porque, de hecho, lo es.

Muchos llevamos tiempo percibiendo el poder de la tristeza para unirnos sin llegar a expresar por completo dicha convicción ni pensar en su significación evolutiva. Hace años, cuando este libro no era más que el atisbo de un proyecto, concedí una entrevista para el blog de la escritora Gretchen Rubin sobre lo que entonces llamé «la felicidad de la melancolía».[21] Una joven comentó al respecto reflexionando sobre el funeral de su abuelo y la «unión espiritual» que experimentó en él:

El cuarteto vocal de mi abuelo cantó en su honor —escribió— y, por primera vez en mis catorce años de vida, vi correr las lágrimas por la cara de mi padre. Aquel momento, con el sonido rítmico de aquellas voces masculinas, el silencio de los asistentes y la tristeza de mi padre, quedó impreso con tinta indeleble en mi corazón. La primera vez que en mi familia tuvimos que sacrificar a uno de nuestros animales de compañía, el amor que invadía la sala, compartido por mi padre, mi hermano y yo, me dejó sin aliento. ¿Sabéis qué? Cuando pienso en esas cosas, lo que más recuerdo no es la tristeza, sino *la unión entre las almas*. Cuando sentimos tristeza, compartimos un sufrimiento común. Es una de las pocas ocasiones en las que la gente se permite ser de veras vulnerable, un momento en el que nuestra cultura nos permite ser totalmente sinceros respecto a nuestros sentimientos. *(La cursiva es mía).* [22]

Al sentirse privada de la facultad de expresar percepciones así en su vida cotidiana, la joven recurrió al arte:

[M]i atracción por las películas serias y las novelas que me hacen pensar no es más que un intento de recrear la belleza de los momentos más sinceros de mi vida. Reconozco que, para funcionar en sociedad, no podemos ir todos por ahí abriendo nuestros corazones y dando rienda suelta a nuestras emociones, y por eso vuelvo mentalmente a esos momentos, los revivo a través del arte y aprecio los nuevos instantes de vulnerabilidad cuando llegan.

Pero ¿y si, en realidad, *necesitamos* llevar esos momentos a nuestro día a día? ¿Y si necesitamos entender sus fundamentos evolutivos? Nadie ignora que vivimos una época en la que nos cuesta conectar con los otros, sobre todo si no pertenecen a nuestra «tribu», y las investigaciones de Keltner nos demuestran que la tristeza (¡precisamente la tristeza!) tiene el poder de crear la «unión entre almas» que con tanta desesperación nos hace falta.

Si queremos entender plenamente el poder de la tristeza, hay otro elemento más de nuestra herencia primate que deberíamos comprender también. ¿Te has preguntado alguna vez por qué reaccionamos de manera tan visceral a las imágenes de niños famélicos o huérfanos que pueblan los medios de comunicación? ¿Por qué pensar en críos separados de sus padres provoca una angustia tan honda y universal?

La respuesta se halla en lo más hondo de nuestra evolución. Todo apunta a que nuestro instinto compasivo se origina no solo en cualquier conexión entre humanos, sino en el vínculo entre madre e hijo, con el afán que impulsa a una madre a responder al llanto de sus críos. Solo entonces se hace extensivo a otros seres que necesitan cuidados.

Las del ser humano son, al decir de Keltner, «las crías más vulnerables sobre la faz de la tierra», incapaces de ejercer función alguna sin la ayuda de adultos benevolentes. Nacemos con semejante fragilidad porque hay que hacer sitio a nuestros enormes cerebros, que, en caso de que naciéramos cuando estuvieran totalmente desarrollados, serían demasiado grandes para pasar por el canal del parto. [23] Sin embargo, este nacimiento «prematuro» resulta ser uno de los hechos más esperanzadores de nuestra especie, pues significa que, a medida que crecía nuestra inteligencia, nos tuvimos que volver más solidarios para cuidar de nuestra descendencia, que dependía por completo de nosotros. Tuvimos que descifrar sus llantos inescrutables, alimentarlos y amarlos.

Algo así podría no significar gran cosa si nuestra compasión se hiciera extensiva estrictamente a nuestras crías. Sin embargo, ya que estábamos preparados para cuidar de nuestros vulnerables pequeños en general, afirma Keltner, desarrollamos también la capacidad para cuidar de cuanto comparta esta característica con los niños, ya sea una planta de interior o un extraño en apuros. Desde luego, no somos los únicos mamíferos que lo hacen. Las orcas nadan en círculo en torno a una madre que ha perdido a su cría y los elefantes se consuelan acariciándose la cara con la trompa unos a otros. Sin embargo, según él, los de nuestra especie «hemos llevado la compasión a un nivel totalmente nuevo. No hay nada comparable a nuestra capacidad de sentir compasión por otros seres perdidos o necesitados». [24]

El horror que sentimos al ver las noticias de niños desnutridos o desamparados, en otras palabras, procede de nuestro impulso para proteger a nuestras crías. Sabemos instintivamente que, si no somos capaces de querer a los niños, no podremos querer a nadie.

Por supuesto, no debería impresionarnos mucho este instinto nutricio que poseemos. Sigue siendo el llanto de nuestros propios hijos el que nos parece más urgente, mientras que por los críos de otros, por otros adultos y hasta por nuestros propios adolescentes irritables mostramos mucha menos empatía. El que nuestra comparación vaya perdiendo fuerza a medida que nos alejamos de las cunas de nuestros pequeñines —por no hablar de la inclinación hacia la crueldad que demuestra nuestra especie— resulta tan desesperanzador como alentadores parecen los descubrimientos de Keltner.

Él, en cambio, no lo ve así. Esto se debe en parte a su hermano Rolf, que le enseñó a cuidar de los más vulnerables, y en parte a que practica la meditación del amor benevolente, que, como veremos en el capítulo 4, nos enseña a valorar a los demás como a nuestros propios hijos, a quienes tanto amamos («De hecho, creo que podemos llegar a acercarnos mucho», añade); pero también a lo que ha aprendido de la mano de Charles Darwin.

El imaginario popular suele asociar a Darwin con sangrientos juegos de suma cero, con la «naturaleza, roja de diente y garra», de Tennyson y con la «supervivencia del más apto». Pero Darwin no acuñó esta última frase, sino que se la debemos a Herbert Spencer, filósofo y sociólogo, y a quienes, con él, sentaron las bases del «darwinismo social» y propugnaron la supremacía del hombre blanco de clase alta. [25]

Para resumir a Darwin, asegura Keltner, «supervivencia del más amable» habría sido un lema mucho más apropiado. [26] El biólogo inglés era un hombre afable y melancólico, esposo amantísimo y padre entregado de diez hijos, enamorado hasta el tuétano de la naturaleza desde su más tierna infancia. [27] Su padre había albergado deseos de que fuera médico, pero cuando, a la edad de dieciséis años, fue testigo de su primera operación quirúrgica —actividad que en aquel tiempo se llevaba a cabo sin anestesia—, quedó tan horrorizado que durante el resto de su vida fue incapaz de soportar la visión de la sangre.[28] Por tanto, optó por retirarse a los bosques y estudiar los escarabajos. Más tarde describiría su encuentro con una selva brasileña como «un caos de deleite del que surgirá un mundo de placer futuro y más calmo».[29]

A comienzos de su carrera profesional, perdió a su queridísima hija Annie, de diez años, a causa de la escarlatina, un hecho que, al parecer de sus biógrafos Deborah Heiligman y Adam Gopnik, debió de condicionar su cosmovisión.[30] Lo acometió un dolor tal que fue incapaz de asistir al funeral. Annie había sido una chiquilla alegre a la que le encantaba acurrucarse con su madre y pasar horas atusándole el pelo a su padre, tal como dejó escrito él con cariño en su diario. «¡Ay, mamá! ¿Qué vamos a hacer si te mueres?», había gritado cuanto tuvo que separarse de su madre.[31] Sin embargo, fueron esta última y su padre, Emma y Charles Darwin, quienes tuvieron que soportar semejante tragedia. «Hemos perdido a la alegría de la casa —escribió él al respecto—, al consuelo de nuestra vejez».[32]

En el que muchos consideran uno de sus libros más sobresalientes, *El origen del hombre*, escrito unas dos décadas después, sostenía que la compasión es nuestro instinto más poderoso:

> Los instintos sociales llevan al animal a encontrar placer en compañía de sus semejantes, a sentir cierto grado de inclinación afectiva para con ellos y a brindarles diversos servicios. *Actos como los mencionados se dirían, sencillamente, resultado de un mayor peso de los instintos sociales o maternales frente a cualquier otro instinto o motivación*, toda vez que se llevan a cabo de manera demasiado instantánea para que respondan a ninguna reflexión ni a placer o dolor alguno experimentados en el momento. *(La cursiva es mía).*[33]

Darwin señaló numerosos ejemplos de animales que reaccionaban de forma visceral ante el sufrimiento de otros: un perro suyo que se preocupaba de lamer al gato enfermo cada vez que pasaba a su lado; los cuervos que, armados de paciencia, alimentaban a un compañero ciego de edad avanzada; el mono que arriesgaba la vida por salvar a su querido cuidador de un babuino hostil... [34] No tenía, por supuesto, la información de que disponemos ahora sobre el nervio vago, el córtex del cíngulo anterior y la sustancia gris periacueductal; pero intuía su función compasiva unos ciento cincuenta años antes de que lo demostrara Dacher Keltner en su laboratorio. «Poseemos el impulso de aliviar el sufrimiento del prójimo —escribió— a fin de ver aliviados, al mismo tiempo, nuestros propios sentimientos de dolor». [35]

Como Keltner, Darwin intuyó también que conductas así habían evolucionado a partir del instinto que hace que los progenitores cuiden de sus crías. [36] No deberíamos, decía, buscar solidaridad en animales que no tienen contacto con sus padres.

Darwin no pecaba de ingenuo ni ignoraba el carácter brutal de la naturaleza. Por el contrario, si le cautivaban semejantes observaciones era precisamente porque, en palabras de uno de sus biógrafos, «sentía de forma muy aguda y persistente el dolor del mundo». [37] Era consciente de que los animales se comportaban con frecuencia de forma despiadada y podían, por ejemplo, «expulsar al herido» de la manada o matarlo a cornadas. Sabía que la compasión es más fuerte en el seno de las familias y más débil con los extraños, que a menudo brilla por su ausencia y que no es fácil que los seres humanos vean a otras especies como «semejantes» que merecen conmiseración; pero también observaba que el de hacer extensivo nuestro instinto compasivo tanto como nos fuera posible, de nuestra propia familia a la humanidad en general y, a la postre, a todos los seres sensibles, constituiría «uno de los más nobles» logros morales que nos es dado alcanzar. [38]

De hecho, cuando el dalái lama supo de este aspecto de la obra de Darwin, no pudo menos de maravillarse ante la similitud que guarda con el budismo tibetano. «En adelante —aseveró—, me consideraré darwinista». [39] Tanto el darwinismo como el budismo entienden que la compasión es la mayor de las virtudes y que el vínculo que une a la madre y al hijo constituye la médula de la empatía. Según lo expresó el propio religioso durante una conversación mantenida con el doctor Paul Ekman, profesor emérito de psicología de la Universidad de California en San Francisco: «La mente del ser humano se siente perturbada ante la visión de alguien que sangra moribundo. Esa es la semilla de la compasión. En animales que, como las tortugas, no tienen contacto con su madre, dudo mucho que exista esa capacidad de afecto».[40]

¿Cómo explicar lo que Ekman califica de «coincidencia asombrosa, si es que es coincidencia», entre el pensamiento darwiniano y el budista?[41] El académico sugiere que tal vez el naturalista decimonónico conociera el budismo tibetano a través de su amigo Joseph Hooker, botánico que dedicó un tiempo de su vida a estudiar la flora del Tíbet.[42] Quizá desarrollase tales ideas en la iglesia de la selva de las Galápagos que visitó en su célebre viaje a bordo del Beagle. Pero también podría ser que las creara en el crisol de su propia experiencia... de amor y pérdida de su hija Annie.

Solemos situar la compasión en la columna «positiva» del libro de cuentas de las emociones humanas, a pesar de esta visión decididamente agridulce, que nos la presenta como producto de la pena compartida. De hecho, la labor a la que consagra Keltner su vida tiene sus cimientos en el terreno de la «psicología positiva», el estudio del bienestar humano.[43] La expresión fue acuñada por Abraham Maslow en 1954 y, más tarde, defendida y popularizada por el psicólogo Martin Seligman como antídoto para lo que ambos entendían como una atención excesiva prestada por la psicología a las enfermedades de la mente en detrimento de sus aptitudes. Querían descubrir las prácticas y actitudes capaces de iluminarnos el corazón y permitir que desarrollásemos todo nuestro potencial vital. Seligman logró un éxito arrollador en esta búsqueda. Los incontables artículos en los que nos instan a escribir un diario de gratitud o meditar con técnicas de atención plena (o *mindfulness*) que probablemente habrás visto tienen su origen en el movimiento que inició y en la legión de profesionales que se han inspirado en él.

Aun así, este campo también ha originado críticas por obviar una parte importante de la experiencia humana, como la pena y la añoranza. [44] Sus detractores le reprochan el sesgo que presenta a causa de una sensibilidad estadounidense que, según lo expresa la psicóloga Nancy McWilliams, «se adhiere a la vertiente cómica de la vida más que a la trágica, a la búsqueda de la felicidad más que a la asimilación del inevitable dolor». [45]

No cabe sorprenderse: en general, la psicología no ha prestado demasiada atención al potencial humano de lo agridulce. Quien posee una disposición melancólica esperaría encontrar que sus más hondas inquietudes estén reflejadas en algún lugar dentro de la disciplina. Sin embargo, más allá del paradigma de la «alta sensibilidad», lo más parecido que se encuentra es el estudio de un rasgo de la personalidad llamado «neuroticismo», que resulta tan atractivo como su nombre. Con arreglo a la psicología moderna de la personalidad, los neuróticos son irritables e inseguros, propensos a las enfermedades, la ansiedad y la depresión.

El neuroticismo también tiene sus aspectos positivos. Pese a su sistema inmune en tensión, los neuróticos pueden vivir más tiempo por el hecho de ser personas vigilantes que cuidan bien de su salud. Son luchadores, por el miedo al fracaso y por una tendencia a la autocrítica que los hace superarse. Destacan en el ámbito académico debido a la dedicación con que rumian los conceptos y el tiempo que dedican a considerarlos desde todos los ángulos posibles. Según hizo saber la psiquiatra Amy Iversen a una publicación llamada *Management Today*, un empresario puede canalizar esta tendencia «reflexionando obsesivamente sobre la experiencia del cliente, la estrategia publicitaria o la presentación de una idea nueva, del mismo modo que una persona creativa podría usar esta energía para memorizar los diálogos de un guion cinematográfico o cuidar hasta el último detalle de una producción teatral».[46]

Los expertos como ella presentan estas ventajas como adaptaciones útiles a una condición indeseable, aunque lo cierto es que no hay nadie inherentemente enriquecedor en este punto de vista, ni un atisbo de la hermosa melancolía de Baudelaire ni de un anhelo elevado y transformador situado en el corazón mismo de la naturaleza humana (y en el corazón de algunos seres humanos en particular). Tampoco se observa una conciencia clara de que, como seguiremos viendo, estos estados representan algunos de los grandes catalizadores de la creatividad, la espiritualidad y el amor de nuestra especie. Muchos psicólogos no son personas religiosas y, por tanto, no han caído en buscar respuestas espirituales a los grandes misterios de la humanidad.

Recientemente, sin embargo, la psicología positiva ha empezado a hacer sitio a lo agridulce. Expertos como el doctor Paul Wong, presidente del Meaning-Centered Counselling Institute de Toronto, y Tim Lomas, profesor numerario de la Universidad del Este de Londres, han documentado la aparición de una «segunda ola» que, en palabras del segundo, «reconoce que el bienestar comporta, en realidad, una sutil interacción dialéctica entre fenómenos positivos y negativos».[47] Por su parte, el psicólogo cognitivo Scott Barry Kaufman está reviviendo, a través de su influyente libro *Transcend*, el concepto original de psicología positiva concebido por Maslow, que reconocía el estilo de personalidad agridulce en los sujetos que él llamaba «trascendedores», personas que son «menos "felices" que las [convencionalmente] sanas. Pueden ser más entusiastas y exultantes y experimentar momentos más elevados de "felicidad", pero se muestran (o pueden mostrarse) propensas a una especie de tristeza cósmica».[48]

Todo lo dicho hace pensar que, como individuos y como cultura, tenemos la capacidad de desarrollar el potencial transformador de la obra de Keltner. Si pudiésemos conceder a la tristeza parte de la importancia que tiene, tal vez seríamos capaces de concebirla —a ella en lugar de a tantas sonrisas forzadas y tanta indignación reglamentista— como el puente que necesitamos para conectarnos con el resto. Podríamos recordar que, por irritante que nos resulte la opinión de otros, por resplandecientes o implacables que nos parezcan, ellos también han sufrido... o sufrirán.

Keltner y el Centro de la Ciencia de la Felicidad del que es cofundador, han desarrollado muchas prácticas avaladas por la investigación científica que pueden ayudarnos a lograrlo.

Un primer paso importante al respecto consiste en cultivar la humildad. Sabemos por varios estudios que las actitudes de superioridad nos impiden reaccionar a la tristeza ajena... e incluso a la nuestra. «Nuestro nervio vago no se activará al ver a un niño hambriento —asevera Keltner— si nos creemos mejores que otros».[49] Curiosamente, quienes ocupan puestos elevados (aunque se les hayan concedido de manera artificial en el contexto de un experimento científico) son más propensos a hacer caso omiso de los peatones o cortarles el paso a otros conductores y ayudan menos a sus colegas y a otros necesitados.[50] Tienen menos probabilidades de experimentar dolor físico y emocional al meter las manos en agua demasiado caliente, verse excluidos de un juego o contemplar el sufrimiento ajeno. ¡Hasta se muestran más proclives a tomar más caramelos de los que les corresponden cuando se los ofrece el personal del laboratorio![51]

¿Cómo es posible entonces lograr una actitud humilde, sobre todo cuando el sujeto se encuentra en una posición socioeconómica relativamente afortunada? Un modo de conseguirlo consiste en practicar el simple acto de hacer una reverencia, como los japoneses a diario en su vida social o muchas personas religiosas ante Dios. Este gesto activa, de hecho, el nervio vago según Keltner. «La gente está empezando a pensar en la interfaz entre mente y cuerpo en estos actos de reverencia», señaló en una conferencia ofrecida en Silicon Valley en 2016.[52]

Por supuesto, muchas personas no son religiosas, se sienten incómodas con cualquier expresión de sumisión... o comparten estas dos características. Sin embargo, podemos pensar en estos gestos como muestras de devoción más que de capitulación. De hecho, muchos practicamos yoga, que a menudo incluye posturas propias de una reverencia, y cuando contemplamos una obra de arte o un paisaje natural sobrecogedores, inclinamos de manera instintiva la cabeza.

También podemos recurrir a nuestro teclado. La doctora Hooria Jazaieri, experta en psicología social y profesora de la Leavey School of Business, propone un ejercicio de escritura en el que debemos describir un momento en que alguien se haya mostrado compasivo con nosotros o en que hayamos sentido compasión por otra persona. Si la escritura formal no nos llama la atención, podemos intentar mantener un registro sencillo de los instantes en que nos sentimos más o menos partícipes de la tristeza de otros. «Recoge tus propios datos —recomienda en la página web del Greater Good Science Center—. Podrías apuntar, por ejemplo, en qué momentos del día sientes compasión con facilidad o de manera espontánea (viendo el noticiario de la noche, por ejemplo); cuándo te resistes a reconocer el sufrimiento (tuyo o ajeno) o a convivir con él (si, por ejemplo, te cruzas en la calle con alguien que pide dinero o cuando estás delante de alguien de tu familia política que te contradice). Es frecuente que percibamos nuestro sufrimiento o el ajeno y lo descartemos de inmediato, con lo que no nos permitimos sentirnos emocionados ni conmovidos por él».[53]

Quizá nada de esto sea posible si primero no cultivamos la autocompasión. Esto puede parecer lo contrario de lo que haríamos para incentivar la humildad. Sin embargo, muchos nos sumergimos, sin darnos cuenta, en una corriente continua de negatividad al hablar con nosotros mismos: «¡Serás torpe!»; «Pero ¿cómo has vuelto a meter la pata?». Aun así, como observa Jazaieri, «no existen pruebas empíricas de que mortificándonos de este modo estemos ayudándonos a cambiar nuestro comportamiento. De hecho, hay datos que hacen pensar que esta clase de críticas puede alejarnos de nuestros objetivos más que encaminarnos hacia ellos».[54]

De manera inversa, cuanto más amable sea nuestro soliloquio, más probable será que tratemos igual a los demás. Conque, la próxima vez que oigas esa voz interior hablar con severidad, detente, respira hondo… y vuelve a intentarlo. Dirígete a ti mismo con la misma dulzura que usarías con un niño al que amas, en los mismos términos cariñosos y la misma cantidad de afecto que prodigarías con una adorable criatura de tres años. Si algo así te parece demasiado autocomplaciente, recuerda que no estás consintiéndote ni siendo permisivo, sino cuidándote para que tu alma pueda erguirse y cuidar a otros.

A Keltner —el fenómeno de la psicología de mechones rubios, aire de surfero y ojos tristes que colaboró con Pete Docter y su cuadrilla de cineastas de Pixar— no le han faltado motivos para practicar la autocompasión. Cuando me reuní con él no hace mucho, su hija pequeña acababa de irse a estudiar fuera y había dejado el nido demasiado vacío y silencioso; su madre estaba sola, deprimida y con una dolencia cardíaca, y Rolf, su adorado hermano menor, había muerto de cáncer de colon a los cincuenta y seis después de una larga lucha con la enfermedad.

Keltner estaba consternado y sufría una profunda sensación de desarraigo. Tenía la impresión de que le faltara parte del alma.

—Está claro que las décadas que me puedan quedar por delante estarán llenas de tristeza —me dijo—. No sé bien si llegaré a ubicarme o integrarme en esta vida.

Aunque era muy consciente de lo mucho que quería a su hermano, me sorprendió que lo expresara así. Keltner dirige uno de los laboratorios más influyentes de uno de los ámbitos de más peso en el mundo de la investigación académica. Goza de una gran popularidad como docente de una de las universidades más activas del planeta. Está casado con una mujer de treinta años y tiene dos hijas ya mayores y una infinidad de amigos muy queridos. Si él no se siente ubicado ni integrado, ¡apaga y vámonos!

No obstante, Keltner sabe también que la tristeza genera compasión, para con los otros y para con uno mismo. Durante la enfermedad y la muerte de su hermano, había seguido las prácticas que había conocido desde siempre. Inspirado por la bondad natural de Rolf, llevaba tiempo haciendo labores de voluntariado con presos de San Quintín.

—Me aclaro mucho más cuando me sumerjo en el sufrimiento —me cuenta—. La tristeza es como una meditación sobre la compasión. Te despierta con esa sensación de: «Ahí hay dolor; ahí hay necesidad». Entonces salgo de la prisión. Pienso en mi hermano y es como si adoptara un estado meditativo. Siempre me he sentido así con la compasión humana. No soy una persona trágica, sino más bien optimista; pero creo que la tristeza es hermosa y es sabia.

En el último mes de vida de Rolf, Keltner también llevó a cabo un ejercicio diario de gratitud para con su hermano por «las cosas que ha hecho, el brillo de sus ojos, la ternura divertida que prodiga a los desamparados...». Pensaba en él mientras recorría el campus, mientras decidía qué investigaciones quería emprender. Reparaba en que toda la labor que ha hecho y posiblemente toda la que tiene por delante se debe, en última instancia, a su hermano, cuya pérdida siempre le causará dolor al mismo tiempo que hace más profundo el pozo de compasión del que Rolf le enseñó a beber de niño.

—Con su ausencia, tengo la impresión de que me han arrebatado todos esos elementos que formaban mi manera de entender el mundo —me decía— y, sin embargo, siguen estando ahí.

Le pregunté si la parte de su ser que tiende al sobrecogimiento, a la fascinación y a la comunión está separada de la que tiene que ver con la tristeza o entrelazada con ella.

—Esa pregunta me pone los pelos de punta —me respondió—. Están entrelazadas.

Al final, empezó a darse cuenta de que, después del desmoronamiento de la familia de su infancia, nunca se había permitido a sí mismo sentirse a gusto, como en casa. Y quizá era hora de empezar. Cada año, en la ceremonia de graduación de Berkeley, buscaba instintivamente entre los alumnos homenajeados a los que parecían estar perdidos como lo había estado él, a los que parecían solos, sin familia, y mirarían a sus compañeros reunidos felices en torno a las mesas de picnic con sus parientes preguntándose si no podrían estar allí también los suyos.

Él, sin embargo, lleva en Berkeley desde los treinta y cuatro años y ahora tiene cincuenta y siete. Ya no es uno de esos chavales y sabe, además, que todos esos graduandos, aquellos refugiados de familias rotas, tampoco serán chavales para siempre. Tendrán que salir al mundo como hizo él; buscarán trabajo y tendrán sus aventuras; vivirán a la sombra de sus pérdidas y a la luz de sus nuevos amores, y podrán o no repetir los patrones familiares de su infancia; pero todos se sentirán conmovidos por las personas a las que más amen, todos tendrán la capacidad, como él, que la aprendió de su hermano menor, de recorrer el puente de la tristeza y descubrir que al otro lado los espera la alegría de la comunión. Como Keltner, se abrirán camino hasta llegar a casa.

2

POR QUÉ ANHELAMOS UN AMOR «PERFECTO» E INCONDICIONAL (Y QUÉ TIENE ESTO QUE VER CON NUESTRA AFICIÓN A LAS CANCIONES TRISTES, LOS DÍAS DE LLUVIA Y TAMBIÉN LO DIVINO)

> Lo más placentero que he conocido en la vida ha sido
> el anhelo de alcanzar la Montaña, de encontrar el lugar
> del que procede todo lo bello: mi nación, el lugar en el que
> debería haber nacido.
>
> C. S. Lewis[1]

Una mujer italiana elegante, dicharachera y refinada. Francesca. Al final de la Segunda Guerra Mundial conoce a un soldado estadounidense y se casa con él, se muda con él al modesto municipio agrícola de Iowa del que procede, habitado por buenas personas de las que llevan pastel de zanahoria a sus vecinos, cuidan a los ancianos y condenan al ostracismo a quienes transgreden las normas con actos tales como, digamos, el adulterio. Su marido es amable, entregado y... no da mucho más de sí. La mujer adora a sus hijos.

Un día, la familia deja la ciudad una semana para exponer sus cerdos en una feria estatal. Ella se queda sola en la granja, por primera vez en toda su existencia de casada. Disfruta de su soledad. Hasta que llama a su puerta un fotógrafo de la revista *National Geographic* para preguntar cómo llegar a cierto lugar de la zona... y los dos se lanzan a una apasionada aventura amorosa durante cuatro días. El periodista le ruega que escape con él y ella hace las maletas.

Sin embargo, en el último momento, las deshace.

En parte porque está casada y tiene hijos, y porque es consciente de que la ciudad no les quitará el ojo de encima; pero también porque sabe que el fotógrafo y ella han llegado ya de la mano al mundo perfecto y hermoso, y que ha llegado el momento de descender de nuevo al de la realidad. Si intentan vivir para siempre en el otro, se alejará y será como si nunca hubiesen estado en él. Así que se despide de él y los dos se añoran por el resto de sus días.

Aun así, aquel encuentro ayuda en secreto a Francesca a seguir adelante y renueva la capacidad creativa de él. Años más tarde, en su lecho de muerte, le enviará a ella el álbum de imágenes que hizo para conmemorar aquellos cuatro días que estuvieron juntos.

Si el relato te resulta familiar, es porque procede de *Los puentes de Madison County*, novela de 1992 de Robert James Waller de la que se vendieron más de doce millones de ejemplares y en la que se basó la película de 1995 protagonizada por Meryl Streep y Clint Eastwood, que recaudó ciento ochenta y dos millones de dólares. [2] La prensa atribuyó su popularidad a una avalancha de mujeres atrapadas en matrimonios infelices que anhelaban contar con el amor de un fotógrafo apuesto.

Pero, en realidad, la historia no iba de eso.

En la vorágine que siguió a la publicación del libro se formaron dos bandos: el de los lectores a los que les encantó por la pureza del amor de la pareja, capaz de resistir el paso de los lustros y el de los que consideraban que se trataba de una forma de evadir responsabilidades, pues el amor verdadero se mantiene en pie pese a las dificultades a las que se enfrenta una relación real.

¿Cuál de los dos estaba en lo cierto? ¿Deberíamos aprender a renunciar al sueño de un amor de cuento de hadas y entregarnos por entero a los amores imperfectos que conocemos, o creer, como Aristófanes en *El banquete* de Platón, que en otro tiempo éramos todos almas unidas, dos personas en un solo cuerpo, tan extáticos y poderosos en nuestra unidad que despertamos el temor de los Titanes, quienes convencieron a Zeus para que nos separase y ahora dedicamos por naturaleza nuestra vida, como lo expresa Jean Houston, a anhelar nuestra mitad perdida?[3]

Como ciudadano de nuestro funcional mundo contemporáneo, sabes cuál es la respuesta correcta a estas preguntas: por supuesto, no se te ha perdido ninguna mitad. No existe la media naranja. Una persona no puede satisfacer todas tus necesidades. El deseo de realización sin límites, sin esfuerzos y sin fin solo engendra decepción y, además, resulta neurótico e inmaduro. Deberíamos crecer y superarlo.

Por otra parte, hace siglos que existe una opinión que casi nunca oímos. Nos da a entender que nuestro afán por el amor «perfecto» es normal y deseable, que el deseo de fundirse con el ser amado es el más profundo que puede abrigar el corazón humano, que el anhelo es el camino de la integración. Y no ocurre solo con el amor romántico, porque esa misma sensación nos visita cuando oímos el *Himno a la alegría*, contemplamos las cataratas Victoria o nos arrodillamos en una alfombra de oración. Por tanto, la actitud más apropiada respecto de las novelas sobre romances transformativos de cuatro días con fotógrafos de la revista *National Geographic* no consiste en rechazarlas por considerarlas un sinsentido sentimental, sino tenerlas por lo que son en realidad: equivalentes a la música, la catarata y la plegaria, y no distintas de ellas. El anhelo es en sí mismo un estado creativo y espiritual. Aun así, hay motivos de peso para dar la espalda a Platón.

En 2016, Alain de Botton, erudito y prolífico filósofo de origen suizo, publicó en *The New York Times* un artículo titulado: «Por qué va usted a enamorarse de la persona equivocada». Fue la columna de opinión más leída del año y sostenía que estaríamos mucho mejor —nosotros y nuestros matrimonios— si renunciásemos a la idea romántica de la existencia de «un ser perfecto capaz de satisfacer todas nuestras necesidades y dar respuesta a cada uno de nuestros anhelos». [4]

Lo siguió una serie de seminarios ofrecidos por la School of Life o Escuela de la Vida, organismo fundado por él que tiene sede en un establecimiento comercial de Londres y representación en todo el mundo, desde Sídney hasta Los Ángeles, donde ahora mismo me encuentro sentada en el Ebell Theater con trescientos compañeros de curso. La clase de De Botton se basa en la idea de que «uno de los errores más graves que cometemos en lo tocante a nuestras relaciones es imaginar que no es un ámbito en el que podamos aprender a ser más sabios y mejores». [5] Eso significa que deberíamos dejar de ansiar el amor incondicional de nuestra media naranja, asimilar las imperfecciones de nuestra pareja y centrarnos, más bien, en enmendar nuestros propios defectos.

Alain es alto, tiene aire magistral y habla con el acento de académico británico más engolado que pueda concebirse. Su elocuencia y su ingenio resultan apabullantes y se dirige a la clase con la sensibilidad de un psicoanalista, sin pasar por alto si a alguien le resulta incómodo completar alguno de los ejercicios que propone y alentando en la justa medida a la participante que, azorada, confiesa que se siente como una «zorra egoísta» por haber dejado a su marido. Pese a su impecable presentación, no puede evitar encorvarse ligeramente, como si se creyera sin derecho a ser tan alto. Se refiere a sí mismo en tono jocoso como un «rarito calvete que intenta enseñar a otros cosas que él mismo no sabe con certeza». Alain ha escrito sobre la sabiduría de la melancolía y, como podría haber predicho el cuestionario que encabeza este libro, su palabra favorita parece ser «conmovedor». Para él resulta conmovedor que tratemos de escoger a amantes dotados de los mismos rasgos difíciles que presentaban nuestros padres; es conmovedor que nos enfademos con alguien cuando, en realidad, estamos locos por no importarles demasiado y quien compra un Ferrari no lo hace por frivolidad o codicia, sino movido por una necesidad conmovedora de amor.

—¿Alguno de los presentes se tiene por una persona con la que resulta fácil convivir? —pregunta, pues el primer punto del orden del día es el de ser capaces de percibir nuestros defectos y, al ver que se levantan unas cuantas manos, dice con gesto alegre—: Eso es muy peligroso. No sé vosotros, pero yo tengo claro que no es fácil vivir con vosotros y, ¡si insistís en creer lo contrario, no vais a vivir con nadie! Ya que tenemos micrófonos, contamos entre nosotros con gente sincera y encantadora y no hay redes sociales de por medio, vamos a oír por qué es difícil convivir con vosotros.

Se alzan más manos.

—Yo salto enseguida y hago mucho ruido.

—Yo lo analizo todo demasiado.

—Yo soy caótico y tengo la música puesta a todas horas.

—¡Estáis todos advertidos! —exclama Alain— Tenemos defectillos para dar y regalar, pero se nos olvidan cuando salimos con alguien. Cuando las citas nos van mal, nos gusta reírnos de la situación pensando que somos una isla de perfección en un mar de demencia.

—¿Quién de los presentes desea que lo quieran tal como es? —prosigue—. Que levante la mano quien desee que lo quieran tal como es.

Vuelven a verse manos en alto.

—Por Dios bendito —protesta él—. Sí que tenemos trabajo por delante. ¿No habéis escuchado nada de lo que he dicho? ¿Cómo queréis que os quieran tal como sois? Pero ¡si estáis plagados de defectos!

¿Por qué os iba a querer nadie tal como sois? ¡Tenéis que crecer, tenéis que madurar!

Todas estas lecciones van alternando con vídeos en los que se ilustran diversas formas de incomprensión mutua en el seno de las parejas. Las parejas (o las personas sobre las que fantasean en secreto) suelen ser jóvenes meditabundos que leen novelas en un banco del parque o mujeres de rostro agradable vestidas con chaqueta de punto que están a punto de embarcar en un tren. O sea, gente de personalidad agridulce. De fondo suena música melancólica. Los alumnos de la Escuela de la vida, que parecen una mezcla de diseñadores independientes, ingenieros sentimentales y profesionales en busca de empleo, se parecen mucho a dichas parejas: formales, corteses, razonablemente al tanto de la moda, aunque no tanto como para resultar intimidadores... Los pantalones que lleva Alain, de hecho, son de The Gap, según menciona desde el estrado.

Entonces, se nos vuelve a recordar que no existe nuestra media naranja. «Puede ser un poco desalentador —advierte—, pero tenemos que aceptar que no hay pareja que vaya a entendernos por completo ni a compartir todos nuestros gustos, ni en lo grande ni en lo pequeño. A lo sumo, podemos aspirar a alcanzar cierto porcentaje de compatibilidad. Volvamos a Platón y acabemos de una vez por todas, en grupo, con su ingenuidad encantadora pero demencial, que no sirve sino para destruir el amor. Nuestra media naranja no existe».

De hecho, según él, es esta fantasía lo que nos impide apreciar a nuestras parejas, pues nos pasamos el día comparando su personalidad imperfecta con «las maravillas que les atribuimos a los desconocidos con los que nos cruzamos en la biblioteca o en el tren». Para demostrar este problema recurre a un ejercicio llamado «el sueño antirromántico», en el que nos enseña a imaginar los defectos de extraños que nos resultan atractivos. Nos enseña cuatro imágenes de posibles amantes, dos hombres y dos mujeres.

—Elegid a la persona que más os atrae —nos pide—. Imaginad con todo el detalle posible cinco aspectos en los que puedan resultar ser irritantes después de tres años de convivencia. Miradlos bien a los ojos.

Uno de los participantes, un joven con gafas elegantes y un encantador acento irlandés, elige la foto de una mujer de expresión nostálgica que lleva un pañuelo rojo a la cabeza.

—Tiene la misma mirada que mi perro cuando lo dejo en casa, conque me da que es un poco dependiente.

Una mujer rubia con vestido estampado se decanta por una de una joven esbelta en una biblioteca.

—Le encantan los libros —supone—, pero tienes que leer siempre lo mismo que ella. Además, hay que corroborar todos sus gustos.

Otra compañera de curso dice sobre un hombre de aspecto triunfador vestido con traje y corbata:

—Me ha atraído su pelo, que me parece precioso; pero resulta que es un presumido y, cada vez que lo acaricio, me dice: «No me toques el pelo».

Alain es impresionante, pienso. No es la primera vez, ya que llevo años admirando su obra. Su pluma y su oratoria son divertidas y esclarecedoras, y ahora también se me revela como alguien capaz de salvar matrimonios. Sin embargo, mientras aplicamos su perspicacia a nuestra vida amorosa, queda en el aire la cuestión del anhelo de Francesca, de nuestro anhelo. ¿Qué deberíamos hacer al respecto? ¿Qué significa, de hecho?

La tradición agridulce tiene mucho que decir sobre estas preguntas. Nos enseña que el anhelo florece en el ámbito del amor romántico, pero no nace en él, sino que lo precede y tiene vida propia. El amor romántico no es más que una expresión, pero resulta ser la manifestación que más preocupa a nuestra cultura. Aun así, nuestro anhelo se muestra de mil formas diferentes, incluida la que me ha tenido intrigada toda mi vida: el enigma de por qué a tantos nos encanta la música triste.

Mi vídeo favorito de YouTube es uno de un niño de dos años de mejillas redondas y pelo rubio, tan fino que deja entrever el rosa de su cuero cabelludo, oyendo por primera vez la sonata *Claro de luna*.[6] Se encuentra en una audición de piano y la jovencísima ejecutante, fuera de cuadro, hace lo que puede con la partitura de Beethoven. Salta a la vista que el chiquillo sabe que la ocasión es solemne y que esperan que se mantenga en silencio; pero está tan conmovido por la melodía evocadora que todo su rostro se tensa mientras trata en vano de no llorar. Deja escapar un gemido y, a continuación, en silencio, le corren las lágrimas por las mejillas. Su reacción ante dicha música tiene algo de profundo, casi sagrado.

El vídeo se hizo viral y las numerosas personas que lo comentaron trataron de imaginar el significado de sus lágrimas. Aparte de alguna que otra crítica sarcástica («Yo también me echaría a llorar con tantas notas falsas»), la mayoría parece percibir que en la pena del crío se encuentran expresados como en un código secreto lo mejor de la humanidad y sus preguntas más trascendentes.

Quizá «pena» no sea la palabra más acertada. Hay quien habla en los comentarios de sensibilidad y aun de empatía, y no falta quien lo considera arrebato. Cierta persona se maravillaba ante su reacción a «la mezcla paradójica y misteriosa de intensa alegría y de tristeza» que presenta la composición. «Por cosas así se convencen las generaciones de que vale la pena vivir».

Esta idea me parece la que más se acerca a la respuesta. Pero ¿qué es, concretamente, lo que hace que piezas musicales agridulces como el *Claro de luna* nos resulten tan enardecedoras? ¿Cómo puede remitir a la vez un solo estímulo a la alegría y a la pena, al amor y a la pérdida, y por qué lo escuchamos con tantas ganas?

Resulta que son muchas las personas que se sienten como ese niño (y como yo). La música triste tiene más probabilidades que la alegre de suscitar lo que el neurólogo Jaak Panksepp calificó de «estremecimiento en la piel que eriza el vello», conocido también como «escalofrío».[7] Las personas cuyas canciones favoritas son alegres las reproducen unas ciento setenta y cinco veces de media; pero quienes las prefieren «agridulces» lo hacen casi ochocientas veces, según un estudio de Fred Conrad y Jason Corey, profesores de la Universidad de Míchigan, y refieren una «conexión más profunda» con la música que quienes buscan composiciones que alegren.[8] Los sujetos de estudio les hacían saber que asociaban las canciones tristes con la belleza profunda, las conexiones hondas, la trascendencia, la nostalgia y la humanidad compartida, las llamadas «emociones sublimes».

Piensa en cuantos géneros musicales que levantan pasiones beben de la nostalgia y la melancolía: el fado portugués, el flamenco de España, el *rāy* o *raï* argelino, el lamento irlandés, el *blues* estadounidense... Hasta la música pop tiene cada vez más composiciones en clave menor: un sesenta por ciento aproximado de las canciones actuales, comparado con el escaso quince por ciento de las de la década de 1960, según los investigadores E. Glenn Schellenberg y Christian von Scheve.[9] Es la clave en la que están escritas muchas de las piezas más célebres de Bach y de Mozart, la clave de la «jubilosa melancolía», en palabras de cierto músico.*[10] En una de las nanas preferidas de Estados Unidos, *Rock-a-Bye Baby* («Duérmete, niño»), cae al suelo la cuna que mece al pequeño, en tanto que cierta nana árabe canta a la vida desde el punto de vista de un extraño sin «amigos en el mundo». El poeta granadino Federico García Lorca recogió muchas de las canciones de cuna de su país y concluyó que «España usa sus melodías de más acentuada tristeza y sus textos de expresión más melancólica para teñir el primer sueño de sus niños».[11]

Este fenómeno se hace extensivo también a otras formas estéticas. A muchos de nosotros nos encantan las tragedias escénicas, los

---

* El musicólogo Christian Schubart describió en 1806 la clave de do menor como una «declaración de amor y, al mismo tiempo, el lamento de un amor infeliz. En esta clave subyacen toda la languidez, la anhelación y los suspiros del alma enferma de amor». En cambio, la de do mayor es «completamente pura. Su carácter es la inocencia, la sencillez, la ingenuidad, el habla del niño». (Recogido en https://wmich.edu/mus-theo/courses/keys.html).

días de lluvia, las películas lacrimógenas. Adoramos las flores de cerezo —en cuyo honor celebramos incluso festivales— y las preferimos frente a otras igual de adorables por el simple hecho de que mueren jóvenes. (Los japoneses, que aman las flores de *sakura* por encima de todas, atribuyen dicha preferencia al *mono no aware*, al estado ansiado de dulce tristeza de esta «afección de las cosas» y la «sensibilidad ante la falta de permanencia»). [12]

Los filósofos lo llaman la «paradoja de la tragedia» y llevan siglos rumiando al respecto. ¿Por qué a veces acogemos con gusto la tristeza, cuando el resto del tiempo haríamos cualquier cosa por evitarla? Ahora, los psicólogos y los neurólogos se han unido a sus cavilaciones para proponer varias teorías. Una sonata triste puede ser terapéutica para quien ha experimentado una pérdida o sufre depresión, puede ayudarnos a aceptar las emociones negativas en lugar de obviarlas o reprimirlas, puede hacernos conscientes de que no estamos solos en nuestra pena.

Una de las explicaciones más convincentes procede de un estudio reciente llevado a cabo por los investigadores de la Universidad de Jyväskylä (Finlandia), quienes descubrieron que, de todas las variables que determinan si alguien es propenso a conmoverse con la música triste, la más poderosa es la empatía. Su trabajo consistió en hacer que 102 personas escuchasen *Discovery of the Camp*, parte de la banda sonora de la miniserie *Hermanos de sangre* (*Band of Brothers*). [13] Quienes reaccionaron ante la música como el niño al oír tocar a su hermana fueron en su mayoría personas muy empáticas, sensibles «al contagio emocional» y propensas a la «fantasía» enfocada en el prójimo. Dicho de otro modo: miraban el mundo con los ojos de otros. Tenían la capacidad de perderse en los personajes ficticios de libros y películas y respondían a los problemas ajenos con compasión más que con inquietud personal o ansiedad. Para ellos, la música triste era, probablemente, una forma de comunión.

Otra explicación, que procede nada menos que de Aristóteles, es la de la catarsis. [14] Quizá la contemplación de Edipo mientras se sacaba los ojos sobre un escenario ateniense ayudaba a los griegos a liberar sus propios enredos emocionales. De forma más reciente, los neurólogos Matthew Sachs y António Damásio revisaron, junto con la psicóloga Assal Habibi, toda la bibliografía científica existente sobre música triste y plantearon que las melodías añorantes podían ayudar a nuestro organismo a alcanzar la homeostasis, estado en el que nuestras emociones y nuestra fisiología presentan un funcionamiento óptimo. [15] ¡Ciertos estudios han demostrado incluso que los bebés ingresados en unidades de cuidados intensivos a los que se les ponen nanas (a menudo tristes) presentan patrones de respiración y alimentación y ritmos cardíacos más robustos que los que oyen música de otra clase! [16]

Por otra parte, las sonatas a la luz de la luna que hay en el mundo no se limitan a dar cauce a nuestras emociones, sino que las elevan. La música triste es la única que provoca estados de exaltación, comunión y sobrecogimiento. La música que expresa otras emociones negativas, como el miedo o la rabia, no produce el mismo efecto. Ni siquiera la música alegre ofrece tantas recompensas psicológicas como la triste, según las conclusiones de Sachs, Damásio y Habibi. [17] Las melodías más optimistas nos impulsan a bailar por la cocina e invitar a los amigos a cenar; pero son las tristes las que nos llevan a querer tocar el cielo.

Aún así, estoy convencida de que la gran teoría unificadora que explica la paradoja de la tragedia es —como muchas de tales teorías— sencilla hasta resultar decepcionante: en realidad, no nos atrae la tragedia por sí misma. Lo que nos gusta son las cosas que son a la vez tristes y hermosas, las que llevan en sí lo agrio y lo dulce. Así, por ejemplo, no nos emociona una lista de palabras luctuosas ni una serie de diapositivas de rostros compungidos (extremo que, de hecho ya han demostrado los científicos): lo que nos atrae es la poesía elegíaca, las ciudades costeras envueltas en la bruma, los chapiteles que atraviesan la cubierta nubosa… Dicho de otro modo: nos atraen las formas artísticas que expresan nuestro anhelo de comunión con los demás y de un mundo más perfecto y hermoso. Cuando nos sentimos extrañamente entusiasmados por la tristeza de *Claro de luna*, lo que estamos experimentando no es otra cosa que el anhelo de amor, de un amor frágil, efímero, evanescente, precioso y trascendental.

La idea de la añoranza como fuerza sagrada y creativa parece extraña a nuestra cultura de optimismo normativo; pero lleva siglos viajando por el mundo con nombres muy diferentes y bajo apariencias muy distintas. Escritores y artistas, místicos y filósofos han intentado darle voz desde hace mucho. García Lorca lo llamó «poder misterioso que todos sienten y que ningún filósofo explica».[18]

Los griegos lo llamaban *pothos*, palabra que definió Platón como un deseo anhelante de algo maravilloso que no podemos tener.[19] El *pothos* era nuestra sed de todo lo bueno y lo hermoso, lo que inspiraba a los humanos, seres humildes presos de la materia, a tender los brazos en busca de una realidad más elevada. El concepto estaba asociado tanto con el amor como con la muerte. En la mitología griega, Poto (el anhelo) era hermano de Hímero (el deseo) e hijo de Eros (el amor). Sin embargo, ese dolor por lo inalcanzable llevó a que se empleara también el término para designar las flores que se colocaban en las tumbas de Grecia.[20] La añoranza nos suena hoy a un estado pasivo, sombrío y desamparado, pero el *pothos* se entendía como una fuerza activadora. El joven Alejandro Magno se describió a sí mismo como «arrebatado por el *pothos*» cuando, sentado a la orilla del río, contempló la distancia.[21] También fue el *pothos* lo que puso en marcha la *Odisea* de Homero, con la nostalgia del náufrago Ulises, deseoso de volver a su hogar.[22]

C. S. Lewis lo llamó «el anhelo inconsolable ... de no sabemos qué», la *Sehnsucht*, palabra alemana formada por *sehnen* («anhelar») y *Sucht* («obsesión, adicción»).[23] La *Sehnsucht* fue el impulso animador de la vida y la obra de Lewis, «ese algo innombrable cuyo deseo nos pica como un estoque ante el olor de una fogata, el sonido de los patos salvajes que vuelan sobre nuestras cabezas, el título de *El pozo del fin del mundo*, los primeros versos del *Kubla Khan*, las telarañas matutinas del fin del verano o el ruido de las olas al caer».[24] Él lo había experimentado por primera vez de niño, cuando su hermano le llevó un jardín en miniatura hecho con una vieja lata de galletas llena de musgo y flores y se sintió embargado por un dolor jubiloso que no lograba entender, aunque pasaría el resto de su vida intentando expresarlo con palabras, encontrar su origen, buscar la compañía de espíritus afines que hubiesen conocido aquellas mismas maravillosas «puñaladas de gozo».[25]

Otros describen este anhelo como la respuesta a un misterio cósmico. «Siento que el secreto de la vida, el amor, la muerte y los senderos vitales que tomamos o dejamos (el universo mismo) queda, de algún modo, abarcado por su promesa dolorosamente hermosa», escribe el artista Peter Lucia acerca de la *Sehnsucht*.[26] Leonard Cohen, mi músico favorito, decía de su poeta preferido, García Lorca, que le había enseñado que era «esa criatura doliente en medio de un cosmos doliente y que el dolor no era malo, que no solo no era malo, sino que era el modo de abrazar la luna y el sol».[27]

Como hemos visto en el caso de Francesca y su fotógrafo de *National Geographic*, el anhelo se nos muestra a veces en la forma de amor carnal. En este extraordinario pasaje, el novelista Mark Merlis describe el misterioso dolor que produce el conocer a una persona irresistible:

¿Conoces la sensación de ver a un hombre y no saber bien si quieres meterte en sus pantalones o echarte a llorar? No porque no puedas tenerlo, sino porque puedes, pero ves de inmediato algo en él que va más allá del acto de poseer. No es posible llegar a él a golpe de polvos, igual que no se pueden tener huevos de oro matando a la gallina. Por eso te entran ganas de llorar, no como un niño, sino como un exiliado al acordarse de su patria. Eso fue lo que vio Leucón la primera vez que contempló a Pirro: una vislumbre de ese otro lugar en que debía estar, la costa de la que nos deportaron antes de nacer. [28]

El anhelo es también la musa definitiva. «Mi vida artística —dice Nick Cave, poeta y músico— ha girado en torno al deseo o, por ser más precisos, la necesidad de articular los sentimientos de pérdida y anhelo que me han silbado por los huesos y me han canturreado por la sangre». [29] Si a Nina Simone, pianista y cantante, la llamaban «la suma sacerdotisa del *soul*» era porque su música estaba cargada de afán de justicia y amor. En España lo llaman *duende*: la médula anhelante y ardiente del baile flamenco y de otras formas artísticas del corazón inflamado. Los hablantes galaicoportugueses poseen el concepto de *saudade*, la nostalgia dulce y lacerante —expresada con frecuencia a través de la música— con que se evoca algo muy querido que ha desaparecido hace mucho tiempo o que quizá ni siquiera ha existido.* En el hinduismo, se habla de *viraha* para referirse al dolor de la separación, normalmente del ser amado, y se da por cierto que es el origen de toda poesía y de toda música. Cuenta la leyenda que Valmiki, el primer poeta del mundo, empezó a escribir poesía después de ver a un ave que lloraba por su macho, con quien se hallaba en plena cópula cuando lo mató un cazador. [30] «El anhelo es en sí divino —escribe el Sri Sri Ravi Shankar, dirigente espiritual hindú—. Ansiar cosas terrenales te hace inerte. Ansiar el Infinito te hinche de vida. El talento está en soportar la pena del anhelo y seguir adelante. El anhelo verdadero engendra dicha a raudales». [31]

En el corazón mismo de todas estas tradiciones se encuentra el dolor de la separación, el anhelo de reunión y, a veces, su logro trascendental. Pero ¿separación de qué, exactamente? De nuestras almas gemelas, cuya búsqueda constituye uno de nuestros mayores objetivos vitales, supone la tradición platónica. Del vientre materno, si optamos

---

* Los galeses tienen la palabra *hiraeth* para designar una idea similar.

por una interpretación psicoanalítica. Del bienestar que sentíamos en nuestro interior, normalmente por causa de un daño o un trauma del pasado que buscamos curar. Quizá todo esto no sean más que metáforas o expresiones de nuestra separación respecto de lo divino. La separación, el anhelo y la reunión constituyen el corazón palpitante de la mayoría de religiones. Anhelamos el Edén, Sion, la Meca, y anhelamos al Amado, que es la hermosa forma que tienen los sufíes de referirse a Dios.

Conocí a mi querida Tara, que se crio en un local de culto sufí de Toronto, cuando asistí a una charla que ofreció sobre significación y trascendencia. Tiene una voz de timbre claro y ojos amables con las comisuras externas deprimidas. Los pintores italianos pintaban madonas con ojos como los suyos como símbolo de empatía, a modo de versión amistosa del amor a primera vista. [32]

Por aquel entonces, yo no sabía gran cosa del sufismo. Apenas tenía la idea vaga de que conformaba la rama mística del islam. Aquella noche, sobre el estrado, nos describió cómo había transcurrido su infancia en el local de culto, donde servía té persa a los ancianos que acudían dos veces a la semana para meditar y compartir relatos. Su práctica religiosa también incluía el servicio a través de actos de amor. Más tarde, sus padres y ella se mudaron de Canadá a Estados Unidos, la tierra del éxito y la positividad. Al principio, se integró con ganas en aquel nuevo mundo y, en la universidad, fue presidenta de tal colectivo y directora de tal y cual publicación, y ansiaba lograr las calificaciones perfectas, labrarse un futuro profesional, salir con un chico y tener su propio apartamento. Sin embargo, una vez que el sufismo desapareció de su vida diaria, empezó a sentirse como si la hubiesen arrojado a la deriva en lo que se convertiría en una búsqueda vital de significación.

Tara dio su charla en un auditorio pequeño en el que, después, no faltaron vino, aperitivos ni conversación. Le pregunté a su padre,

Edward, constructor de barba blanca, si conocía la palabra *kvell*, que en yidis significa «no caber en sí de orgullo por los logros de algún ser querido, sobre todo hijo o nieto». Era la primera disertación de Tara y se lo dije por cómo debía de sentirse ante el talento que acababa de demostrar en público. Esperaba que me respondiera algo así como: «Sí, eso es precisamente lo que siento». Sin embargo, me contestó que, aunque se alegraba mucho, la experiencia tenía también algo de melancólico:

—Ha volado de debajo de mi ala. Ya no soy yo el que cuenta las historias: ahora me las cuenta ella, a mí y a todo un auditorio.

Me llamó la atención la rapidez y la franqueza con la que me revelaba la sensación que le había producido el quedarse con el nido vacío, lo a flor de piel que tenía aquella añoranza... y lo difícil que nos resulta a nosotros reconocer emociones así durante un cóctel. Con todo, Edward tiene algo que te invita a sentir que puedes compartir esta clase de observaciones por más que acabes de conocerlo. Y eso hice.

—El sufismo va precisamente de eso, de la nostalgia —exclamó animándose—. Toda su práctica se basa en la nostalgia, nostalgia de la unión, nostalgia de Dios, nostalgia de la Fuente... Si meditas, practicas el amor benevolente y sirves al prójimo, es porque quieres volver a casa.

Según me contó, el poema sufí más famoso, el *Masnaví* o *Maznawī*, escrito por Ŷalāl ad-Dīn Rūmī, erudito del siglo XIII, también gira en torno a la misma añoranza:

Escucha el caramillo. ¿Lo oyes dolerse por haberse visto separado?
...
Todo al que apartan de una fuente añora volver a ella.[33]

Edward me contó cómo había conocido a Afra, la madre de Tara, en una reunión de sufíes en Toronto. Él era nativo de Estados Unidos y no muy religioso hasta que había topado por casualidad con la poesía de Rūmī. Ella se había criado en Irán en el seno de una familia musulmana, aunque no había conocido nunca a un sufí antes de mudarse, a los diecinueve, a Canadá. Entró en la reunión y se sentó al lado de Edward, quien supo al instante que se casaría con ella. El problema era que Afra vivía en Toronto y él en Chicago. Cuando se despidieron, Edward se comprometió a enviarle su traducción favorita de la poesía de Rūmī cuando llegase a casa. Empezó a visitarla los fines de semana, hasta que, al final, conoció también a Tara, su hija de dos años, quien también se ganó su amor.

—Nunca sentí tanta añoranza como aquellos días —me dijo—. Cuando estaba en Chicago, miraba en dirección a Toronto. Iba a verlas en tren, pero me costaba tanto despedirme que acabé por dejar de cogerlo para ir en coche. El tren, además, me provocaba mucho sufrimiento. Cuando sientes añoranza, se hace muy largo. Nunca sé cuándo va a parar. El hogar deja de ser un lugar. El hogar es donde está esa añoranza y no te sientes bien hasta que llegas. A fin de cuentas, es una gran sensación de anhelo. En el sufismo lo llaman «el dolor». En el sufismo lo llaman «la cura».

Se casaron al mes de mayo siguiente y Edward adoptó a Tara. Dos años después, Afra y él dirigían juntos el local de culto y la pequeña crecía en un entorno de servicio y amor que trataría de recuperar durante el resto de sus días.

En el momento de aquella conversación, yo era más agnóstica que nunca, pero también me encontraba inmersa hasta las cejas en la escritura de este libro y había algo que se abría en mi interior. Empezaba a comprender —no solo con el cerebro, sino también con las entrañas— lo que era el impulso religioso, a perder el desdén que le había profesado siempre. Empezaba a darme cuenta de que la reacción intensa y transformadora que me provocaba la música en clave menor era la aprehensión de lo trascendente, una transformación de la conciencia. No era exactamente creer en Dios, al menos en el Dios concreto de los libros antiguos; pero sí el brotar del instinto espiritual.

También empezaba a percibir que la música no es más que una de las muchas manifestaciones de este instinto, que estaba igualmente presente, por ejemplo, en el momento en que Edward conoció a Afra. La música es una expresión de aquello que añoramos, pero ¿qué es ese «aquello»? Podemos decir «½», «0,5» o «la mitad» y estaremos expresando la misma realidad, pero ¿cuál es la realidad misma? Las fracciones, los decimales y las palabras describen la esencia de un concepto matemático que permanece tan inefable como al principio una vez que lo nombramos. Cada una de las flores que disponemos en un jarrón, cada cuadro que colgamos impecablemente en un museo de arte, cada tumba recién abierta sobre la que lloramos... son expresiones de la misma realidad, no por esquiva menos asombrosa.

Poco después de conocer a Tara y a sus padres, los sentimientos de dulce aflicción que había conocido desde siempre empezaron a aumentar de manera progresiva. Una noche, busqué en Google las palabras «anhelo» y «sufismo». Fue así como di con un vídeo de YouTube protagonizado por la voz rítmica de acento galés del doctor Llewellyn Vaughan-Lee, maestro sufí, e imágenes a vista de pájaro de templos birmanos, del paisaje urbano de Sídney, de favelas brasileñas y de una *geisha* japonesa por cuya mejilla pintada de blanco corre una lágrima solitaria. El vídeo se llamaba *El dolor de la separación* y Vaughan-Lee (a quien en adelante llamaré LVL) hablaba de nostalgia. «Ha llegado el momento de volver a casa —decía—, de que vuelvas a tu hogar; el momento de descubrir quién eres en verdad».[34]

El sufismo se practica de muchas formas y por muchas clases de personas en todo el mundo, muchas de ellas musulmanas, aunque otras no lo son. Todas sus religiones tienen sus ramas místicas, las de quienes buscan una comunión directa e intensa con lo divino al margen de ritos y doctrinas tradicionales. Los dirigentes religiosos convencionales desdeñan a veces a los místicos, a quienes consideran atolondrados o herejes, cuando no ambas cosas, quizá por miedo a que quienes sortean a las instituciones y autoridades religiosas a la hora de conocer a Dios les quiten el negocio. Desde 2016, Estado Islámico ha matado a un buen número de fieles sufíes en ejecuciones multitudinarias. [35]

Por suerte, místicos como LVL, maestro residente en Estados Unidos, pueden practicar su fe sin ser molestados y no tardé en encontrármelo por toda la Red. Lo tenía delante de mí, contándole a Oprah Winfrey que anhelamos al Amado y el Amado, a su vez, nos anhela a nosotros, y Oprah parecía estar queriendo saltar de su asiento al identificarse con sus palabras. [36] También pude verlo dando, en 2016, una charla sobre «separación y unión» o, unos años después, advirtiendo de la llegada de una gran oscuridad espiritual en el mundo. Siempre hablaba con una ausencia total de deseo por encontrarse en el candelero. Siempre aparecía igual, vestido de blanco y como si el tiempo no lo hubiese tocado, con su voz suave y su rostro apuesto y exento de toda ostentación, con sus gafas redondas de montura metálica y hablando del dolor del corazón. Hablando de amor.

El anhelo es el dulce dolor de pertenecer a Dios —escribe—. Una vez que se despierta el anhelo dentro del corazón, se revela como el camino más directo a casa. Igual que un imán, nos lleva a lo más hondo de nuestro propio corazón, donde nos hacemos plenos y nos transformamos. Por eso ha recalcado siempre la mística sufí la importancia del anhelo. El gran sufí Ibn ʿArabī oraba diciendo: «Señor, susténtame no con amor, sino con deseo de amor», mientras que Rūmī expresaba la misma verdad en términos muy sencillos: «No busques agua, siente sed». [37]

Asimismo, presenta el dolor de la separación como un comienzo espiritual más que como un hecho psicológico:

Si seguimos el camino de cualquier dolor, cualquier herida psicológica, nos llevará a ese dolor primigenio: el dolor de la separación. Al ver la luz en este mundo ... [N]os vemos desterrados del paraíso y llevamos las cicatrices de esta separación. Pero, si abrazamos el sufrimiento, si dejamos que nos lleve a lo más hondo de nosotros mismos, nos llevará más allá que ninguna cura psicológica.

Cita con frecuencia a Rūmī, que dejó escritas numerosas páginas de poesía extática y que hoy es el poeta de mayor éxito de ventas de Estados Unidos (aunque no falte quien ponga en duda la fidelidad de las traducciones inglesas más populares).[38] Es proverbial la adoración que profesó Rūmī a su amigo y maestro Šams ad-Dīn Tabrīzī. Su muerte (a manos, posiblemente, de los discípulos celosos de Rūmī) le produjo un dolor que casi lo destruyó; pero, al partirse su corazón, empezó a brotar de su interior la poesía... y de todas esas composiciones (de hecho, de todo el sufismo, así como de todas las tradiciones místicas del planeta)* partió la idea fundamental de que «el anhelo es el centro mismo del misterio, / el mismo anhelo trae consigo la cura».[39]

Hubo un poema concreto que resonó de forma particular en mi interior agnóstico, escéptico. Se titula *Perros de amor* y presenta a un hombre que está rezando a Alá hasta que un descreído le pregunta por qué se molesta:[40]

—Te he oído llamarlo, pero ¿te ha respondido alguna vez?

---

* En la médula del misticismo se halla la idea de que la ausencia de Dios no es tanto una prueba de fe como la senda que conduce al amor divino. La añoranza nos acerca a lo que añoramos. Para santa Teresa de Ávila, mística cristiana del siglo XVI, «llaga Dios el alma», pero «[s]iempre querría el alma... estar muriendo de este mal» (*Libro de la vida* XXIX; Cátedra, Madrid, 2006). Mirabai, mística hindú del mismo siglo, componía poesías que hablaban de las cartas que escribía a su «Amado, / el querido Krishna», por más que él «no mande mensaje de respuesta» (Allpoetry.com, https://allpoetry.com/I-Send-Letters). El místico moderno George Harrison escribió sobre el anhelo en su icónica canción «My Sweet Lord»: «I really want to see you; / really want to be with you; / really want to see you, Lord. / But it takes so long, my Lord».

El hombre, desconcertado, deja de orar. Se echa a dormir y sueña que se le aparece al-Jiḍr, el guía de las almas, quien quiere saber por qué ha abandonado sus plegarias.

—Porque nunca he recibido respuesta —dice el hombre. Temía que fuese una pérdida de tiempo, estar hablándole al vacío.

Pero al-Jiḍr le contesta:

Ese anhelo que expresas
es el mensaje que recibes.

El dolor del que te lamentas
te lleva hacia la unión.

Tu tristeza pura,
que suplica ayuda,
es el cáliz secreto.

Escucha los gañidos del perro que busca a su dueño:
ese gemido mismo es la conexión.

Hay perros de amor
cuyo nombre nadie sabe.

Da la vida
por ser uno.

Yo me veía reflejada en el descreído, pero también en el hombre que sueña con que se encuentra a al-Jiḍr. Si aquella poesía me hablaba a mí de un modo tan profundo, pensé, quizá LVL haría lo mismo. Quería conocerlo en persona. Además, tenía una pregunta que me estaba consumiendo y que él podría responderme. Había leído también sobre budismo, y muchas de sus enseñanzas parecían contradecir la idea sufista de que el anhelo resulta valioso desde el punto de vista espiritual. El budismo parte de la observación de que la vida es sufrimiento (o insatisfacción, dependiendo de cómo queramos interpretar el sánscrito *duḥkha*). La causa de este sufrimiento es nuestro sometimiento al antojo o el ansia (de riqueza, posición, amor posesivo...) y a la aversión (a cosas como que hieran nuestros sentimientos, a encontrarnos incómodos, al dolor...). La libertad (o nirvana) se logra liberándose de dichos apegos, proceso que se logra mediante prácticas como la atención plena o la meditación del amor benevolente. [41] En este ideal liberado, la del anhelo parece presentarse como una condición muy problemática. Tal como lo expresa cierto sitio web budista: «Tras una larga formación en las enseñanzas del Buda, tendemos a reconocer el anhelo como un estado mental poco productivo y nos limitamos a hacer caso omiso de él para centrarnos en lo que quiera que esté presente». [42]

¿Cómo encajar este enfoque con la poesía sufí? ¿Son contradictorias las enseñanzas de Rūmī y las de Buda? ¿Es diferente el anhelo del sufismo de lo que llaman deseo o antojo los budistas? Aunque, a lo sumo, podía considerarme alumna diletante de ambas tradiciones, sentía que necesitaba una respuesta.

Descubrí que LVL dirigía una asociación llamada The Golden Sufi Center y que estaba de retiro en Burlingame (California), donde llevaba a cabo una actividad llamada «Viaje del alma». Poco después, tenía reservado un vuelo para atravesar el país.

El retiro se está celebrando en una propiedad de dieciséis hectáreas de las Hermanas de la Misericordia, un convento católico con vidrieras y pinturas de Jesús y María de tonos sobrios. Me han alojado en una celda monacal oblonga limpia como una patena y con el aire un tanto cargado, provista de una discreta moqueta gris, un escritorio de madera y un lavabo sin nada que reseñar fijado a una pared desnuda. Llevo todavía la ropa del avión y me gustaría cambiarme, pero lo que llevo en la bolsa está hecho un higo y en el aposento diminuto no hay plancha. ¿Estará demasiado arrugado mi vestido de tirantes para ponérmelo en público? El único espejo que hay tiene el tamaño del retrovisor de mi coche y está demasiado alto, encima del lavabo. «¿Me veré si me subo a ese taburete?» El taburete, sin embargo, parece tener aspiraciones de mecedora y acabo en el suelo, a cuatro patas sobre la áspera moqueta. Así que me rindo y me pongo el vestido arrugado.

Me dirijo al salón amplio y bien ventilado en el que tenemos que reunirnos. Somos unos trescientos y, aunque todavía es temprano, ya apenas quedan sitios libres. Las hileras de sillas están más apretadas que los asientos de un vuelo de bajo coste, de modo que, cuando me siento, tengo que estar estrujada entre dos mujeres. Estamos tan juntas que, por más erguida que me coloque, me cuesta no tocarlas. Tampoco es fácil ver el modesto estrado en el que está sentado LVL, de escasa altura y rodeado de biombos japoneses y jarrones con flores. La mayoría de los presentes tiene los ojos cerrados y todos guardan silencio, aunque todavía quedan quince minutos para que comience el retiro.

LVL, en cambio, tiene los ojos abiertos. Está sentado en un sillón y nos observa con gesto sosegado mientras se acaricia la barba entrecana. Lleva las mismas gafas redondas de montura metálica, la misma expresión amable de hombre inteligente y el mismo atuendo blanco que he visto en todos sus vídeos. El ambiente de la sala es tranquilo, pero está cargado. Cuando al fin rompe el silencio LVL, es para hablar de muchas cosas, pero, sobre todo, de lo que los sufíes llaman «el viaje». Este, dice, es su mayor interés. Nos explica que, en realidad, son tres. El primero es el que hicimos al separarnos de Dios, el viaje en el que olvidamos que, de entrada, poseíamos una unión divina (y que es, supongo, el que me ha tenido ocupada a mí hasta hace poco). El segundo, el de la rememoración, es el momento de gracia en el que «empiezas a buscar la luz y recurres para ello a la oración y a otras prácticas. Es lo que conocemos en Occidente como "vida espiritual". De Oriente nos han llegado muchas técnicas que nos ayudan a conectar con el alma. Cada ser humano tiene su propia forma de llevar a cabo la plegaria y la glorificación, y es importante que encontréis un maestro espiritual». El viaje final es el que emprendemos en Dios, el que nos lleva a «internarnos cada vez más en el misterio divino».

Para hacer este viaje, advierte, es necesario contar con una energía, con una fuente de alimentación, porque no tenemos suficiente con la nuestra propia. Quien practica el taoísmo puede cultivar el Chi, la fuerza vital, o estar en sintonía con el tao, la energía primigenia del universo; en el budismo se usa la energía de la conciencia pura y los sufíes recurren a la energía del amor, «el mayor poder de la creación». [43]

Cuando habla de amor, pienso en Afra, que da la impresión de mujer dinámica, competente y práctica. Sin embargo, durante su etapa de formación iraní, si bien sabía que los sufíes entendían que toda la creación gira en torno al amor, ignoraba que el sufismo siguiera practicándose de forma activa. «Quería experimentar lo mismo que Rūmī, lo mismo que Ḥāfiẓ —me había dicho con gesto evocador. Se refería a los grandes poetas sufíes del amor y el anhelo—. Pensaba que tenían mucha suerte por haber nacido en aquel tiempo, mientras que yo no tenía acceso a nada parecido».

Eso es, también, parte de lo que me ha traído aquí, pese al recelo que me han provocado siempre los gurúes. LVL habla a veces de la devoción que profesa a su propia maestra, Irina Tweedie, y cita un dicho sufí que asevera que el discípulo tiene que hacerse más humilde que el polvo de los pies de su mentor. [44] Estoy convencida de que se refiere a la función de este a la hora de ayudar a su discípulo a completar la misión espiritual fundamental de extinguir el ego, aunque no me hace gracia la idea de rendir la autoridad a otro ser humano falible.

Con todo, viendo sus vídeos, he sentido ese amor por LVL, por más que él asegure que no puede transmitirse en línea. Empiezo a preguntarme si no podría ser mi maestro. Tal vez consiga superar mi aversión a los gurúes; hasta podría visitar The Golden Sufi Center cuando tenga que volar a la bahía de San Francisco por motivos de trabajo... Sigo sumida en estos pensamientos cuando LVL lanza una bomba. Ni siquiera ha cambiado de tono ni de actitud: con el mismo registro contemplativo en el que ha dicho todo lo demás, nos anuncia que está muy cansado de ejercer de mentor; que se acabó, que lo deja. La mayoría de los maestros sufíes trabaja con treinta o cuarenta almas, nos explica con una pierna recogida bajo la otra, durante quince o veinte años. Él quería ir más allá y, al final, ha acabado con ochocientos.

—Mi obra ha consistido en compartir el secreto de la transformación divina que conocen los sufíes desde hace miles de años —nos dice—. Los maestros del amor no habían trabajado nunca en Norteamérica, hasta hace unas décadas. He intentado seguir con la labor cuanto me ha sido posible, pero una parte de mí, que siempre había estado presente, ha acabado por quemarse, por agotarse. Estáis contemplando a un maestro en decadencia. Los quince años que pasé sentado a los pies de mi maestras crearon algo de mucha sustancia, pero ahora se ha agotado. Quería asegurarme de que todos aquellos a los que les he abierto la puerta tengan lo que necesitan para completar el viaje de su alma. Ese era mi compromiso. Ahora, ya os he dado lo que necesitáis. Usadlo. Vividlo.

Muchos de los presentes llevan años siguiendo a LVL y en ese instante prorrumpen en preguntas:

—Nos has dicho que el sendero no se acaba aquí. ¿Qué quiere decir si ya no estás con nosotros?

—Estoy seguro de que va a funcionar, de que la conexión no se perderá —les dice—. ¿Seguiré queriéndoos? Pues ¡claro que sí! Os he querido siempre. ¿Seguiré siendo vuestro padre espiritual? No.

Las preguntas siguen sucediéndose, algunas en tono relajado y otras al borde del pánico. LVL las responde pacientemente hasta que, de pronto, experimenta su propio miniestallido.

—¡Dejad un poco de espacio a un pobre viejo! —exclama— Este es el camino espiritual más introvertido que existe. Con un poco de espacio, todo irá saliendo a la luz. Si me dais un respiro, os estaré muy agradecido. Si acudís a mí, no haré más que poner barreras, levantar muros y pedir a los ángeles de la misericordia que me guarden.

Da por concluida la sesión matutina y reparo en que parece mayor de lo que creía además de más fornido y con rasgos un tanto menos firmes. Estoy empezando a contagiarme de la aflicción del grupo, que se mezcla con la mía propia, la que me ha producido el hecho de perder a LVL en el momento mismo de haberlo encontrado. Aunque mi relación con él ha sido unilateral y virtual, siento la oleada agridulce del dolor de la separación que tan bien conozco. Su presencia tiene algo que te hace sentir que de veras podría ayudarte a acceder a cierto estado de amor puro. Podría haber sido, quizá, mi maestro... si no hubiese llegado a él con una generación de retraso.

Durante el almuerzo, charlo con varios de sus alumnos. Algunos conocían ya sus intenciones de dejarlo, pero otros están totalmente turbados. Todos coinciden en que es extraordinario. Me aseguran que, a diferencia de muchos maestros espirituales que acaban envueltos en el escándalo y caen en el desprestigio, LVL nunca se ha hecho rico ni ha ido detrás de jovencitas; le es fiel a su mujer, Anat, y no ha buscado la fama, aunque no le falta la personalidad arrolladora necesaria. Al topar con sus vídeos por primera vez, me había preguntado por qué no era toda una celebridad con el magnetismo que derrocha y esa voz suave. Ahora ya lo sé: para él, ochocientas personas —ochocientas almas— es un número ingente de semejantes de los que cuidar. Merece descansar. Al final, decido renunciar a tratar de hablar con él.

Sin embargo, al final del retiro, celebra una sesión de ruegos y preguntas que me ofrece la ocasión de ponerme en pie y formular mi duda acerca de la diferencia existente entre el anhelo del sufismo y el del budismo. Le revelo que han sido precisamente sus vídeos sobre el tema los que me han traído aquí. Él me mira con gesto de entusiasmo y quiero imaginar que también de afinidad.

—El anhelo es distinto del ansia —me explica—. Es el ansia del alma. Quieres volver a casa. En nuestra cultura se confunde con la depresión y no es lo mismo. Los sufíes decimos que el sufismo fue primero angustia y que solo después se transformó en algo sobre lo que escribir.

Su respuesta viene a confirmar lo que he deducido de sus conferencias y sus artículos. En uno de mis pasajes favoritos de estos últimos, describe el anhelo no como un antojo malsano, sino como la expresión femenina del amor:

> Como todo lo creado, el amor tiene una naturaleza dual, positiva y negativa, masculina y femenina. Su cara femenina es la del «te quiero». Su cualidad femenina es la del «te espero», la del «te anhelo». Para el místico, es el lado femenino del amor, el anhelo, el cáliz que espera llenarse, lo que nos lleva de regreso a Dios. Como nuestra cultura ha rechazado lo femenino durante tanto tiempo, hemos perdido el contacto con el poder del anhelo. Muchos sienten esta congoja y desconocen su valor, ignoran que representa la conexión más íntima que tienen con el amor.

—Si te asalta el anhelo —me dice—, vívelo. Verás como no te equivocas. Si vas a ir en presencia de Dios, hazlo con el alma llena de dulce tristeza.

Entonces, a fin de cuentas, ¿cómo hay que interpretar que tantos millones de personas se sintieran atraídos por la historia de Francesca y su fotógrafo en *Los puentes de Madison County*?

Cuando sientas aflorar anhelos semejantes en tu propia vida, pensarás que algo va mal. Puede que sea cierto y puede que no. Yo, por descontado, desconozco tu relación. Lo que sí sé es que el aspecto más confuso del amor romántico es que las relaciones más duraderas empiezan con el convencimiento de que nuestro anhelo se ha visto satisfecho al fin. Hemos acabado nuestro trabajo; hemos cumplido nuestro sueño, alcanzado el mundo perfecto y hermoso encarnado en el objeto de nuestro afecto. Sin embargo, esta es solo la fase del cortejo, la de la idealización, en la que tu pareja y tú os habéis unido para alcanzar, durante un instante maravilloso, ese otro lugar. Durante esta fase, apenas existe distinción entre lo erótico y lo espiritual. Por eso hay tantas canciones del pop sobre la primera consumación del romance. Con todo, deberíamos entenderlas como una descripción no solo del amor, sino también de nuestro anhelo de trascendencia. (Según LVL, la tradición de estas composiciones amorosas occidentales procede de los trovadores, que viajaron a Oriente durante las cruzadas y se dejaron influir por los cantos sufíes de anhelo de Dios. Los sufíes usaban imágenes que incluían las mejillas, las cejas y el cabello de la mujer como metáfora del amor divino, y los trovadores las tomaron en un sentido literal, como expresiones de lo carnal más que de lo divino, y las emplearon para ofrecer serenatas a las damas occidentales a la luz de la luna bajo su ventana). [45]

Durante el transcurso de la relación de pareja intervendrá sin remedio el mundo real en las negociaciones cotidianas necesarias para mantener la unión —y probablemente la familia— y en las limitaciones de la psicología humana, que se manifestarán a veces en las dificultades que comporta la armonización de estilos de apego incompatibles y neurosis entrelazadas. Puede que descubras que tu marido evita de forma instintiva la intimidad, en tanto que tú la buscas con desesperación; que tú tienes obsesión con la limpieza y ella es más bien un desastre; que tú eres de comerte el mundo y él, de dejarse pisotear; o que tú vas siempre tarde y ella es puntual a más no poder.

Hasta en las relaciones más sanas, el anhelo regresa con frecuencia. En estas relaciones, es posible criar hijos, si es lo que se desea, o compartir chistes que solo entiende la pareja, lugares favoritos para pasar las vacaciones, una mutua admiración y, por supuesto, cama; recorrer las calles de una ciudad desconocida en busca de un parche térmico cuando estás de viaje y tu pareja sufre dolor de espalda... En las mejores relaciones es posible, a veces, querer llegar al fin del mundo.

Sin embargo, lo más probable es que tu relación sea una asíntota de aquello que anhelas. Como dice LVL: «Lo que hacen quienes buscan intimidad con otros es reaccionar ante este anhelo. Creen que con otro ser humano podrán sentirse plenos, pero ¿a cuántos de nosotros nos ha satisfecho por completo otra persona? Quizá ocurra durante un tiempo, pero no para siempre. Queremos algo que nos llene más, algo más íntimo. Queremos a Dios. Pero no todo el mundo se atreve a internarse en el abismo de dolor, en el anhelo que puede llevarnos a él».

Si eres ateo o agnóstico, puede que la idea de «querer a Dios» te lleve a incomodarte o impacientarte. Si eres una persona devota, podría parecerte una obviedad: claro que todos ansiamos algo y claro que ese algo es Dios. También es posible que te encuentres en algún punto intermedio. C. S. Lewis, que oyó desde siempre la llamada de lo agridulce y se hizo cristiano ferviente a los treinta y tantos, acabó por concluir que tenemos hambre porque necesitamos comer y sed porque tenemos que beber y que, si sentimos un «anhelo inconsolable» que no podemos satisfacer en este mundo, debe de ser porque pertenecemos a otro, a un mundo divino.

Lo más normal —escribió en uno de los pasajes más hermosos de la literatura— es que recurramos a llamarlo [al anhelo] belleza y hagamos como si con eso hubiéramos resuelto el asunto. Pero los libros o la música en los que creíamos que se encontraba la belleza nos traicionarán si confiamos en ellos, porque no estaba en ellos, sino que solo nos llegaba a su través, y lo que nos llegaba a través de ellos era el anhelo. Esas cosas (la belleza, la memoria de nuestro propio pasado...) son buenas imágenes de lo que deseamos de veras; pero si las confundimos con la cosa misma, se vuelven torpes ídolos que partirán el corazón a sus adoradores. Porque no son la cosa misma, sino solo el aroma de una flor que no hemos encontrado, el eco de una melodía que no hemos oído, la noticia de un país que jamás hemos llegado a visitar. [46]

En lo que a mí respecta, estoy convencida de que la tradición agridulce anula toda distinción entre creyentes y ateos. El anhelo nos llega mediante Yavé o Alá, Cristo o Krishna, en igual medida, ni más ni menos, que a través de los libros y la música. Todos son por igual lo divino o no lo es nada, y la distinción resulta irrelevante: todos lo son. Estaba presente en el concierto de tu músico favorito en el que sentiste que, como Walt Whitman cantaba al cuerpo eléctrico; cuando conociste a tu amor y los dos os mirasteis con ojos encendidos; cuando fuiste a darle un beso de buenas noches a tu hija de cinco años y ella se volvió para decirte con aire solemne: «Gracias por quererme tanto». Todas estas son facetas de la misma gema. Y sí: a las once de la noche acabará el concierto y tendrás que ponerte a buscar tu coche en un aparcamiento lleno a rebosar, y tu relación no será perfecta, porque ninguna lo es, y un día tu hija suspenderá el curso con quince años y te hará saber que te odia.

Pero eso es de esperar. Por eso no podía acabar de otro modo la historia de Francesca. El fotógrafo y ella no podían ser felices y comer perdices, porque él no era un hombre real, ni siquiera el hombre «perfecto», sino la encarnación del anhelo mismo. *Los puentes de Madison County* es una novela sobre los momentos en que vislumbras tu propio Edén. En ningún momento fue una historia sobre un matrimonio y una aventura amorosa, sino sobre la transitoriedad de dichos momentos y sobre por qué significan más que cualquier otra cosa que pueda ocurrirte jamás.

3

¿ESTÁ LIGADA LA CREATIVIDAD A LA TRISTEZA, EL ANHELO... Y LA TRASCENDENCIA?

Si no puedes librarte de un dolor, conviértelo
en una ofrenda creativa.

It's time that we began to laugh and cry and cry and laugh
about it all again.*

LEONARD COHEN, *So Long, Marianne*

En 1944, cuando Leonard Cohen, músico, poeta e icono mundial, tenía nueve años, murió su padre. Él escribió una poesía, rajó la pajarita preferida de su padre para introducir en ella su elegía y la enterró en el jardín de la casa familiar de Montreal. Aquella fue su primera expresión artística. En los sesenta años de una trayectoria musical que le valió un Grammy a la carrera artística, repetiría una y otra vez ecos de aquel acto en los cientos de versos que escribió sobre la angustia, el anhelo y el amor.

Eran proverbiales su carácter sensual y romántico de galán, que llevó a Joni Mitchell a calificarlo de «poeta de alcoba», su hipnótica

---

* «Ha llegado el momento de reír y llorar y llorar y reírnos otra vez de todo».

voz de barítono y su tímida personalidad arrolladora.[1] Sin embargo, ninguna de sus relaciones amorosas duró demasiado: como artista, «alcanzaba su plenitud en un estado de anhelo», en palabras de su biógrafa Sylvie Simmons.[2]

Quizá su gran amor fue una belleza noruega llamada Marianne Ihlen, a la que conoció en 1960 en la isla griega de Hidra, donde se había formado una comunidad internacional de artistas de espíritu libre. Cohen se dedicaba entonces a escribir. Aún habrían de pasar otros seis años para que se le ocurriera poner música a su poesía. Por las mañanas, trabajaba en una novela y, por las tardes, le tocaba nanas al hijo que había engendrado Marianne con otro hombre. Vivían en perfecta armonía doméstica. «Era como si todo el mundo fuese joven y hermoso y estuviera cargado de talento, cubierto de una especie de polvo dorado —diría más tarde sobre aquella etapa griega—. Todo el mundo tenía cualidades especiales e irrepetibles. Es, claro, una sensación propia de la juventud; pero, en aquel entorno glorioso de Hidra, todas esas cualidades se veían engrandecidas».[3]

Al final, sin embargo, Leonard y Marianne tuvieron que dejar la isla; él, para ganarse el sustento en Canadá, y ella por motivos familiares que la reclamaban en Noruega. Intentaron seguir juntos, pero no lo consiguieron. Él se mudó a la ciudad de Nueva York, se hizo músico y acabó encumbrado en un escenario en el que, en realidad, nunca llegó a encontrarse como pez en el agua. «Cuando has vivido en Hidra —diría más tarde—, ya no puedes vivir en ningún otro sitio, incluida Hidra».

Siguió adelante con su vida y Marianne con la suya. No obstante, ella le inspiró algunas de sus canciones más emblemáticas —sobre despedidas—, títulos como *So Long, Marianne* o *Hey, That's No Way to Say Goodbye*. «Hay gente que tiene tendencia a decir hola —dijo Cohen de su música—, pero yo soy más de adioses».[4] Su último gran éxito, publicado tres semanas antes de morir, a la edad de ochenta y dos años, tenía por título *You Want It Darker* («lo quieres más oscuro» o «quieres más oscuridad»).

Hasta los que adoraban su obra hablaban de su carácter sombrío. En una de sus discográficas propusieron en son de guasa regalar cuchillas con sus álbumes. Con todo, se trata de una forma muy limitada de concebirlo. En realidad, era el poeta de la sombra y también de la luz, de un aleluya frío y roto, por parafrasear su composición más célebre. «Si no puedes librarte de un dolor —parece estar diciéndonos—, conviértelo en una ofrenda creativa».

¿Puede ser que la creatividad esté asociada con la tristeza y el anhelo mediante alguna fuerza misteriosa? Esta pregunta la han planteado desde antiguo observadores informales e investigadores de la creatividad, y los datos de que disponemos, como la intuición de Aristóteles en lo tocante a la marcada presencia de la melancolía en las artes, hace pensar que la respuesta es afirmativa. Según un célebre estudio llevado a cabo hace tiempo por el psicólogo Marvin Eisenstadt con 573 creadores de relieve, hay un porcentaje elevadísimo de personas con gran capacidad creadora que, como Cohen, quedaron huérfanas en su infancia.[5] Una cuarta parte había perdido al menos a uno de sus padres antes de los diez años; un 34 por ciento antes de los quince y nada menos que un 45 por ciento antes de los veinte.

Otras investigaciones sugieren que hasta los creadores cuyos padres llegan a ancianos tienden de manera desproporcionada a la tristeza. Quienes trabajan en el mundo de las artes tienen una probabilidad entre ocho y diez veces mayor de sufrir trastornos del estado de ánimo que el resto, con arreglo a un estudio llevado a cabo en 1993 por Kay Redfield Jamison, profesor de psiquiatría de la Universidad Johns Hopkins.[6] En *Tortured Artists*, libro sobre la psique artística publicado en 2012 que presenta el perfil de 48 fenómenos creativos, desde Miguel Ángel hasta Madonna, Christopher Zara descubrió que sus biografías tenían como rasgo común cierta cantidad de dolor y sufrimiento.[7] Y, en 2017, el economista Karol Jan Borowiecki dio a la luz en *The*

Review of Economics and Statistics un artículo titulado «How Are You, My Dearest Mozart?: Well-Being and Creativity of Three Famous Composers Based on Their Letters» («¿Cómo te encuentras, queridísimo Mozart?: El bienestar y la creatividad de tres célebres compositores a partir de su correspondencia»).[8] Borowiecki usó un programa informático de análisis lingüístico para examinar mil cuatrocientas cartas escritas por Mozart Liszt y Beethoven a lo largo de su vida. Tomó nota de los momentos en que se referían a emociones positivas (usando palabras como *felicidad*) y negativas (con términos como *dolor*) y los puso en relación con la cantidad y calidad de la música que compusieron en dichos períodos. Y dio con que las negativas no solo estaban vinculadas a su producción creadora, sino que permitían predecirla. Además, no todas las emociones negativas tenían este efecto: igual que quienes han estudiado la música en clave menor descubrieron que la tristeza es la única emoción negativa cuya expresión musical nos eleva (como hemos visto en el capítulo 2), Borowiecki pudo comprobar que es *«el principal sentimiento negativo que fomenta la creatividad»* (la cursiva es mía).

En otro estudio interesante, Modupe Akinola, profesora de la Columbia Business School, reunió a una serie de alumnos y midió los niveles de sulfato de deshidroepiandrosterona (o DHEA-S, hormona que ayuda a protegernos de la depresión reprimiendo los efectos de hormonas del estrés como el cortisol) que presentaban en sangre.[9] Entonces les pidió que hablasen en público del trabajo de sus sueños. Sin que ellos lo supieran, hizo que el auditorio recibiese algunas de sus exposiciones con gestos de apoyo, sonriendo y haciendo movimientos de afirmación con la cabeza, y otras con ceños fruncidos y cabeceos negativos. Cuando acababan, les preguntaba cómo se sentían y, como cabía esperar, los que habían hablado frente a un público receptivo se encontraban de mejor humor que los que habían dado en hueso. Sin embargo, a continuación les pedía que hiciesen un *collage* cuya creatividad evaluarían más tarde artistas profesionales. Las obras de los que habían incurrido en la desaprobación de su auditorio resultaron mejores que las de quienes habían sido recibidos con son-risas. Además, los alumnos que habían recibido una respuesta nega-tiva por parte del público y, encima, presentaban niveles bajos de DHEA-S —es decir, los más vulnerables emocionalmente que, para colmo de males, habían sufrido el rechazo de los presentes— crearon los mejores *collages* de todos.

Otros estudios han demostrado que los estados de ánimo tristes tienden a agudizar nuestra atención: hacen que nos concentremos más y nos fijemos mejor en los detalles, mejoran la memoria y corri-gen nuestros sesgos cognitivos. Por ejemplo, Jospeh Forgas, profesor de psicología de la Universidad de Nueva Gales del Sur, descubrió que recordamos mejor los artículos que hemos visto en una tienda los días nublados que los soleados y que los sujetos que estaban de mal humor después de que les pidieran que se concentrasen en recuerdos tristes solían recordar más cosas tras presenciar un accidente de tráfi-co que quienes habían estado pensando en momentos felices.* [10]

Hay, claro está, muchas explicaciones posibles para tales hallaz-gos. Tal vez se trata de los estados de atención agudizada a los que apuntan los estudios de Forgas, o quizá los reveses emocionales propi-cian un aumento de la resolución y la persistencia que ciertas personas aplican a sus empeños creativos. Otras investigaciones dan a entender que la adversidad provoca tendencia a retirarse a un mundo interior de imaginación. [11]

Con independencia de la teoría que se plantee, no deberíamos caer en el error de entender la oscuridad como el único o incluso el principal catalizador de la creatividad. Al cabo, son muchos los crea-

---

* Forgas, por cierto, también determinó que a las personas tristes que habían sido testigos de un accidente se les daba mejor responder ante preguntas engañosas (como «¿Ha visto usted la señal de *stop*?», cuando, en realidad, solo había un ceda el paso en el lugar de los hechos) y que aciertan más distinguiendo a los culpables de los inocentes en cintas de vídeo que mostraban a sospechosos de delitos. Son menos propensos a caer en el «efecto halo», que nos hace suponer, por ejemplo, que una persona atractiva debe de ser amable e inteligente. En general, la tristeza tiene algo que nos quita la venda de los ojos.

dores de temperamento sanguíneo. Además, tampoco faltan estudios que apunten a que cuando estamos de buen humor es más probable que nos asalte la inspiración. [12] También sabemos que la depresión clínica —que podríamos concebir como un agujero negro emocional que acaba con toda luz— mata la creatividad. Tal como aseveró en la revista *The Atlantic* Philip Muskin, profesor de Psiquiatría de la Universidad de Columbia: «Las personas creativas no lo son cuando están deprimidas». [13]

Resulta, en cambio, más útil concebir la creatividad a través del cristal de lo agridulce, del hecho de lidiar a la vez con la sombra y también con la luz. No es que el dolor sea igual a arte, sino que la creatividad tiene el poder de mirar a los ojos a la pena y de decidir convertirla en algo mejor. Tal como hace pensar la historia de Leonard Cohen, la empresa de transformar el dolor en belleza es uno de los grandes catalizadores de la expresión artística: «Se sentía como en casa en la oscuridad, su forma de escribir, de trabajar —observa Sylvie Simmons—; pero, en el fondo, de lo que se trataba era de buscar la luz». [14]

De hecho, como he dicho en la introducción, los estudios preliminares apuntan a que quienes obtienen una puntuación alta en nuestro formulario suelen destacar en un rasgo (el de la absorción) que, según han demostrado otros estudios, va ligado a la creatividad. De hecho, Christina Ting Fong, profesora de la Facultad de Ciencias Empresariales de la Universidad de Washington, pudo comprobar que las personas que experimentan a la vez emociones positivas y negativas hacen saltos asociativos y encuentran conexiones entre conceptos en apariencia independientes con más facilidad. En una investigación llevada a cabo en 2006, enseñó a una serie de sujetos una escena agridulce de la película *El padre de la novia* en la que una joven describe la alegría de su inminente boda y la lástima que le produce dejar atrás su niñez. Quienes vieron el fragmento se desenvolvieron mejor en cuestionarios de creatividad que los que vieron otros de películas alegres, tristes o neutras. [15]

Uno de los mejores ejemplos de la creatividad como movimiento dinámico de la oscuridad hacia la luz es el que nos ofrece la composición y presentación del *Himno a la alegría* de Beethoven, el célebre remate final de su *Novena sinfonía*, interpretada por primera vez en público el 7 de mayo de 1824 en el Kärntnertortheater de Viena. La historia de aquel estreno es una de las más conmovedoras de la música culta.

Beethoven había pasado tres décadas tratando de poner música a la *Oda a la alegría*, poema de Friedrich Schiller sobre la libertad y la fraternidad. El compositor se había criado en tiempos de la revolución americana y la francesa y era un acérrimo defensor de los valores de la Ilustración.[16] Para él, la *Oda a la alegría* era la expresión más consumada de amor y unidad. Sentía que debía hacerle justicia, lo que lo llevó a componer dos centenares de versiones antes de decidirse por la que más le gustaba.

Aquellos años, sin embargo, no lo habían tratado bien. Si en 1795 había escrito a su hermano en estos términos hablando de su buena fortuna: «Me encuentro bien, muy bien. Mi obra me está valiendo amistades y respeto. ¿Qué más puedo pedir?», con el tiempo había amado a mujeres que no le correspondían; se había visto convertido en tutor de su sobrino Karl, con quien mantenía una relación tormentosa que culminó con el intento de suicidio del joven, y había perdido el oído.[17] En 1801, la correspondencia con su hermano había cobrado un tono mucho más pesimista: «Debo confesar que estoy llevando una existencia miserable. Hace ya dos años que dejé de asistir a actos sociales por el simple hecho de que me resulta imposible decir a los demás: "Me he quedado sordo"».[18]

La noche del estreno, Beethoven se hallaba en el escenario, de pie al lado del director, desorientado y desaliñado, dando la espalda al auditorio mientras hacía gestos erráticos a la orquesta con la esperanza de mostrar a los ejecutantes cómo debían interpretar la música tal como él la oía en su interior. Uno de los músicos lo describiría «impeliéndose hacia atrás y hacia delante como un perturbado delante del podio del director. De pronto se estiraba cuanto le era posible para, al segundo siguiente, agazaparse hasta tocar el suelo. Iba de un lado a otro agitando pies y manos como si deseara tocar todos los instrumentos y cantar todas las voces del coro». [19]

Acabada la sinfonía, la sala se sumió en el silencio; pero Beethoven no se dio cuenta, porque no podía oírlo. [20] De espaldas aún a la multitud, seguía marcando el ritmo de una música que solo sonaba en su cabeza. Fue una solista de veinte años llamada Caroline Unger quien se encargó de hacerlo girar con suavidad para que pudiese ver al público, que se había puesto en pie y por cuyas mejillas caían lágrimas de sobrecogimiento. Los asistentes agitaban sus pañuelos, levantaban sus sombreros y se servían de otros gestos mudos para honrar al hombre que tan bien había sabido expresar sus propios anhelos. El poema de Schiller era célebre por su carácter exultante, pero si el auditorio reaccionó de aquel modo fue porque, en la interpretación de Beethoven, la música estaba mezclada con una tristeza que aún hoy resuena en esas notas triunfantes que se elevan vertiginosas.

Lo dicho no significa que debamos estar tristes ni quedarnos sordos por el hecho de que, de cuando en cuando, con el pasar de los siglos, circunstancias semejantes hayan dado lugar a una música sublime. Tampoco tenemos por qué ser grandes artistas para considerar nuestros propios contratiempos objetos de transformación creadora. Pero ¿y si partimos de cualquier dolor del que no consigamos zafarnos y lo transformamos en algo diferente? Podríamos escribir, actuar, estudiar, cocinar, bailar, componer, lanzarnos a la improvisación escénica, soñar un nuevo negocio, decorar nuestra cocina… Hay mil cosas que podemos hacer y que las hagamos «bien», o de forma destacada, es lo de menos. Por eso la «terapia artística», en la que los pacientes expresan y asimilan sus conflictos mediante el arte, puede ser tan eficaz, aun cuando quienes la practican no expongan sus obras en galerías.

Ni siquiera hace falta que seamos nosotros mismos los artífices. Según un estudio llevado a cabo con más de cincuenta mil noruegos por Koenraad Cuypers en la Universidad de Ciencia y Tecnología de Noruega, el hecho de sumergirse en la creatividad, ya como autor, ya como consumidor, a través de conciertos, museos de arte u otros medios, se asocia a una mejor salud y una mayor satisfacción vital, así como a una menor incidencia de la ansiedad y la depresión. [21] Otro estudio, firmado por el doctor Semir Zeki, neurobiólogo de la Universidad de Londres, puso de relieve que el simple acto de contemplar obras de arte hermosas aumenta la actividad en las regiones cerebrales vinculadas al placer de la recompensa. Se parece mucho, asevera Zeki, al acto de enamorarse. [22] «Quienes lloran delante de mis cuadros están viviendo la misma experiencia religiosa que tuve yo al pintarlos», observó el artista Mark Rothko. [23]

Cuando comenzó la pandemia, caí en la costumbre de leer las malas noticias que se sucedían en Twitter y regodearme en el contenido más tóxico que pueda encontrarse en línea, sobre todo a primera hora de la mañana. Eso me condujo a un estado mental opuesto por completo al que describió Rothko, hasta que decidí transformar mi adicción a la Red cambiando las cuentas que seguía por otras dedicadas al arte; primero unas cuantas y después una docena. Cuando caí en la cuenta, tenía el historial lleno de arte y el espíritu mucho más liviano. Poco después, me encontré con que empezaba cada mañana compartiendo una de mis obras de arte favoritas en las redes sociales que frecuento. La costumbre se ha convertido en una práctica diaria muy valiosa que fomenta la meditación, resulta sanadora y crea sentimiento de comunidad. Las obras proceden de todo el mundo, como el grupo cada vez más nutrido de espíritus en sintonía que se deleitan juntos con tales manifestaciones.

Modifiquemos, pues, nuestro principio: Si no puedes librarte de un dolor, conviértelo en una ofrenda creativa... o busca a alguien que lo haga por ti. Y, si te encuentras atraído hacia una persona así, pregúntate por qué has oído su llamada. ¿Qué expresa de tu parte y adónde tiene el poder de arrastrarte?

En mi caso, esa persona es Leonard Cohen. Sentí un amor loco por él y por su música la primera vez que lo oí, hace ya décadas. Me pareció un espíritu totalmente afín, que encarnaba todo lo que siempre he sentido sobre el amor, la vida en clave menor y los lugares a los que esta puede llevarte. Sus canciones encerraban la esencia de algo que llevaba toda la vida queriendo tocar sin saber con exactitud de qué se trataba.

Así que, cuando su hijo, el músico Adam Cohen, organizó un concierto de homenaje el 6 de noviembre de 2017, un año después de la muerte de su padre, con músicos de altura que interpretarían en su honor las canciones de Leonard, mi familia se trasladó de Nueva York a Montreal para la ocasión. Mi marido me había instado a ir y hasta se ofreció en convertir el viaje en unas vacaciones familiares.

Me sentí extrañamente distante y un poco ridícula mientras embarcamos con los niños. Había tenido que cambiar una reunión importante y, además, me parecía extravagante y autocomplaciente que toda la familia se plantara en otro país un lunes cualquiera para que yo pudiese asistir a un concierto. Todavía no me había librado de la sensación cuando, aquella noche, llegué al descomunal Bell Centre junto con el resto de los diecisiete mil admiradores de Leonard Cohen allí presentes (habíamos agotado las entradas); de hecho, no hizo sino intensificarse cuando empezó la velada. Si de quien me había enamorado era de Cohen, ¿qué hacían allí todos aquellos otros músicos? Aburrida y desalentada, me puse a hacer lo que hago siempre:

escribir lo que sentía. «Se ha ido de veras —apunté en mi teléfono—. Ni son Leonard ni deberían intentar serlo. Preferiría irme a casa y oírlo en privado, con su propia voz. Como si aún siguiera vivo».

Pero en ese momento subió al escenario un músico llamado Damien Rice a interpretar *Famous Blue Raincoat,* que bien podría ser la más triste de las muchas canciones tristes de Cohen. Describe un triángulo amoroso narrado por un hombre cuya mujer, Jane, se acuesta con su mejor amigo, tras lo cual sus relaciones se transforman para siempre: Jane se convierte en la «mujer de nadie» y el hombre se dirige a su amigo como «mi hermano, mi asesino». La canción adopta la forma de una carta, escrita —dato importante, como veremos— a las cuatro de la madrugada de un día de finales de diciembre, cuando la noche se hace día y el otoño, invierno.

La interpretación de Rice estuvo muy inspirada, pero, al final, añadió su propio estrambote, que, en realidad, no era otra cosa que un lamento, un aullido musical tan desnudo y magnífico que hizo que el auditorio al completo se pusiera en pie. Al expresar aquella pena sin nombre, Rice había bañado aquel estadio frío y ciclópeo (en el que a la noche siguiente habría de celebrarse un partido de hockey sobre hielo) de amor y añoranza; nos había recordado que aquel recinto deportivo no era otra cosa que el Edén que buscábamos. En mi caso, había vuelto a visitarme aquella antigua sensación que me abría el pecho, la misma que había sentido en mi habitación de la Facultad de Derecho hacía tantos años, la que he sentido siempre al oír música triste, el anhelo extático que escriben los sufíes. Esta vez, sin embargo, fue más allá. Los escasos momentos que necesitó Damien Rice para cantar aquellas notas concretas se contaron entre los más profundos de mi vida. Me sentí acogida y sostenida por una belleza electrizante, conectada con Damien, con Leonard, con todo el mundo.

Había llegado a Montreal desganada e indiferente y volví a casa como sumida en un encantamiento. Fue una sensación muy agradable como de desconcierto, algo semejante a la que producen las semanas posteriores al nacimiento de un hijo o la adopción de un cachorrito, aunque no tan semejante, ya que, esta vez, estaba mezclada con dolor. En el judaísmo, cuando muere el padre o la madre de un creyente, el duelo se prolonga durante un año. Por eso el hijo de Cohen organizó el concierto doce meses después de la muerte del suyo. Sin embargo, con la versión que hizo Damien Rice de *Famous Blue Raincoat*, mi dolor no hizo sino empezar. Semanas después, me di cuenta, asombrada, de que era incapaz de hablar de Cohen sin que se me saltasen las lágrimas. Tuve que contener el llanto al pagar la entrada del museo de arte de Montreal en que se exhibía su obra y también cuando le expliqué a nuestra niñera por qué habíamos estado fuera unos días. Aun así, agradecía profundamente a mi marido que me hubiese convencido para ir. Si me hubiera quedado en casa, me habría perdido una de las experiencias más destacadas de mi vida.

Pero ¿qué me había ocurrido exactamente? Empecé a hacerme las mismas preguntas que acabo de sugerir aquí. ¿Qué era lo que llevaba expresando en mi nombre Leonard Cohen todos estos años? ¿Adónde tenía el poder de llevarme su música (a mí y al resto de los diecisiete mil admiradores que nos habíamos congregado en el Bell Centre para honrar su memoria)?

Si, hasta entonces, me había contentado con conocerlo sobre todo a través de sus canciones, desde ese momento empecé a informarme sobre su historia personal. Procedía de una eminente familia judía de Montreal y siguió impregnado de judaísmo durante toda su vida, aunque pasara cinco años en el monasterio zen de la cima del monte San Antonio, en las inmediaciones de Los Ángeles, conociera a la madre de sus hijos durante un breve período de adhesión a la cienciología y explorase en sus letras la iconografía cristiana. Por más que no se tuviera por religioso, hizo saber a su rabino que todo lo que escribía era litúrgico. [24] Descubrí que bebía sobre todo de la cábala, la versión mística del judaísmo que enseña que toda la creación fue en otro tiempo un recipiente colmado de luz sacra, pero se quebró, de modo que, ahora, los añicos de divinidad están esparcidos por todas partes, en medio del dolor y la fealdad. Nuestra labor consiste en recoger esos fragmentos donde podamos encontrarlos. Este planteamiento me pareció al instante cargado de sentido.

Eso formaba parte de la tesis que tenía y sobre la que giraba toda su vida —explicó Adam Cohen en una entrevista con el productor musical Rick Rubin—; la del quebrantamiento [*brokenness*]: el aleluya roto, las grietas presentes en todo..., la idea misma de que la derrota, la imperfección y el quebrantamiento eran el tejido de la experiencia. Entonces, en lugar de expresar una simple afirmación quejumbrosa, la verdadera generosidad consistía en escribir al respecto de un modo que a ti no se te había pasado por la cabeza, con prodigalidad, con voluptuosidad, con inventiva y, encima, él era capaz de encajarlo en una melodía. Es como la nicotina de un cigarrillo, un dispensador de nicotina. *Lo que te daba era un dispensador de trascendencia. Eso es lo que intentaba hacer a todas horas. (La cursiva es mía).* [25]

Yo no lo sabía durante los muchos años que había pasado amando la música de Cohen; pero lo sentía, sobre todo la parte del quebrantamiento que da paso a la trascendencia.

Más tarde, le hablé del concierto de homenaje a David Yaden, profesor del Johns Hopkins Center for Psychedelic and Consciousness Research (Centro de Investigación Psicodélica y de la Conciencia Johns Hopkins), que no tardará en convertirse en una superestrella en su campo. Es heredero intelectual del gran psicólogo William James, autor de la influyente obra *Las variedades de la experiencia religiosa*, y ha dedicado su carrera profesional al estudio de lo que él llama «experiencias autotrascendentales». [26]

Yaden cree que las experiencias autotrascendentales se definen por estados mentales transitorios que incluyen sentimientos de conexión y de pérdida del ego. Todo apunta a que siguen un espectro de intensidad que va de la gratitud, el fluir y la conciencia plena, en el extremo más suave, hasta el punto máximo de las experiencias «cumbre» o místicas. También cree que se cuentan entre las experiencias más importantes y creativas de la vida y se sorprende de lo poco que sabemos de los procesos psicológicos y neurológicos que las sustentan.

Como ocurre en muchas carreras profesionales instigadas por una cuestión candente, el primer sujeto de la investigación fue el propio investigador. En el caso de Yaden, su búsqueda comenzó con un acontecimiento vital desconcertante que ocurrió no en un concierto, sino en su propia habitación siendo aún alumno universitario. No hacía mucho que había dejado el instituto y la casa de sus padres y se encontraba solo, planteándose qué hacer con su vida. Estaba tumbado en la cama a última hora de la tarde, mirando al cielo con las manos unidas detrás de la cabeza, cuando le vino a la cabeza la frase «pase lo que pase». Empezó a notar calor en el pecho. Al principio parecían ardores, pero no tardó en extenderse por todo el cuerpo. Una voz interior le dijo entonces: «Es amor». [27]

Le dio la impresión de tener una visión de trescientos sesenta grados de cuanto lo rodeaba, de que hubiese un tejido intrincado que se extendía hasta la eternidad y de que él formaba parte de aquel tejido de un modo que no sabía definir. El calor del pecho llegó a un gozoso punto de ebullición en el que permaneció durante lo que a él le parecieron horas o incluso días, aunque, según cree, no debieron de ser más de unos minutos. Abrió los ojos. El amor lo inundaba. Se echó a reír y a llorar al mismo tiempo. Quería llamar a familiares y amigos y decirles cuánto los adoraba. Todo parecía nuevo y el futuro se abría ante él.

Sin embargo, había una impresión que se imponía a todo lo demás. «Me preguntaba —recuerda— qué coño me había pasado... y desde entonces no he dejado de planteármelo». [28] Yaden dedicó el resto de sus años universitarios —y ahora su actividad profesional en el ámbito de la psicología, la neurología y la psicofarmacología— a responder esta pregunta. Se lanzó a leer cuanto pudo de filosofía, religión, psicología... Se apuntó a una serie de intensas experiencias rituales, desde un retiro de meditación zen hasta la Academia de Oficiales de la infantería de marina (donde fue uno de los pocos aspirantes que superaron la etapa de adiestramiento). Hizo una tesina sobre ritos de iniciación, con la sospecha de que las experiencias de transición, vinculadas a la falta de permanencia, se encontraban, de un modo u otro, en el centro mismo de su búsqueda. Además, a comienzos de su carrera profesional colaboró con el influyente psicólogo Jonathan Haidt a fin de explorar estados mentales como el que había experimentado.

Las generaciones anteriores de psicólogos freudianos habían visto el «sentimiento oceánico» —las experiencias autotrascendentales de Yaden o lo que el autor francés Romain Rolland describió a Freud como «sensación de eternidad», de «ser uno con el mundo exterior considerado como un todo»— como un síntoma de neurosis. [29] Sin embargo, Haidt y Yaden entendían todo lo contrario: que dichas experiencias van asociadas a una autoestima elevada, una conducta prosocial, una mayor conciencia de finalidad, una tasa menor de depresión, una mayor satisfacción vital, un miedo menor a la muerte y una mejor salud psicológica en general. Momentos así, concluyeron, representan «algunos de los más positivos y significativos» de la vida y, como había conjeturado William James un siglo antes, la fuente de «nuestra mayor paz». [30]

Como es de suponer, Yaden tenía mucho que decir sobre mi velada en el Bell Centre. De entrada, me dijo, la gente va a los conciertos con la esperanza de tener precisamente una experiencia así. Todos buscamos esa clase de estados, con independencia de que los consideremos o no religiosos; todos queremos alcanzar el mundo hermoso y perfecto. Además, algunos de los mismos rasgos que predisponen a la gente a amar la música triste —desde la «receptividad a la experiencia» (o sensibilidad ante nuevas ideas y vivencias estéticas) hasta la «absorción» (o propensión a la creación de imágenes mentales y a la fantasía)— permiten suponer una predisposición a la creatividad y la trascendencia.

Sin embargo, según Yaden, tampoco es ninguna casualidad que mi experiencia «oceánica» se produjese en un momento agridulce y de conciencia de que nada permanece, en un homenaje a un personaje querido y durante una canción sobre relaciones que se acaban enmarcada en el solsticio de invierno, justo antes del amanecer.

Yaden ha descubierto que es precisamente en momentos así —entre los que se incluyen cambios laborales, divorcios y el tránsito último que supone la muerte— cuando más propensos nos hallamos a experimentar intencionalidad, comunión y trascendencia. Eso es cierto no solo en el caso de quienes tienen a un ser querido agonizante, sino también para el moribundo mismo. Al decir de Yaden, resulta sorprendente el número de personas que «experimentan los momentos más importantes de toda su vida cuando se está acercando el fin».[31]

En algunos de los estudios psicométricos que ha llevado a cabo junto con sus colegas, pidió a los voluntarios que pensaran en experiencias espirituales intensas que hubiesen tenido y escribieran sobre ellas antes de responder a una serie de preguntas al respecto. Eso les permitió clasificarlas en distintos tipos. ¿Percibieron cierto sentido de unidad? ¿A Dios? ¿Una voz o una visión? ¿Sincronicidad? ¿Sobrecogimiento? Tras catalogarlas, les preguntaron qué las había provocado… y en la larga relación que elaboraron con las respuestas, dieron con dos elementos que se repetían como desencadenantes principales: «un período de transición vital» y «estar cerca de la muerte». Dicho de otro modo: la conciencia agudizada del paso del tiempo, el sello mismo de lo agridulce.

La obra de Yaden explica por qué la música «triste», como la de Leonard Cohen, no lo es en realidad; por qué está arraigada en el quebrantamiento pero apunta a la trascendencia.

Su investigación se hace eco de la de Dean Keith Simonton, célebre investigador de la creatividad de la Universidad de California en Davis, quien descubrió que la inventiva parece moverse en una dirección espiritual durante la mediana edad y más allá, cuando los artistas se encuentran a mitad de camino entre la vida y la muerte.[32] Simonton estudió ochenta y una obras de teatro de Shakespeare y atenienses y concluyó que los temas se vuelven más religiosos, espirituales y místicos a medida que los dramaturgos envejecen. También estudió a diferentes compositores clásicos y descubrió que los musicólogos consideraban sus últimas obras «más profundas».

Abraham Maslow, gran psicólogo humanista de mediados del siglo XX, percibió un fenómeno similar en su propia persona, cuando advirtió que tenía «experiencias cumbre» más frecuentes e intensas a medida que veía acercarse la muerte por causa de su enfermedad cardíaca.[33] Por otra parte, en 2017, cuando un grupo de investigadores dirigido por Amelia Goranson, psicóloga de la Universidad de Carolina del Norte, pidió a una serie de voluntarios que imaginasen cómo sería la muerte, la mayoría describió la tristeza, el miedo y la ansiedad. Sin embargo, cuando estudiaron a enfermos terminales y a reclusos del corredor de la muerte, toparon con que quienes la encaran de verdad tienden, más bien, a hablar de trascendencia, conexión y amor. «Conocer a la Parca —concluyeron— puede no ser tan sombrío como parece».[34]

Según Yaden, todavía no entendemos el motivo «científico» —los mecanismos psicológicos y los canales neurobiológicos— por el que momentos en apariencia dolorosos de conciencia de nuestra transitoriedad, como la mismísima muerte, pueden tener efectos tan transformadores. Aun así, su investigación parece reflejar la intuición de incontables culturas que, durante siglos, han honrado las transiciones vitales como umbrales que nos llevan al despertar espiritual y creativo. Tal como explora Estelle Frankel en su excelente *Terapia sagrada*, esta es la razón por la que tantas sociedades celebran rituales de madurez (primeras comuniones, *bar mitzvás*, etc.) en contextos religiosos y por la que tantas de estas ceremonias comportan la muerte de la condición infantil y el nacimiento del ser adulto.[35] En algunas culturas, se entierra al niño (¡temporalmente!) en el suelo y se exhuma convertido en mayor. En otras lo tatúan, lo mutilan o lo hacen llevar a cabo alguna proeza para marcar el fin de la niñez y el surgimiento de un nuevo ser maduro. A veces, media en el rito un lugar físico diferenciado, como una cabaña de iniciación o un espacio acuático, una iglesia o una sinagoga. La esencia de estos rituales es que *x* debe ceder siempre el paso a *y*, y que este proceso, que implica tanto sacrificio como renacimiento (la máxima expresión de la creatividad), pertenece al territorio de la exaltación. La progresión fundamental del cristianismo —el nacimiento de Jesús, su sacrificio en la cruz y su resurrección— transmite la misma historia. (La propia palabra latina *sacrificium* procede de *sacer* y *facere* «hacer sagrado»).

Este es también el motivo por el que las transiciones de una estación a otra (los equinoccios y los solsticios) se han marcado tradicionalmente con ceremonias religiosas, desde el Pésaj judío y la Pascua cristiana, en el equinoccio de primavera, hasta la festividad germánica de Yule y la Navidad, en el solsticio de invierno, o la fiesta china de la Luna y la de Higan del budismo japonés en el equinoccio de otoño. En el judaísmo, hasta el paso del día a la noche es sagrado, de modo que los días de celebración empiezan con el ocaso y se prolongan hasta el alba, como para simbolizar que el principio de la oscuridad no es la tragedia que imaginamos, sino más bien el preludio de la luz.

En el Occidente moderno, solemos pensar que las narraciones avanzan conforme a una línea recta y finita, que los comienzos dan paso a los finales y los finales son motivo de tristeza. ¿Cómo contarías la historia de tu vida? Empieza con el nacimiento y acaba con la muerte; empieza con alegría y acaba con pena. Cantamos *Cumpleaños feliz* en do mayor y componemos una marcha fúnebre en do sostenido menor.[36] Con todo, estas tradiciones agridulces, unidas a los descubrimientos recientes de Yaden, hacen pensar en un estado mental diferente, en el que esperamos que nuestra vida nos empuje de transformación en transformación. A veces, estas transiciones serán alegres (el nacimiento de un hijo, por ejemplo); otras, agridulces (como acompañar a ese hijo hasta el altar) y otras se presentarán como verdaderos cataclismos que te destrozarán la vida (pon aquí tus temores más espeluznantes). Los finales darán paso a comienzos igual que los comienzos dan paso a los finales. La vida de tus ancestros terminó y la tuya pudo empezar; la tuya terminará y será la de tus hijos la que ocupe el centro de la escena. Incluso en el transcurso de tu existencia irán muriendo sin descanso trozos de ti: un trabajo que se pierde, una relación que acaba…; pero, si estás listo, surgirán en su lugar otras ocupaciones y otros amores. Los nuevos pueden ser o no «mejores» que los precedentes, pero nuestra misión no es solo dejar que se vaya el pasado, sino también transformar el dolor de la transitoriedad en creatividad y en trascendencia.

Leonard Cohen, claro, entendía todo esto. Marianne Ihlen también. Después de su ruptura, no volvieron a verse, hasta que llegó el momento de su siguiente gran transición. En julio de 2016, cuatro meses antes de que muriese de leucemia el cantautor, le dijo a Leonard que Marianne se estaba muriendo del mismo cáncer y él le envió una carta de despedida:

Querisísima Marianne:

Estoy detrás de ti, justo a tu espalda, tan cerca que podría tomarte de la mano. Este cuerpo viejo ha dicho basta, como el tuyo, y cualquier día de estos me llegará la notificación de desalojo. No he olvidado nunca tu amor ni tu belleza, pero eso ya lo sabes; ya no hace falta que lo diga. Buen viaje, vieja amiga. Nos veremos por el camino.

Con amor y gratitud,

Leonard[37]

El amigo le leyó la carta y dice que Marianne sonrió y alargó la mano.

En julio de 2019, dos años después del concierto de homenaje a Leonard Cohen, me encontré dentro de otro edificio multitudinario, el International Conference Centre de Edimburgo (Escocia). Esta vez, era yo quien ocupaba el escenario (que nunca ha sido precisamente el lugar en que más cómoda me he encontrado). Estaba dando una charla TED sobre el anhelo, lo agridulce y la trascendencia; pero no estaba sola: tenía a mi lado a mi gran amiga la violinista Min Kym, que conoce bien el tema, pues toda su vida ha consistido en transformar el duelo en creatividad.

Min empezó a tocar el violín a los seis años, saltando sin dificultad de una lección a otra y aprendiendo en cuestión de semanas las escalas y sonatas que otros tardaban años en dominar. A los siete años, era la alumna de menor edad que hubiesen admitido nunca en la prestigiosa Escuela Purcell para Jóvenes Músicos de Hertfordshire (Inglaterra). A los ocho, le dijeron que había sobrepasado durante el curso al adulto que le daba clases. A los trece debutó con la Sinfónica de Berlín y, a los dieciséis, el legendario Ruggiero Ricci reconoció que nunca había tenido un alumno con más talento. Más tarde, le enseñaría sin cobrarle, aduciendo que, dado que iba a aprender tanto de ella como ella de él, no sería ético recibir dinero por ello.

Sus dotes llevaron aparejadas las restricciones que conocen demasiado bien muchos niños prodigio: la mimaban y la idolatraban, pero vivía en una jaula de oro de profesores exigentes y a menudo despóticos, rígidos horarios de prácticas y las expectativas del público. También sentía una aplastante responsabilidad para con su familia, que había sufrido horrores durante la guerra de Corea y a continuación había roto con siglos de tradición al dejar Corea del Sur para que Min, su hija menor, pudiese proseguir su formación musical en el Reino Unido.

Aun así, su genio parecía cosa de magia. Por si fuera poco, al cumplir veintiún años, le fue concedido otro don no menos deslumbrante: un Stradivarius de trescientos años de antigüedad. Se lo había ofrecido un marchante por cuatrocientas cincuenta mil libras y ella, convencida al instante de haber encontrado en aquel instrumento su alma gemela, «el elegido», rehipotecó su piso sin pensárselo dos veces para pagarlo. [38]

De la noche a la mañana, el Strad, como lo llamaba ella, se convirtió en toda su vida: el cumplimiento de su promesa y la llave de su arte, pero también su amante, su niño y su gemelo, su propio ser. Era la plenitud que todos ansiamos, la divinidad que anhelamos, el zapato de cristal que encaja al fin. «Lo supe en el mismo instante en que le arranqué la primera nota con el arco», escribe acerca del día que lo conoció. [39]

Me sentía como Cenicienta cuando, con el pie extendido, comprueba que el zapato se desliza sin dificultad sobre su empeine. Era como hecho a medida: fino y natural. Era como si, hace trescientos años, Stradivari hubiese tomado un trozo de madera para fabricarme a mí ese violín, como si mi Strad hubiera estado esperándome toda la vida y yo lo hubiera estado esperando a él. Lo nuestro fue un amor a primera vista; amor y todo lo demás: honor, obediencia, confianza... Todo.

Entonces tuve la impresión de que era aquel el destino al que había estado encaminada toda mi vida. Toda mi vida había sido un ensayo: los profesores particulares, las frustraciones, la soledad, las punzadas de gozo... Todo me había conducido al momento en que conocí a mi violín y los dos empezamos de nuevo.

Lo nuestro era un matrimonio que solo separaría la muerte, un matrimonio celestial consumado aquí, en la tierra. Estaba lista para vivir.

Los violines son criaturas delicadas que hay que cuidar y reparar constantemente, además de adaptarlas a las preferencias de los músicos que los tocan. El Strad de Min, en particular, había sufrido daños con el paso de los siglos. Su dueña pasó años ajustándole el alma, el puente, las cuerdas... Solo para dar con el arco adecuado necesitó tres años. Dedicó todos sus ingresos a perfeccionarlo mientras seguía viviendo en aquel piso diminuto, sin coches de lujo ni ropas caras. Estaba convencida de que al otro lado de todos estos sacrificios se encontraba el hechizo.

Desde un punto de vista psicodinámico, podemos interpretar la obsesión de Min como producto de la pisque de una joven debilitada por una historia familiar de guerra y privación y una infancia de sumisión a autoridades controladoras. Ella, desde luego, no negaría esta interpretación, pero tampoco se abstendría de advertir que es solo una parte de la explicación. Si le dedicas un minuto a entender el contexto espiritual del Stradivarius de Min, te será posible asimilar la magnitud de lo que ocurrió a continuación.

Para quienes se encuentran sometidos a su encantamiento, el violín es símbolo de la creatividad del hombre y de la gracia divina, «el único instrumento capaz de ascender a los cielos», en palabras de Min (quien se apresura a añadir: «Pero que no se enteren los violonchelistas de que yo he dicho algo así»). [40] Su cuerpo es grácil y sensual, su madera resplandece y el instrumento posee su propia mitología. Los violines más venerados son los que salieron de los talleres de tres italianos, Stradivari, Amati y Guarneri, hace tres siglos. De los Stradivarius se cree que están fabricados con la madera del llamado «bosque musical» de los Alpes Dolomitas, adonde se dice que acudía Stradivarius cada luna llena para apoyar la cabeza en los troncos de los árboles a fin de escuchar el sonido valioso y evasivo que estaba buscando. Nadie ha conseguido después hacer violines que se asemejaran a los suyos, por más que lo hayan intentado un número incontable de lutieres.

Hoy cuestan millonadas a magnates y oligarcas que los adquieren para tenerlos mudos en sus casas, metidos en urnas de cristal. También existe un floreciente mercado negro de violines robados... y un largo rastro digital de sus afligidos propietarios. Basta con introducir en Google las palabras «violín robado» para generar decenas de páginas en las que se leen cosas como: «Este instrumento ha sido mi voz desde que tenía catorce años y su pérdida me ha devastado». «Mi vida se ha sumido en el dolor y la angustia. Todo se ha ido a pique». O «¡Me han robado mi precioso violín!».

Eso fue precisamente lo que le ocurrió a Min. Aunque vigilaba su Strat a todas horas y nunca lo perdía de vista, llegó el día en que, estando en una cafetería Prêt à Manger de la estación de Euston, en el centro de Londres, se distrajo unos instantes y se lo robaron. Se lo robaron. Para hacerlo desaparecer en el submundo criminal de los objetos de valor incalculable.

El robo fue noticia en todo el mundo. Scotland Yard se hizo cargo de la investigación y, tras tres largos años de trabajo detectivesco, la policía consiguió recuperar el violín, que había estado yendo de mano en mano en el mundo del hampa. Sin embargo, en el entretanto, Min había invertido el dinero del seguro en comprar otro instrumento de menor calidad y el mercado del violín había subido. Su Stradivarius había alcanzado en ese momento un precio que ella no podía permitirse. Lo compró un inversor que aún lo tiene en su casa.

Min se sumió en la depresión y dejó de tocar. En el momento del robo, estaba a punto de publicar un disco y empezar una gira de conciertos por todo el mundo, destinada a marcar su consagración como una de las violinistas de más talento del planeta. En cambio, se postró en la cama con el alma hecha pedazos. Estuvo años así y los únicos titulares dedicados a Min Kym eran los que hablaban del violín robado.

«Si no puedes librarte de un dolor, conviértelo en una ofrenda creativa». Era el precepto que había seguido desde siempre. Su ofrenda había consistido en caminar de buen grado con piedras en los zapatos hacia el templo del virtuosismo; pero, en aquel momento, en medio de la bruma de su pérdida, empezó a cobrar forma una visión diferente de su pasado y también de su futuro. Entendió que el gran amor de su Strad había sido real, pero no más que otras cosas, como su abrumador perfeccionismo, la convicción de que no se le había permitido ser humano, la toma de conciencia de que no tenía más que declarar de su paso por la vida que su talento musical. Se dio cuenta entonces de que tenía más ofrendas creativas que brindar y se decidió a escribir su historia.

Al principio pensó que su libro, que tituló *Gone*, trataría del robo de su Stradivarius y, aunque fue así, también acabó por abordar en él las penalidades que conoció su familia durante la guerra, su propia obsesión por obedecer, su caída en la depresión y su regreso gradual a la vida. [41] Creó, a fin de cuentas, una obra de belleza trascendental.

Min y yo no nos conocíamos, pero dio la casualidad de que compartíamos editora. Ella fue quien me mandó su original unos meses antes de su publicación. Llegó como archivo adjunto de un correo electrónico, desprovisto de portada seductora y de reseñas apasionadas de gente famosa: nada más que un documento de Word en mi portátil. Yo me encontraba en ese momento de viaje por motivos de trabajo, aunque no recuerdo bien dónde; lo que sí recuerdo es la habitación de hotel en la que pasé la noche despierta leyendo, fascinada por un lenguaje tan lírico como la música misma. Cuando acabé, invadida aún por una sensación de conexión literaria, se formó en mí la fantasía de ver el libro de Min convertido en un superventas espectacular y a los lectores del mundo unidos con la intención de comprarle su violín al inversor que se había quedado con él. Desde luego, si hubiese tenido el dinero necesario, no habría dudado en extender un cheque en ese mismo instante y enviárselo por correo.

Poco después, tuve que ir a Londres durante una gira de promoción, y Min y yo quedamos para cenar en la Ivy Kensington Brasserie, un bar de estilo parisino situado en Kensington High Street. En persona apenas recordaba a la figura desconsolada del libro. Es una mujer con la que da gusto estar, alegre y conversadora, que sacude el cabello, negro y brillante, al hablar. Fuimos las últimas en salir del restaurante aquella noche. Compartí con ella mi fantasía, convencida de que le encantaría; pero no fue así. En cambio, me dijo algo que me dejó estupefacta. Estaba convencida de que no debía recuperar su Stradivarius.

Según me aseguró, ya no es el violín que fue en otro tiempo, ni ella es tampoco la misma persona. Lo había conocido siendo Min, la obediente joven prodigio, y el instrumento, que había soportado los daños sufridos con el paso de los siglos, había reflejado aquella inseguridad. En aquel momento, sin embargo, estaba creciendo para convertirse en Min, la poseedora de una nueva fuerza creativa. Había conocido lo que ella llama «el lado positivo de la pérdida».

«Nunca voy a dejar de amarlo —me dijo—, pero ahora me conformo con ser feliz sabiendo dónde está. Me alegra saber que sigue vivo, pero él ha tenido sus propias experiencias y yo las mías».

Desde entonces, Min ha tenido varias aventuras amorosas con seres humanos, con hombres a los que ha amado y que la han amado. Está llevando adelante nuevos proyectos creativos que incluyen la grabación de un disco y diversas colaboraciones con compositores y artistas. Después de muchos años sin un instrumento propio, ha encargado un violín, una réplica del Guarnieri del Gesù propiedad de su antiguo maestro, Ruggiero Ricci.

—Cuando me robaron el violín —asegura—, murió algo en mi interior. Durante mucho tiempo, hasta hace poco, pensé que ese algo se recobraría, pero no ha sido así. Tengo que aceptar que la persona que era, la que estaba en armonía con ese violín como nunca lo he estado con nadie... La persona que era con ese violín ya no existe.

»Pero he resucitado. Cuando una puerta se cierra, siempre se abre otra. Todos los tópicos sobre el renacer son verdad. Ahora tengo sitio para que nazca un nuevo yo. No es algo que yo haya elegido: me encantaría pasar el resto de mi vida siendo una unidad completa con mi violín; pero cuando te recuperas de cualquier pérdida, cuando te curas, cuando tu alma empieza a salir de una conmoción así, crece una parte nueva, que es precisamente el punto en que me encuentro ahora. Lo más seguro es que ni siquiera vuelva a ser música solista; pero tomaré esa pérdida y crearé con ella nuevas formas de arte.

Un día, Min y yo nos vimos en Cremona, la ciudad en la que vivió y trabajó Stradivari y que sigue siendo, aunque no de manera oficial, el corazón de los amantes del violín de todo el planeta. En el Museo del Violino, situado en la Piazza Marconi, hicimos juntas el recorrido con audioguía que culmina en una sala de iluminación tenue en la que se exponen, en urnas de cristal, algunos de los mejores violines del mundo. Son valiosísimos, magníficos; pero Min parecía afligida. Llevándose una mano a la boca, se quejó sin alzar la voz de que estuvieran «colgados para que los vean como en una cámara de tortura», y añadió: «Parece que los hayan amordazado».

Dejamos enseguida el museo y salimos pestañeando a una plaza soleada. Estaban sonando las campanas de los campanarios de Cremona y la gente pasaba en bicicleta.

—Después de ver esos instrumentos —señaló Min—, me siento como si hubiese corrido una maratón. Me falta el aire y me duele el estómago.

No tardó en superarlo y recuperar su eterna sonrisa. Pensé, por enésima vez aquel día, que es una compañera de viaje de lujo, relajada y amable, sin apenas rastro del dolor lacerante sobre el que escribe en *Gone*. Nadie que la conozca por primera vez pensaría que se siente así. Hasta yo tengo que recordármelo a veces, lo que hace que me dé cuenta de que el mundo está lleno de Mins.

Aquella noche, durante la charla TED, conté la historia del violonchelista de Sarajevo, la misma con la que he empezado este libro, y Min interpretó el *Adagio en sol menor* de Albinoni. Lo tocó con un violín prestado, el Stradivarius Duque de Edimburgo, una elección perfecta que le brindó generosamente un amigo para la ocasión. La ejecución del *Adagio* que ofreció a mi lado, sobre el escenario, fue tan conmovedora que hasta se escuchaba al público contener el aliento. Quizá haya dejado de ser solista clásica; quizá nunca vuelva a serlo; pero es algo más grande. En su música sientes su pérdida y su amor... y también los tuyos. Sientes su dolor y, al mismo tiempo, su transformación. Aquella noche pudo sentirse a cada espectador trascender de sus propias particularidades mientras la escuchaban al unísono, con el corazón luchando por no partirse, pero a punto de abrirse de par en par.*

---

* Esta frase final está inspirada, como buena parte de este libro, en la poesía de Rūmī.

4

¿CÓMO DEBERÍAMOS AFRONTAR EL AMOR PERDIDO?

Se perderá al amante, no el amor.

Dylan Thomas[1]

Uno de mis primeros recuerdos es de mi primera tarde en el jardín de infancia, cuando tenía cuatro años. Estoy sentada en una mesa con forma de riñón, coloreando feliz. La cera amarilla, para un sol reluciente; la verde, para el césped que hay debajo, y entre uno y otro, un cielo muy muy azul. Levanto la mirada y allí está mi madre, de pie con las demás al fondo del aula, esperando para llevarme a casa. Me dedica una de sus sonrisas amorosas e infinitamente pacientes y me llena de gozo. La veo como si tuviese un halo que le rodea la cabeza de cabello rizado y pelirrojo. Para mí, es como si hubiese ido a recogerme de la escuela un ángel que me va a guiar al jardín del Edén mi hogar.

Durante toda mi infancia fue así. Podía contar siempre con que después del colegio me ofrecería un cuenco de helado de chocolate y charlaría conmigo sobre la vida social de una niña de cuarto de primaria, conversación que salpicaría con alguna que otra ocurrencia amable, o se prestaría a calmar mi llanto cuando las cosas iban mal. Mis hermanos eran mucho mayores que yo; mi padre era profesor de

Medicina y trabajaba hasta tarde y, aunque yo los quería muchísimo, mi madre lo era todo para mí. En toda la tierra no podía existir una madre mejor ni más cariñosa. Me hacía caldo de pollo y estofado, y los viernes por la noche encendía velas. Raras veces alzaba la voz si no era para encomiar lo que decía y escribía yo.

Me enseñó a leer y a escribir a los tres años y yo no tardé en convertir en mi propio estudio el suelo que había bajo la mesa auxiliar. Allí, agachada, creaba obras de teatro, cuentos y revistas con papel pautado que encuadernaba con grapas. Entones no sabíamos que aquella afición mía a escribir acabaría por separarnos... ni yo era consciente de lo complicada que era en realidad mi madre.

Su infancia había sido muy solitaria: su madre había estado siempre muy enferma y había pasado años tumbada en la cama de cara a la pared. ¿Te imaginas lo que debe de ser, cómo debe de afectar, ver siempre a tu madre de espaldas, día tras día y año tras año? La mía estaba convencida de que tenía que haber hecho algo horrible para postrar de esa manera a su propia madre... y vivía atormentada por un deseo insaciable de que la mirasen.

Mi abuelo materno era rabino, un hombre cariñoso, sabio y ocurrente, consagrado en cuerpo y alma a su hija; pero siempre hostigado por la desazón. En 1927, con diecisiete años, había llegado solo a Brooklyn de la Europa oriental para casarse. Cuando habían pasado solo diez años de aquello y mi madre tenía ya cinco, la llamó para que oyese hablar a Hitler en la radio.

—Escucha eso, *mamele* —le dijo, usando un tratamiento afectivo del yidis que literalmente significa «mamita», mientras la voz brusca y estentórea del *Führer* invadía el territorio diminuto de una cocina mal iluminada—. Ese hombre es muy malo. Tenemos que estar muy pendientes.

Aquel hombre malo no tardaría en matar a su madre, su padre, su hermana, sus tíos y sus primos y al resto de cuantos conocía y quería en Europa. En público, mi abuelo llevaba una vida muy animada consagrada a su congregación. En casa, el aire de su piso de un solo dormitorio estaba cargado por sus propios suspiros.

Las tragedias que rodearon a mi madre se volvieron parte integrante de ella y, más tarde, acapararían casi por completo su personalidad. Vivía consumida por el temor y el convencimiento de que no valía nada, pero de niña se las compuso para mantenerlos a raya. Cuando ahora vuelvo la vista atrás, veo las señales de lo que estaba por venir: el terror que se apoderaba de ella cuando me alejaba en el supermercado; que me prohibiese practicar determinadas actividades infantiles —como subirme a los árboles o montar a caballo— que consideraba demasiado peligrosas; su insistencia en que me quería tanto que, si pudiese, me envolvería entera en algodón... Era una forma de expresar su amor, aunque yo no pasaba por alto que también era como una pena de cárcel.

Desde una edad muy temprana, además, las dos vivimos en lados opuestos de la falla geológica de la religión. Mi madre me educó en el judaísmo ortodoxo: en sabbat no se conducía, no se veía la televisión ni se hablaba por teléfono, ni tampoco había McDonald's ni pizza. Sin embargo, nunca consiguió que cuajara. Uno de los primeros recuerdos que conservo es el de ver *Scooby-Doo* a escondidas y sin volumen los sábados por la mañana y otro el de comer panceta —tan deliciosa como prohibida— en un viaje a la nieve con el colegio. Todo esto se debía al cajón de sastre de influencias que era mi familia: por un lado estaban mi abuelo rabino, al que yo quería con locura, y mi madre, acérrima continuista, y por el otro mi padre, hombre tácitamente ateo que solo rendía culto a los dioses de la ciencia y la literatura. Encima, yo era una escéptica nata. Incluso hoy en día, si me dices *x*, me planteo automáticamente: «¿Y qué pasa con *y*?» Aunque esta tendencia me resulta muy útil en el plano intelectual —si bien a veces saca de quicio a mi marido—, de niña hacía que me fuera imposible entender por qué guardábamos tantos preceptos religiosos en nombre de un Dios de cuya existencia dudaba.

Sin embargo, el verdadero conflicto entre mi madre y yo no estalló hasta que llegué al instituto y las restricciones menores de la infancia dieron paso a un código férreo de castidad: nada de ropa sugerente y nada de verse con chicos sin supervisión, jamás. Hasta me vigilaba mientras me cortaban el pelo para reprender al peluquero si me hacía un peinado demasiado provocativo. En teoría, aquellas normas eran de condición religiosa y cultural, pero su intención real no era otra que hacer de ancla para que mi embarcación permaneciese bien aferrada en el puerto de mi madre. Cuando seguía el código, el barco se mecía suavemente sobre sus seguras aguas. En cambio, cuando me apartaba de él, su cólera nos hacía pedazos a las dos con la fuerza de un viento huracanado.

Para los Estados Unidos de la década de 1980, yo era una niña educada, responsable y hasta un poco puritana; pero en cuanto podía infringía las normas: me ponía ropa diferente de la que se esperaba de mí, frecuentaba amistades prohibidas e iba a fiestas que me estaban vedadas, con lo que suscitaba acusaciones histéricas y hostiles. A los arrebatos de ira y los ríos de lágrimas seguían días y hasta semanas de pétreo silencio. Durante aquellas eternidades sin palabras, yo sentía que mi alma se vaciaba por completo de amor. Se me revolvía el estómago y ni podía comer, pero las pérdidas de peso que sufría no eran nada en comparación con el hambre emocional que me provocaba aquella situación... ni con la culpa que sentía por haber puesto tan triste a mi madre.

Mis amigas se quedaban pasmadas cuando les hablaba de aquellos conflictos y comprobaban hasta dónde llegaba mi reacción. Ellas me consideraban, con razón probablemente, la chica más formal y obediente del instituto. Sacaba mejores notas que nadie, no fumaba ni tomaba drogas... ¿Qué más quería mi madre? «¿Por qué no dices que te vas a quedar a dormir en mi casa?», me decían cuando, alguna noche, queríamos salir hasta tarde. Mi madre y yo estábamos tan unidas que era capaz de leerme la cara con más precisión que cualquier detector de mentiras; pero eso ellas no lo entendían, como tampoco entendían que las normas de mi casa eran distintas y que saltárselas no suponía incurrir en la clásica transgresión de adolescentes, sino destruir la frágil psique de mi madre; solo con que yo hiciera lo correcto, mi madre, a quien yo quería más que a todas las cosas, volvería a ser feliz. Así que yo obedecía.

Dado que ninguna de las dos podía soportar aquel distanciamiento, después de cada ruptura traumática acabábamos por reconciliarnos. La madre afectuosa de mi infancia volvía siempre a mí. Nos abrazábamos, derramábamos usa lagrimitas y yo humillaba la cabeza para disfrutar del cálido refugio de su amor y su consuelo. Con cada reconciliación, me convencía de que habíamos dejado atrás nuestro conflicto. Sin embargo, no era así y, con el tiempo, aprendí a desconfiar de aquellas treguas. Cuando volvía del instituto, empezaba a dolerme el estómago antes incluso de llegar a casa y aprendí a calibrar su humor nada más entrar por la puerta. Tenía la impresión de que no debía hacer nada que alterase su equilibrio ni la enojara. Me hice más consciente del dolor de su infancia y del vacío enorme que se abría ante ella en su presente. Empecé a soñar con escapar de todo aquello, con el día en que partiría a la universidad y me libraría de su yugo.

Sin embargo, también ansiaba quedarme con ella. A fin de cuentas, seguía siendo mi madre y quería, con desesperación, más que nunca he querido ninguna otra cosa, llenar el abismo que habitaba en ella, apartarla de su dolor. No podía recordar sus lágrimas —unas lágrimas que a menudo era yo quien provocaba— sin echarme a llorar. De niña, yo lo era todo para ella; demasiado. Yo era su sol. Crecer, en cambio, fue condenarla a la oscuridad. En aquella época, yo seguía pensando que debía de haber un modo de resolver aquella situación, que, si hacía bien las cosas, encontraría un modo u otro de ser yo misma y, al mismo tiempo, hacerla feliz, igual que lo había conseguido sin esfuerzo alguno durante aquella infancia edénica.

En mi familia, no había nada más importante que conseguir entrar en una universidad de prestigio. Mi madre temía verme fuera de casa, pero también deseaba, con más fuerza aún, verme triunfar. Por eso el 15 de abril de mi último año de instituto, el día trascendental en que se decidiría mi futuro universitario, habíamos dejado a un lado nuestras diferencias. Yo seguía dormida cuando llegó el cartero y ella entró en mi cuarto, sonriendo de oreja a oreja y con el sobre grande y grueso con la insignia de la Universidad de Princeton. Juntas, contemplamos aquel documento precioso con la misma expectación con que, sesenta años antes, mi abuelo debió de sostener ante sí el billete de tercera del barco de vapor que lo llevaría a América. Tenía la misma edad que yo en ese momento.

Mi carta de admisión, sin embargo, no me llevaría, el siguiente mes de septiembre, al bullicio de los emigrantes que hacían cola en la isla de Ellis para entrar en los Estados Unidos, sino a un paisaje luminoso de patios enormes de césped rodeados de estructuras neogóticas. En lo bueno y en lo malo, Princeton era un mundo opuesto al de la casa de mi infancia. Sus alumnos eran gente despreocupada a la que le iban bien las cosas. El campus estaba poblado de compañeros cuyo físico poseía una gracia que yo desconocía: caderas estrechas, extremidades fuertes y cabello rubio y lustroso. Estábamos en la década de 1980 y todavía escaseaban en ambientes universitarios alumnos de origen diferente. Aún parecía flotar en el ambiente el espíritu de F. Scott Fitzgerald. Los alumnos más atractivos recibían en el campus el calificativo de BP por ser *beautiful people* o «gente guapa». Hasta el aire otoñal resultaba vigorizante y aristocrático. Todo —y todo el mundo— parecía titilar.

En aquel panorama glorioso solo había un borrón: el teléfono de mi habitación, que me ligaba de manera ineludible a mi madre. Al principio, cuando sonaba, me resultaba, sin más, incongruente, porque la voz que oía del otro lado me llegaba del planeta distante de la infancia. Llamaba para saber si estaba feliz en la universidad,

si estaba acatando el código que, por supuesto, exigía que conserva-
ra la virginidad hasta casarme con alguien que tuviese mis mismos
valores. Desconcertada, yo sopesaba aquellas normas con la contemplación de aquellos jóvenes fornidos de Princeton, que devora-
ban hamburguesas con panceta y queso después de entrenar con su
equipo. No hace falta que diga que, para mi madre, aquellos compañeros formaban parte de lo que me estaba prohibido. Para mí, en
cambio, resultaban irresistibles. Los veía con diecisiete años y me
los imaginaba como futuros presidentes que nos honraban con
aquel interludio de sus vidas anterior al momento en que gestarían
medidas políticas y emprenderían guerras, dejarían que les creciera la
tripa y se buscarían amantes. Tenía la impresión de que los estábamos
disfrutando en su mejor momento, cuando todavía llevaban camisetas
de Grateful Dead, besaban con ternura a la luz de la luna bajo los
soportales y miraban con respeto al compañero que sabía distinguir
un Rembrandt de un Caravaggio en la clase de Historia del Arte.

Mi madre intuía todo esto, convencida de que me quedaría em-
barazada, arruinaría mi reputación y moriría de sida antes de gra-
duarme. A medida que avanzaba mi primer año, fue sintiendo cada
uno de los escalones que, inexorablemente, me apartaban de ella. Su
angustia fue creciendo como cabría esperar de alguien que no tiene
duda alguna de que su hija se ha avenido a dejarse devorar por un
monstruo. Si durante el instituto habíamos repetido un patrón de
separación y reconciliación, en aquel momento se desvaneció por
completo la madre de mi infancia y fue a sustituirla una mujer ven-
gativa que telefoneaba a diario para acusarme de diversas infraccio-
nes y, durante las vacaciones, se pasaba horas en mi cuarto
amenazándome con sacarme de Princeton si no entraba «en razón»,
para poder así vigilarme. La idea me aterraba, no tanto por la posibilidad de quedarme sin un título obtenido en una de las universidades de la Ivy League como por la idea de volver a vivir bajo la
supervisión de mi madre.

Si en aquel momento la hubiese atropellado un camión de diez ruedas o se la hubiera llevado una enfermedad rápida e incurable, me habría sentido aliviada en una cuarta parte y devastada en las otras tres. En ese caso, habría habido ritos funerarios un lenguaje que diera expresión al dolor, un modo de que los demás lo entendiesen; pero, en la situación en que nos encontrábamos, jamás se me habría ocurrido llorarla. ¿Quién iba a pensar en guardar luto por una madre rebosante de vida que se presentaba a diario para ejercer de harpía al otro lado de la línea telefónica de mi dormitorio universitario?

Lo que sí hice fue confiar a mi diario aquellos deseos tan indecorosos. Así, llené un cuaderno tras otro reconociendo que la quería y también la odiaba. Describí con detalle todas las cosas prohibidas que estaba haciendo en la universidad. Escribí que empezaba a darme cuenta de que la madre a la que adoraba —y que me adoraba— no había muerto, pero sí se había esfumado y quizá nunca hubiese existido en realidad; que, en cierto sentido existencial, había quedado huérfana de madre. En resumidas cuentas, dejé constancia de todo lo que no podía decirle a ella, porque sabía que hacerlo habría supuesto un matricidio emocional. Así fue como conseguí superar mi primer año de universidad.

Llegamos ahora a la parte de la historia que puede resultar más difícil de creer. A mí, de hecho, todavía me cuesta después de todos estos años.

Fue el último día del curso. Por algún motivo que no recuerdo, tenía que quedarme unos días más en el campus, pero necesitaba mandar a casa mis cosas. Mis padres fueron a ayudarme con el equipaje y los recibí en mi dormitorio vacío. Me sentía incómoda por lo poco que encajaban allí mis padres, lo que no hacía sino recordarme que yo también estaba fuera de lugar. En mi mismo pasillo estaba la habitación que había ocupado otra alumna de primero llamada Lexa, que estudiaba arquitectura y tenía todo un vestuario de ropa de color carbón y un surtido de amigos elegantes en Manhattan y en diversas capitales europeas a los que describía como «simpáticos». Me había costado varias semanas entender que por «simpáticos» quería decir «glamurosos». El caso es que no pude evitar comparar a mi madre, que llevaba el peso del mundo en su rostro angustiado, con la de Lexa, que era cineasta y había ido a recogerla la víspera con una chaqueta de cuero ajustada y el brazo lleno de pulseras de plata. Me odié por fijarme en el abismo que había entre ellas.

Fue en el momento de despedirnos cuando ocurrió. Sin haberlo planeado, sin haberme planteado de forma consciente las consecuencias de aquel acto, le di a mi madre mis diarios. ¡Se los di! Sin pensarlo, como por una ocurrencia repentina, le pedí que se los llevara ella a casa… para ponerlos a buen recaudo. A buen recaudo, creía yo. En aquel momento crucial, me conté a mí misma el cuento de que pensaba que seguía siendo el ángel de mi infancia, la madre que jamás haría nada malo, como, por ejemplo, leer un diario ajeno, el diario de alguien que se lo había confiado para que lo pusiese a buen recaudo.

Huelga decir, sin embargo, que al darle aquel montón de cuadernos en los que había expuesto la historia de nuestro gran amor y su traumático desenlace, había elegido poner fin a nuestra relación. Si para cualquier progenitor tiene que ser doloroso oír lo que piensa de veras de él su hijo adolescente, para mi madre debió de resultar insoportable. Eso fue, precisamente, lo que declaró cuando, a la semana siguiente, volví a casa y se plantó en la puerta de mi cuarto con mis diarios en la mano y haciendo el gesto de una hoja de guillotina que la hubiese decapitado. Sentí que tenía toda la razón, que, en cierto sentido psicológico muy real, había matado a mi madre.

La infancia acaba siempre, pero aquello no eran las clásicas punzadas de la adolescencia. Décadas después de haberle dado a mi madre mis diarios, seguíamos hablando por teléfono, viéndonos en vacaciones y diciéndonos, de corazón, «te quiero»; pero ella me atormentaba en sueños, donde aparecía de formas diferentes, como protagonista, a veces amenazadora y a veces frágil, a la que yo estaba atada; como alguien a la que amaba, pero de la que ansiaba escapar. En la vida real, las dos girábamos en círculo dándonos la cara, con actitud cordial pero recelosa, y nuestras conversaciones seguían siendo, en su mayoría, como combates de esgrima que exigen un final rápido. Yo no confiaba en ella ni ella en mí. Aprendí a mantener la distancia, a marcar mejor los límites, a entender una situación como la nuestra —en el fondo, no tan infrecuente—, en la que el progenitor hace saber al hijo que puede seguir siendo el niño amado o ser él mismo, pero nunca las dos cosas, y el hijo se convence de que solo gozará para siempre del amor del padre si consiente en no crecer nunca. A menudo, el hijo se aviene en claudicar, hasta que, un buen día, deja de hacerlo.

Yo necesité muchísimo tiempo para perdonarme por haber quebrantado aquel pacto y más tiempo aún para seguir viviendo, emocionalmente, en ausencia de una madre; pero aprendí a lidiar con las secuelas de una educación como la mía: mi tendencia a evitar el conflicto, a desconfiar de mi propia realidad, a adherirme a las opiniones de quienes tienen convicciones firmes… Había una parte de mí que marchaba al ritmo que ella misma se marcaba, que seguía su propio norte porque a eso me inclina mi naturaleza, y otro yo que salía a la superficie en tiempos de desacuerdo para asumir que la interpretación de los acontecimientos que hacían otros debía de ser la correcta y prevalecer de forma natural sobre la mía. He avanzado mucho, pero todavía me queda mucho por andar y sé que nunca lo superaré del todo.

Durante mucho tiempo, aun después de que mi vida siguiese adelante e incluso progresara, aun después de tener un hogar propio, mi propia familia y, en muchos sentidos, la vida llena de actividad con la que soñaba de niña, me seguía siendo imposible hablar de ella sin echarme a llorar. Ni siquiera conseguía decir algo tan sencillo como «mi madre se crio en Brooklyn» sin que se me escaparan las lágrimas. Por ese motivo aprendí, sin más, a no mencionarla. Aquel llanto me parecía inaceptable: no tenía sentido llorar a una madre que seguía viva, por más que fuese una tan difícil como la mía. Sin embargo, tampoco podía aceptar el abismo que se abría entre la madre a la que recordaba, mi compañera del alma, mi eterna defensora, mi amor, y la que tenía en ese momento. Con todo, aquella madre de mi infancia se había esfumado —si es que había llegado a existir— con los diarios que le entregué el último día de mi primer curso universitario, que fue, en todos los sentidos, el último día que tuve noticia de ella.

Eso sí, no llegó a sacarme de Princeton. Cuando volví al campus, me matriculé en un curso de escritura creativa y presenté un cuento sobre una hija que ama con desesperación a una madre imposible, sobre una hija que anhela saborear la vida adulta y el amor. Lo llamé *El amor más apasionado*.

La profesora, novelista veterana de ariscos modales, lo leyó y dictaminó que el contenido me tocaba todavía muy de cerca.

—Métela en un cajón y no vuelvas a sacarlo en treinta años —me recomendó.

Tenía razón, pero ya han pasado los treinta años.

Si te he contado cómo quise y perdí a mi madre no ha sido por los detalles de la historia de mi vida. Tus historias de amor y de pérdida, de acritud y dulzura, son diferentes. Soy muy consciente de que podrían ser mucho más traumáticas que esta, aunque ojalá no lo sean. Con todo, he decidido compartir la mía porque, con independencia de que la consideres una pérdida pequeña —en la escala de los sufrimientos del mundo— o grande —ya que las madres representan el amor mismo, como acabamos de descubrir de la mano de Darwin y el dalái lama—, sé que tienes, o tendrás, tus propias pérdidas amorosas. Yo tardé décadas en entender los hechos que acabo de describir y más tiempo aún en recuperarme de ellos (o, al menos, de la mayoría), y tengo la esperanza de haber aprendido algo que pueda serte de utilidad.

Nos enseñan a concebir nuestras heridas psíquicas y físicas como anomalías de nuestra vida, como desviaciones respecto de lo que cabría esperar y, a veces, hasta como causa de deshonra pero nuestras historias de pérdida y de separación también forman parte de nuestro estado normal en igual medida que las de cuando conseguimos el trabajo de nuestros sueños, nos enamoramos o dimos a luz al milagro que son nuestros hijos. Los estados más apasionados —de terror y de gozo, de asombro y de amor, de trascendencia y creatividad— emergen de esta naturaleza agridulce de la realidad. Si los experimentamos no es porque la vida sea perfecta, sino precisamente porque no lo es.

¿De qué te encuentras separado; qué o a quién has perdido? ¿Te han traicionado el amor o la vida? ¿Se divorciaron tus padres cuando eras un crío; murió tu padre; era cruel contigo? ¿Te rechazó tu familia al descubrir tu verdadera identidad sexual? ¿Echas de menos tu casa o el país que te vio nacer; necesitas oír su música para dormirte por las noches? ¿Cómo se supone que debes integrar esta acritud con tu dulzura; cómo se espera de ti que te sientas pleno de nuevo?

Estas preguntas tienen una infinidad de respuestas. A continuación te ofrezco tres.

Una: todas estas pérdidas dan forma a tu psique y fijan el patrón que regirá todas tus interacciones. Si no las entiendes ni te afanas en crear nuevos hábitos emocionales, te pasarás la vida reviviéndolas una y otra vez; destrozarán todas tus relaciones sin que sepas por qué. Hay muchos modos de enfrentarse a ellas, además de los que estamos explorando en este libro.

Dos: por más trabajo terapéutico que hagas, quizá sean de por vida tu talón de Aquiles. Puede tratarse del miedo al abandono, al éxito o al fracaso; una profunda inseguridad, sensibilidad al rechazo, una masculinidad precaria, un perfeccionismo excesivo; tal vez un temperamento demasiado irritable o una protuberancia de pena que sobresale de una piel por lo demás tersa. Hasta cuando te liberes (porque puedes liberarte), es posible que estos cantos de sirena te atraigan de nuevo a tus antiguos modos de ver, sentir y reaccionar. Puedes aprender a taparte los oídos la mayor parte del tiempo, pero tendrás que aceptar que siempre estarán ahí fuera, cantando para ti.

La tercera respuesta es la más difícil de asimilar, pero es también la que puede salvarte. El amor que has perdido, o el amor que anhelaste y nunca has tenido, existirá eternamente. Cambia de forma, pero siempre está ahí. Tu labor consiste en reconocer qué apariencia nueva ha adoptado.

«Nostalgia» denota etimológicamente «dolor del regreso», el dolor que produce no poder regresar. Lo que te hace sufrir es lo que te importa. Te duele precisamente porque te importa. Por tanto, la mejor respuesta al dolor es sumergirte más aún en tu empatía, que es exactamente lo contrario de lo que quiere hacer la mayoría de nosotros. Lo que queremos es evitar el dolor: mantener a raya lo acre preocupándonos poco por lo dulce. Sin embargo, «abrir el corazón al dolor es abrirlo al gozo», según lo expresa el doctor Steven Hayes, psicólogo clínico de la Universidad de Nevada, en un artículo de *Psychology Today* que tituló «From Loss to Love» («De la pérdida al amor»).[2] «En tu dolor encuentras tus valores —afirma en cierta entrevista— y en tus valores encuentras tu dolor».[3]

Hayes es el fundador de una influyente técnica terapéutica llamada «terapia de aceptación y compromiso» o, por sus siglas en inglés, ACT («actúa»).[4] Su enfoque nos enseña a abrazar nuestros pensamientos y sentimientos, incluidos los difíciles, a verlos como respuestas adecuadas a los retos que nos plantea el simple hecho de estar vivos y al desafío de sus adversidades particulares; pero también nos muestra cómo usar nuestro dolor como fuente de información sobre lo que más nos importa, y cómo actuar en consecuencia. Constituye, en otras palabras, una invitación a investigar lo agrio y comprometernos con lo dulce.

«Cuando conectas con las cosas que te preocupan de veras, te pones en contacto con lugares en los que probablemente te han herido —explica Hayes—. Si te importa el amor, ¿qué vas a hacer con tu historial de traiciones? Si te importa la alegría de conectar con otros, ¿qué vas a hacer con el dolor de que no te entiendan o de no entender a otros?»[5]

Hayes y sus colaboradores han condensado sus ideas en siete capacidades para hacer frente a la pérdida.[6] En más de mil estudios publicados a lo largo de treinta y cinco años, han dado con que la adquisición de dichas habilidades puede suponer la diferencia entre caer en la ansiedad, la depresión, el trauma o el abuso de sustancias tóxicas tras una pérdida, por una parte, y progresar a partir de ella.[7]

Las cinco primeras suponen la aceptación de lo amargo. Ante todo, tenemos que reconocer que se ha producido una pérdida y, en segundo lugar, abrazar las emociones que la acompañan. En vez de tratar de dominar el dolor o buscar distracción en la comida, el alcohol o el trabajo, deberíamos limitarnos a sentir nuestro daño, nuestra pena, nuestra conmoción o nuestra rabia. En tercer lugar, es necesario que aceptemos todos nuestros sentimientos, nuestros pensamientos y nuestros recuerdos, incluidos los inesperados y los que puedan parecer inapropiados, como la liberación, la risa o el alivio. En cuarto lugar, deberíamos dar por hecho que, a veces, nos sentiremos abrumados. Por último, tenemos que estar atentos a los pensamientos que no nos ayudan, como: «Tengo que superarlo»; «Ha sido por mi culpa», o «La vida es injusta».

De hecho, la capacidad para aceptar emociones difíciles —no solo observarlas, no solo respirar hondo para no ser presa del pánico, sino aceptarlas tal como se presentan y sin juzgarlas— aparece vinculada de forma repetida con el éxito a largo plazo. En un estudio llevado a cabo en 2017 por Brett Ford, profesora de la Universidad de Toronto, se pidió a los voluntarios que ofrecieran una descripción improvisada de sus dones de comunicación durante una entrevista de trabajo imaginaria. [8] Aquellos a los que previamente habían calificado de «aceptadores habituales de emociones negativas» —incluidos quienes habían experimentado recientemente situaciones de gran tensión, como la pérdida de un puesto de trabajo o una infidelidad— mostraron menores niveles de estrés. Otro estudio demostró que quienes poseían dicha capacidad tenían una sensación de bienestar más marcada que sus semejantes, aun cuando experimentaran situaciones de tensión como una discusión con la pareja o la llamada de un hijo que cumpliese pena de cárcel. [9]

Sin embargo, son las dos últimas de las siete capacidades —conectar con lo que nos importa y actuar de manera comprometida— las que nos llevan de lo amargo a lo dulce, de la pérdida al amor. Conectar con lo que nos importa es ser conscientes de que el dolor de lo que perdemos puede ayudarnos a reconocer a las personas y los principios que más nos interesan, el significado de nuestra vida y actuar de manera comprometida es ponerse en acción siguiendo esos valores. «Tu pérdida puede ser la oportunidad de llevar lo más significativo hacia una vida que valga la pena —escribe Hayes—. Una vez que identifiques lo que de verdad resulta valioso para ti, actúa en consecuencia». [10]

Ahora, vuelve a hacerte la misma pregunta de antes: ¿De qué te encuentras separado; qué o a quién has perdido? Y pregúntate también: ¿Hacia dónde te llevan la pena o la separación que estás sufriendo? ¿Qué es lo que más te importa en el fondo? ¿Cómo puedes hacerlo realidad?

Estas habilidades de conexión y compromiso pueden adoptar muchas formas. El arquitecto e ingeniero Buckminster Fuller quedó tan devastado por el hundimiento de su negocio y la muerte de su hija de cuatro años por meningitis en 1922 que a punto estuvo de suicidarse. Sin embargo, tomó su convicción de que la vida no valía la pena y le dio la vuelta para preguntarse qué podría darle sentido a la existencia, qué podía hacer un solo ser humano para favorecer a la humanidad. Y resultó ser mucho. Tanto que Fuller, inventor de la cúpula geodésica y de otros muchos diseños, llegó a conocerse como el «Leonardo da Vinci del siglo xx».[11]

Lo que perdió la poetisa y ensayista Maya Angelou fue su voz, junto con su dignidad y su autoestima; pero más tarde volvió a conectar con aquella voz y se comprometió con ella de formas nuevas y poderosas. En *Yo sé por qué canta el pájaro enjaulado*, un peso pesado del género autobiográfico, refiere la historia de sus primeros años de vida, de cuando la enviaron con su hermano, siendo ambos muy pequeños, a Arkansas, donde vivía su abuela, con un cartel en el pecho que decía: «A quien pueda interesar».[12] De cuando, a los cinco años, debía recitar una poesía sobre la Pascua delante de su congregación; se sintió demasiado grande, desgarbada e insignificante para pronunciar aquellos versos y, como todavía no había despertado, tal como lo expresa ella, de su «feo sueño negro», huyó de la iglesia llorando y se orinó encima. De cuando, a los ocho, la violó el novio de su madre, a quien mató a patadas una turba furiosa después de que testificase contra él ante un tribunal. De cómo se convenció de que todo aquel con quien hablase moriría también.

Por eso dejó de hablar, a todos menos a su hermano, durante cinco largos años.

Durante todo aquel tiempo, se refugió en la lectura. A los trece años, la invitaron a casa de una mujer llamada Bertha Flowers. La señora Flowers era una mujer amable, elegante y culta. A Maya le pareció perfecta, aunque sospechaba que debía de tener sus propias penas y sus nostalgias, porque, si bien sonreía a menudo, jamás se reía. Le dio a Maya un libro de poemas y le pidió que se aprendiera uno de memoria y se lo recitara en su siguiente visita. Pero, antes, le leyó el principio de la *Historia de dos ciudades*, de Dickens: «Era el mejor de los tiempos, era el peor de los tiempos». Maya tuvo la impresión de que, más que pronunciar aquellas palabras, la señora Flowers las cantaba. Ella conocía bien aquel libro, pero sintió deseos de examinar sus páginas. «¿Eran las mismas que había leído yo —se preguntaba— o estarían llenas de notas, de música dispuesta en líneas como en un libro de himnos?». [13]

Empezó a hablar de nuevo. Al principio, a través de las palabras de otros y, más tarde, con las suyas propias. Poesía, ensayo, memorias… No pasó mucho antes de que se lanzara a hablar por otros, por ejemplo una chiquilla, veintiséis años más joven que ella, una lectora voraz que se crio en Misisipi y que, al topar a los quince con el libro de Angelou, no pudo menos de asombrarse cuando se vio a sí misma en sus páginas.

¿Cómo era posible que su autora, Maya Angelou, hubiese tenido las mismas experiencias vitales, los mismos sentimientos, los mismos anhelos, las mismas percepciones que una niña pobre y negra de Misisipi como yo? —escribe Oprah en el prólogo a *Yo sé por qué canta el pájaro enjaulado*—. Yo era esa niña que había recitado poemas de Pascua. Yo era esa niña a la que le encantaba leer. Yo era esa niña a la que crio su abuela en el sur, esa niña a la que violaron a los nueve años y que no lo contó. Entendí perfectamente por qué Maya Angelou guardó silencio durante años.

Una joven revela sus penas y, una generación después, otra joven se siente identificada. «Hay alguien más como yo. No estoy sola; no soy la única».

Este proceso de sanación, además, no exige la existencia de una historia compartida. Como escribe Oprah: «Todos podemos sentirnos conmovidos cuando canta el pájaro enjaulado».[14] El acto de hablar —de cantar— la lengua sincera de la tristeza y el anhelo tiene algo muy especial. ¿Por qué decía W. E. B. Du Bois de los «cantos tristes» (*sorrow songs*) de los esclavos de sur de los Estados Unidos que eran «la expresión más hermosa de la experiencia humana nacida a este lado de los mares»?[15] ¿Por qué ve Oprah Winfrey en los escritos de Angelou no solo un reflejo de su propia vida, sino también, en sus propias palabras, una «revelación»? Cuando leyó las memorias de Angelou, afirma, quedó «sobrecogida». El libro se convirtió en su «talismán». Cuando, diez años después, tuvo la ocasión de conocer a Angelou, atribuyó el encuentro a la «providencia».[16] No estamos ante expresiones comunes de entusiasmo, sino que, más bien, forman parte del lenguaje de la transformación, de un ser perdido que regresa bajo una forma diferente.

Como sugiere el relato de Angelou, son muchos quienes responden al dolor curando en otros las heridas sufridas por ellos mismos. Ella lo hizo a través de la escritura, pero el proceso adopta muchas formas. De hecho, el del «sanador herido», expresión acuñada por el psicólogo Carl Jung en 1951, es uno de los arquetipos más antiguos de la humanidad.[17] En la mitología griega, al centauro Quirón lo alcanzó una flecha envenenada que le provocó un dolor terrible y, a la vez, le otorgó poderes curativos.[18] En las culturas chamanísticas es frecuente que los encargados de curar tengan primero que someterse a un proceso iniciático que comporta no pocas penalidades. En el judaísmo, los poderes del mesías se derivan de su propio sufrimiento: si se rodea de pobres y enfermos es, precisamente, por ser uno de ellos. Y, en el cristianismo, Jesús es el sanador herido que cura a mujeres sangrantes y abraza a los leprosos antes de morir crucificado para salvarnos a todos.

En tiempos modernos, los sanadores heridos asumen formas más reconocibles. Una mujer desconsolada tras perder a su hija adolescente en un accidente de tráfico funda la asociación estadounidense de Mothers Against Drunk Driving («Madres Contra el Alcohol al Volante»). [19] Una niña de nueve años cuyo padre muere a consecuencia de un tumor cerebral se hace terapeuta y se especializa en modos de afrontar el duelo. El superviviente de un tiroteo multitudinario crea una organización en favor del control de armas. [20]

Dicha figura aparece también en estudios que concluyen que los psicoterapeutas afectados por enfermedades mentales tienden a comprometerse de manera más marcada con su trabajo. [21] Tras el trauma nacional del 11-S, el número de estadounidenses que presentaron las solicitudes necesarias para ejercer de bombero, docente o sanitario alcanzó cotas nunca vistas. [22] Según *The New York Times*, los aspirantes a formar parte del profesorado de Teach For America se triplicaron en las seis semanas que siguieron a los atentados y la mitad de ellos aseguraron haberse visto motivados por aquel desastre. [23] Cierto bombero de la ciudad de Nueva York confesó a dicho periódico que había estado «indeciso» ante la idea de unirse al cuerpo por el mucho tiempo que había que dedicarle. «Pero luego —aseveraba—, después del 11-S, lo único que quería hacer era ayudar». [24] El actor Amy Ting, que estuvo al borde de la muerte aquel día en el World Trade Center, dejó la industria cinematográfica y se alistó en el servicio médico de las fuerzas armadas. [25] «El 11 de septiembre cambió mi forma de ver la vida —reveló a la revista *Airman*—. Siempre he querido ayudar a la gente, así que volví al terreno de la medicina».

Otro ejemplo inspirador de un sanador herido lo ofrece Rene Denfeld, novelista y abogada de oficio, que ha escrito sobre la terrible historia de abusos sexuales y abandono que vivió en su infancia. [26] Su madre era alcohólica; su padre, proxeneta y, su hogar, un imán para pederastas. Intentó denunciar las violaciones, pero nadie la creyó.

Huyó y tuvo que vivir en las calles de Portland (Oregón), donde se aprovechó de ella toda una grotesca colección de depredadores.

Existían muchas respuestas posibles a esta clase de vida familiar. La madre de Denfeld, también víctima de forzamiento y de violencia, asediada por la culpa al no haber sido capaz de proteger a sus hijos, se suicidó y su hermano trató de escapar de aquella realidad convirtiéndose en lo que Denfeld llama, en un acerbo artículo titulado «The Other Side of Loss» («La otra cara de la pérdida»), «el rey de lo normal»: ataviado con camisas de vestir con protector de bolsillo para los bolígrafos, hizo lo posible por borrar las manchas de su infancia.[27] Sin embargo, todo fue en vano y él también acabó por quitarse la vida. «Lo único que quería era ser un buen chaval», dijo antes de morir.

A nadie le habría sorprendido que Denfeld hubiese tomado la misma senda. En cambio, se convirtió en investigadora jefe de un bufete de abogados de oficio de Portland, desde donde ayudó a diversas víctimas de violación a escapar de sus tratantes y defendió a varios acusados que, de lo contrario, habrían acabado en el corredor de la muerte.[28] Escribió tres novelas sobre personajes que conviven con sus propios traumas y adoptó a tres chiquillos que vivían en casas de acogida, niños con pasados tan espeluznantes como el suyo y que, como ella, parecían condenados a la falta de amor. Al principio, la trataban con cólera o desinterés. Ella, no obstante, perseveró. Hoy lleva más de veinte años prodigando cariño a la inverosímil familia que ha construido.

Mis hijos me alegran, me redimen y me dan motivos para seguir adelante —escribe en su artículo—. Cada sonrisa que compartimos, cada caricia, me recuerda que es posible cambiar toda realidad. De los traumas se eleva el alma, incandescente y perfecta. Siempre ha estado ahí, esperando que la abracen.

¿La mejor forma de curarte? Curando a otros. No creo que podamos escapar de nuestro pasado. Mi hermano y mi madre lo intentaron y no funcionó. Tenemos que hacernos amigos de la tristeza. Tenemos que mantener siempre cerca nuestras pérdidas y llevarlas con nosotros como si fueran hijos nuestros a los que adoramos. Solo cuando aceptamos tan terribles dolores nos damos cuenta de que, para superarlos, no hay más remedio que atravesarlos. [29]

La mayoría de nosotros no ha tenido que sufrir pruebas como las de Buckminster Fuller, Maya Angelou ni Rene Denfeld o, en caso contrario, no va responder inventando la cúpula geodésica, escribiendo memorias de las que cambian la vida ni creando, a fuerza de amor, una familia con niños maltratados. Sin embargo, muchos somos, de hecho, sanadores heridos y los pasos enérgicos que damos hacia el amor no tienen por qué ser heroicos ni imaginativos. Quizá adoptemos un perro y lo colmemos de cariño; encontremos trabajo como comadronas, profesores o bomberas, o dejemos, sin más, de prestar atención a nuestro teléfono para volcarnos en nuestros amigos y familiares.

O tal vez, como hice yo hace no mucho, nos aficionemos a la meditación del amor benevolente.

La meditación del amor benevolente —conocida en idioma pali como *mettā*— es la práctica de desear el bien para otros. [30] Su nombre «puede sonar hipócrita, sentimental o empalagoso» a muchos, según me advirtió Sharon Salzberg, una de las principales maestras con que cuenta en los Estados Unidos, y ese es uno de los motivos por los que no es tan popular en Occidente como el *mindfulness*. Con todo, la *mettā* es una antigua práctica budista que tiene muchos beneficios, desde la intensificación de las sensaciones de sobrecogimiento, alegría y gratitud hasta el alivio de las migrañas, el dolor crónico y el estrés postraumático. También es una forma inmemorial de caminar activamente hacia el amor. Si has perdido a alguien a quien amabas y consideras que el amor es importante para ti, la *mettā* es —por usar el lenguaje propio de la terapia de la aceptación y el compromiso— una forma de «acción comprometida» y de «conexión con lo que importa».

Hoy, Salzberg es toda una autoridad mundial en la meditación *mettā*. Popularizó su práctica en los Estados Unidos, ha escrito once libros de gran éxito —como *Amor incondicional* o *El secreto de la felicidad auténtica*— y es cofundadora de la Insight Meditation Society de Barre (Massachusetts), uno de los centros de meditación más influyentes de todo el mundo occidental.

Sin embargo, de niña ella también sufrió una separación lacerante tras otra. La racha empezó con su padre, a quien adoraba y tenía por la persona más importante del mundo. Cuando ella tenía cuatro años, sufrió un colapso nervioso y abandonó a la familia. Cinco años después murió su madre y ella se fue a vivir con sus abuelos, a los que apenas conocía. Su abuelo murió cuando la pequeña tenía once años. Entonces regresó su padre y Sharon conoció un breve período de alegría... hasta que él ingirió una sobredosis de somníferos y pasó el resto de su corta vida recluido en una institución mental. A los dieciséis años había conocido ya cinco configuraciones familiares diferentes que habían acabado de forma abrupta por causa de un trauma, una pérdida o una muerte.

Se sentía distinta, insignificante, avergonzada. En casa, nadie hablaba de lo que le había pasado a su padre y todos fingían que lo de los somníferos había sido un accidente. En el cole, los compañeros le preguntaban: «¿En qué trabaja tu padre?», y ella no sabía qué contestar. Las familias de los demás niños estaban intactas: sus seres queridos no se marchaban. Ella era la única de su entorno que había conocido la pérdida y el abandono y era consciente de que aquello la hacía diferente e inferior. Jamás se le ocurrió poner en duda esta conclusión y quizá nunca la habría cuestionado si al llegar a la universidad no se hubiera matriculado por casualidad en un curso de filosofía asiática.

No había ido buscando la sabiduría oriental, sino solo una asignatura que encajase con su horario. Sin embargo, lo que aprendió allí le cambió la vida, así como, más tarde, la de los muchos miles de personas a las que ha enseñado desde entonces. Aprendió que todo el mundo afronta el dolor de la separación, que nadie se libra de sufrirlo y que la verdadera pregunta es cómo responder a dicha verdad inmutable.

Al principio, no pudo menos que sentir incredulidad: «¿Me estáis diciendo que se supone que hay que sentirse así? ¿Me estáis diciendo que es normal? ¿Me estáis diciendo que el hecho de que sientas dolor no quiere decir que seas rara, que estés fuera de lugar?». Viajó a la India para aprender más y estuvo casi cuatro años viviendo allí. Tras una infancia de secretos familiares, se enamoró de la franqueza y la transparencia que conoció allí. Estudió con una de las maestras más veneradas del país, llamada Dipa Ma, «madre de Dipa», en honor a la única superviviente de las criaturas a las que había dado a luz.[31] Ella también había sufrido: un matrimonio concertado a los doce años, lustros de infertilidad y, tras engendrar, al fin, tres hijos muy seguidos, la muerte de dos de ellos junto con la de su marido. Todos se fueron menos la pequeña Dipa, cuya madre se hallaba demasiado desconsolada para criarla. Dipa Ma padecía una cardiopatía e hipertensión y el médico le aseguró que moriría del corazón y que más le valía aprender a meditar. Ella estaba tan débil que tuvo que subir a gatas las escaleras de un templo vecino. Aun así, aprendió con gran rapidez y se las compuso para transformar en compasión su dolor. Crio a la pequeña Dipa, se mudó a Calcuta y se convirtió en una de las maestras más reputadas de la India.

Una de sus muchas discípulas fue Sharon Salzberg. Dipa Ma le enseñó la práctica de la meditación del amor benevolente, consistente en enviar dicho sentimiento a uno mismo, a los seres queridos y al resto del mundo. También le transmitió el cuento budista clásico del grano de mostaza. [32] En él, una mujer pierde a su único hijo. De luto, recorre tambaleante la ciudad con el cadáver del pequeño en brazos en busca de un médico o un sabio capaces de devolverlo a la vida. Al final, va a dar con el Buda, que le hace saber que le concederá el deseo. Lo único que debe hacer es llevarle un grano de mostaza, aunque añade otra condición: debe encontrarlo en un hogar en el que nunca haya muerto nadie, en una casa en la que no hayan conocido ninguna pérdida ni ningún dolor. La desconsolada madre, llena de entusiasmo, emprende su búsqueda, se lanza a llamar a una puerta tras otra… y no tarda en aprender la misma lección que conoció Sharon en su curso de filosofía asiática: la pérdida es parte de la vida y nadie está libre de ella. La mujer entierra a su hijo, se hace monja y se convierte en iluminada.

Cuando Sharon estuvo lista al fin para dejar la India, Dipa Ma le dijo que, tras volver a los Estados Unidos, sería ella quien habría de enseñar a otros. Como la fuerza de la costumbre no es menor en el terreno de las convicciones, su primera reacción fue:

—¿Quién, yo? Pero ¡si yo no valgo nada! ¿Qué voy a poder enseñarle a nadie?

—Tú comprendes el sufrimiento —le respondió su maestra—. Por eso debes enseñar.

—Y esa fue —me dijo Sharon mucho después— la primera vez en mi vida que pensé que el sufrimiento tenía su propio valor. [33]

Desde el conflicto que tuve con mi madre, nunca me ha sido fácil soportar a los abusones ni a los manipuladores. Cuando, al fin, aprendí a sentar bien los límites, me convencí de que el único modo de apartarlos consiste en armarme de indiferencia o de rabia. Sin embargo, no me gustaba nada aquella sensación y pensé que debía de haber mejores formas de lograrlo. Así que, cuando una amiga me habló de la meditación del amor benevolente y se ofreció a presentarme a Sharon, corrí a aprovechar la ocasión.

Fui a verla un día al sobrio estudio que tiene en el barrio neoyorquino de Greenwich Village y da a la parte baja de la Quinta Avenida. Sharon tiene una voz profunda y suave y una presencia calma y acogedora. Me escuchó en silencio mientras le contaba mi historia y sus consecuencias emocionales. Sentí vergüenza al confesarle mi lado amargo, que parecía diametralmente opuesto a todo lo que defendía ella; pero Sharon se limitó a prestarme atención con su actitud imperturbable. «Sí —me respondió flemática, como quien ha oído muchas veces cosas similares—, sí que puedes hacerlo mejor».

No me sentí juzgada, sino, más bien, en manos de una experta.

Lo que no quiere decir que hubiese abandonado mi proverbial escepticismo. Estaba intrigada, aunque seguía preguntándome si todo aquel proyecto del amor benevolente era posible de veras. En la tradición *mettā*, existe la convicción de que es posible amar a todos los seres del mismo modo que ama una madre al fruto de sus entrañas; pero yo no me creo capaz de sentir por gente aleatoria el mismo amor infinito que profeso a mis hijos. De hecho, ni siquiera tengo claro que deba hacerlo. ¿O no está el quid de la cuestión en que tus críos sepan que, para ti, son lo más importante; que darías tu vida por ellos antes que por otros? ¿Qué pasa con los sádicos y los psicópatas? ¿También debería quererlos como quiero a mis hijos? No me convencía en absoluto.

No obstante, la respuesta de Sharon a todas estas preguntas, como todo lo que sale de su boca, fue sumamente razonable. No se trata de invitar a todo el mundo a que se mude a vivir contigo. Nunca vas a dejar de protegerte y tampoco cabe esperar que todo el mundo sea tu amigo. Lo que sí puedes hacer es desear amor a todo el mundo.

Me puso el ejemplo de una amiga que había cesado toda relación con su madre, una mujer violenta aquejada de una enfermedad mental, y que, casualmente, estaba estudiando con el dalái lama en el momento en que su madre le rogó que volvieran a verse. Su amiga le tenía miedo y no quería verla, pero se sentía culpable. «Llevo todo este tiempo con el dalái lama —pensaba— y no siento ningún deseo de estar con mi propia madre...».

Le pidió consejo al dalái lama, quien le propuso mandarle a su madre amor benevolente desde una distancia prudencial, pues, según le aseguró, un corazón lleno de amor no exige necesariamente presencia física. Si ella fuese la hija y tú la madre, añadió, la responsabilidad sería distinta y tendrías que estar con ella; pero, como hija, puedes hacer que tu amor esté presente sin necesidad de que estéis juntas físicamente.

Yo, como buena escéptica, quise saber qué quería decir en realidad todo aquello.

—La hija puede que se sienta mejor así —le dije—, porque es ella la que se va a quedar donde está, pensando en el amor benevolente; pero su madre está lejos y no tiene ni idea de lo que está haciendo su hija: lo único que sabe es que se niega a verla. ¿Qué puede haber de bueno en eso?

—El hecho de que tú te sientas mejor ya es mucho —respondió Sharon.

No se me había ocurrido.

—Además, ayuda a que la conexión sea mayor —añadió—. Quizá le escriba a su madre para decirle que piensa en ella. Puede que le diga que le desea todo el bien del mundo y puede que, un día, se vea con fuerzas para verla en persona, para quedar con ella en un lugar público en el que se sienta segura.

Para Sharon, el simple hecho de desearle el bien a alguien en privado constituye un modo de cambiar nuestra relación con esa persona y también con el mundo. ¿Tienes la costumbre de quedarte pensando en tus cosas y ni siquiera te fijas en el cajero que te está atendiendo en el supermercado? Pues tal vez deberías empezar a reparar en él y preguntarle cómo le va. ¿Tienes miedo? El amor es el antídoto para el miedo. Si este hace que nos encojamos, que nos retraigamos, el amor nos lleva a abrirnos. ¿Eres de los que se centran en sus errores y sus fracasos? Quizá tendrías que pasar de centrarte en una realidad innegable («Tengo muchos fallos y hoy he metido mucho la pata») a otra no menos cierta («Tengo muchos fallos y meto mucho la pata, pero también valgo mucho; por eso mañana volveré a intentarlo»). Tal vez empieces a conceder más protagonismo a esa segunda realidad.

Con todo, de aceptar tales ideas en un plano intelectual —de querer ejercitar la *mettā*— a ponerlas de veras en práctica hay un trecho. Aun disfrutando de la presencia beatífica de Sharon, yo misma me encontré haciendo todo lo posible por posponer el hecho mismo de meditar. Grabé nuestras sesiones y las transcripciones son de risa. Cada vez que estábamos a punto de empezar, le hacía otra pregunta teórica. Ella, siempre atenta, me hablaba de las tradiciones budistas de la alegría solidaria, la ecuanimidad y la compasión sin meterme prisa en ningún momento.

Hasta yo tenía que dejar de racionalizarlo todo en algún momento y, al fin, me enseñó lo que debía hacer.

Cuando Sharon estudió la *mettā* por primera vez, en Birmania, le dieron una serie de frases que debía repetir:

Que esté libre de peligro.
Que esté libre de sufrimiento intelectual.
Que esté libre de sufrimiento físico.
Que goce de la comodidad del bienestar.

Se trata de desear todo estos estados para uno mismo y, a continuación, para un círculo de personas cada vez más amplio: los seres queridos, los conocidos, la gente difícil que puebla nuestra vida y, por fin, todos los seres. (Hay quien no se siente cómodo empezando por sí mismo. Cada uno puede ir cambiando el orden hasta dar con la secuencia que más le conviene).

Al principio, puede parecer que estamos olvidando lo amargo para centrarnos solo en lo dulce; pero las dualidades que pueblan nuestra existencia se encuentran en la médula misma de la *mettā*. Si deseamos estar y que otros estén libres de peligro, es porque entendemos que dicha liberación puede ser esquiva; si nos deseamos amor, es porque sabemos que el amor y la pérdida van siempre de la mano.

Cuando Sharon empezó a enseñar en 1985, sus alumnos de Nueva Inglaterra aceptaron sin dificultades las frases que había aprendido en Birmania. En cambio, durante un retiro espiritual en el que participó en California, los asistentes hicieron cola para quejarse de que no deseaban pronunciar palabras negativas como «peligro» o «sufrimiento». Querían términos positivos y optimistas y, dado que en la *mettā* no hay norma alguna que dicte qué vocablos deben usarse y que Sharon tiene un alma de gran amplitud, en California cambió sus frases a:

Que tenga seguridad.
Que tenga felicidad.
Que tenga salud.
Que viva con desahogo.

Aunque lo entendía, el punto de vista de los californianos me parecía muy errado. Aquello era tratar de negar la realidad, querer borrar lo agrio de lo agridulce.

Le hice saber que prefería la versión birmana y, juntas, cerramos los ojos y pronunciamos las palabras mágicas.

Desde entonces, he practicado la *mettā* de forma discontinua. A veces —bueno, a menudo— me resulta artificioso. Sin embargo, cada vez más la practico con cierta constancia, me parece más fácil mantener mis límites personales con calma. También soy menos propensa a retraerme avergonzada por una estupidez que dije hace diecisiete años; estoy más dispuesta a dirigirme a mí misma con el mismo cariño con el que le hablaría a un crío al que quiero y, sobre todo, me resulta más fácil percibir el amor, no ya en sus formas particulares —el de mi cónyuge, mis hijos, mis amigos—, sino como esencia eterna que adopta distintas apariencias en momentos diferentes. Así es más sencillo darse cuenta de que el amor puede aparecer —que podemos invocar su presencia— bajo las formas más inesperadas.

Franz Kafka fue uno de los grandes novelistas europeos del siglo xx; pero la siguiente historia no es suya, sino que gira en torno a él. Está basada en las memorias de una mujer llamada Dora Diamant, que vivió con Kafka en Berlín poco antes de la muerte del literato. [34]

En sus páginas, Kafka sale a pasear por el parque, donde encuentra a una chiquilla que llora porque acaba de perder su muñeca favorita. Él, viendo que será difícil encontrarla, le cuenta que se ha ido de viaje y que él, que trabaja de cartero de muñecas, tiene en casa una carta que le ha escrito desde su destino. Al día siguiente, le entrega un sobre con unas líneas que ha redactado él mismo la víspera y en las que la muñeca le pide que no esté triste, que se ha ido a ver mundo y le irá contando sus aventuras. Después, Kafka le dará muchas de aquellas cartas. La muñeca está yendo al colegio y conociendo a gente muy interesante. Su nueva vida le impide regresar a su lado, pero la quiere mucho y siempre la querrá.

En su último encuentro, Kafka le regala otra muñeca que lleva una carta. Como sabe que la muñeca no se parece a la que perdió la cría, en ella advierte: «Mis viajes me han cambiado».

La niña cuida aquel regalo el resto de su vida y, décadas más tarde, encuentra escondida en la muñeca sustituta una nota que no había visto hasta entonces. En ella dice: «Todo lo que quieres se perderá en algún momento, pero, al final, volverá el amor con una forma distinta».

Este Kafka ficticio estaba enseñando a aquella niña, por medio de la muñeca, cómo sacar fuerzas de su propia imaginación; pero también cómo percibir el amor en sus muchas formas, incluida la que él mismo había creado al inventarse el puesto de cartero de muñecas.

No está claro si esta historia es apócrifa u ocurrió de veras, pero, en cualquier caso, sí que es muy real. El hecho de que el amor vuelva a veces bajo una forma diferente no quiere decir que su pérdida no vaya a marcarnos a fuego ni a escocernos cuando desaparezca o no lo encontremos de entrada; ni que su ausencia no vaya a desgarrarnos. También puede parecer imposible aceptar que el amor que ansías no volverá bajo la misma apariencia que anhelaste la primera vez. Tus padres, que se divorciaron cuando tú tenías siete años, no van a volver a estar juntos y, aunque lo hicieran, tú ya no serías el mismo niño que eras cuando se separaron. Si algún día vuelves a tu país natal, será como extranjero y puede que te encuentres con que los limoneros cuyo aroma no ha perdido la fragancia en tu memoria se hayan visto devorados por el asfalto de un aparcamiento. Nunca volverás a ver los lugares, las gentes ni los sueños que has perdido.

Pero puedes encontrar algo diferente. Puedes tener vislumbres fugaces —vislumbres solo, aunque no por ello dejen de ser trascendentales— de tu propia concepción, perfecta y hermosa, de un mundo perfecto y hermoso.

Si estás interesado en practicar mi versión de la meditación del amor benevolente, puedes encontrar una sesión guiada en mi sitio web: susancain.net.

Mi madre enfermó de alzhéimer a los ochenta y fue desarrollando todos los estadios habituales de dicha dolencia: dejó de comer y de peinarse, empezó a confundir el día en que estaba, repetía una y otra vez las mismas preguntas... Sin embargo, mientras escribo estas líneas, sigue siendo ella misma en cierto sentido fundamental. Además, en este compás de espera que precede al día que tendrá que salir de escena, hay algo más: ha olvidado —en un sentido literal— los años infaustos de mi adolescencia y todas las décadas de tensión que los siguieron. Se ha vuelto dulce y afable, se entusiasma cuando estamos juntas y se llena de alegría cuando hablamos por teléfono. Quiere abrazarme y que la abrace y no se cansa de decirme, hasta la extenuación, que he sido una hija excelente que jamás le ha dado «un solo disgusto», ni de recordarme lo mucho que me quiere, lo mucho que me ha querido siempre.

Yo respondo hablándole de lo buena madre que fue en mi infancia (precisión, «en mi infancia», que me afano en introducir siempre, porque me parece importante decir la verdad, hacerle ver al testigo invisible que podría estar oyéndonos que excluyo de mi elogio mis años de adolescencia y mi despertar sexual). Quiero que sepa que aquellos años en que yo no era más que una niña y en los que me colmó de amor y de cariño me han dado una reserva de amor y un poderío suficiente para nutrirme el resto de mis días.

Ella, en cambio, los rechaza con gesto impaciente pero amable. «No quiero cumplidos —dice de corazón, porque es verdad que no es lo que busca—. Lo único que quiero es que sepas que has sido una hija excelente —añade con urgencia—. Solo quiero que lo sepas». Estos últimos años, me ha repetido lo mismo cada vez que la llamo, cada vez que voy a verla. «No me queda mucho tiempo para poder decírtelo, así que, por favor, acuérdate de cuánto te quiero. Una hija excelente; una hija excelente; has sido siempre una hija excelente». Creo que lo que está haciendo es expresar lo que habría querido oír de los labios de su propia madre.

En cierta ocasión, como de pasada y en tono jocoso, le digo que no siempre ha pensado lo mismo, que no siempre me ha considerado una hija excelente; pero ella me mira con gesto de auténtica perplejidad. Su memoria en decadencia ha borrado todos esos años.

En otra, me mira por entre una bruma de confusión para decirme: «A veces, me preocupa haber hecho algo mal. Espero que no, pero, si lo he hecho, lo siento mucho». Al oírla, me invade una sensación que conozco bien, de amor mezclado con culpa, aunque esta vez la culpa procede del hecho de que, aun cuando está pidiendo perdón por atropellos cometidos en un pasado muy lejano que ya no puede recordar, sé que voy a incurrir en el agravio de publicar este libro del mismo modo que un día le entregué mis diarios. Ella es una particular y ese es otro de los motivos que me han llevado a esperar al fin de su vida para escribir nuestra historia.

Con todo, también tengo una sensación que no acabo de identificar. Tardo un poco en darme cuenta de que es alivio y dar por hecho que, a la postre, la percepción que he tenido durante todo este tiempo debe de ser correcta. He pasado muchos años sospechando que posiblemente recuerdo mal mi infancia, que bien pudo no ser el Edén que yo creía. Sin embargo, escuchando a mi madre de ahora —y no solo sus palabras, sino también la dulzura y el cariño ilimitados con que las pronuncia, como abriendo su corazón de par en par—, me resulta todo tan familiar... Entonces sé que todo aquello fue real, que la madre que recuerdo existió de veras. Hubo un tiempo en que mi vida fue así, en que ella fue así, en que fuimos así, y ahora, en lo que tarde en desvanecerse para siempre su memoria, así hemos vuelto a ser.

Con ello no quiero decir que la situación sea perfecta. Tengo que reconocer que, cuando empezó a perder el oído, fue un alivio que no entendiese ya lo que le decía lo suficiente para interrogarme al respecto. Todavía ansío que la vida de mi madre se hubiera desarrollado de otro modo, que se hubiese querido a sí misma o, por lo menos, se hubiese gustado solo un poquito; pero no puedo cambiar su pasado.

Y aquí, en el presente, sé que, con independencia de las heridas que nos hemos infligido mutuamente, a su modo logró un triunfo espectacular como madre al hacer que yo jamás me sintiera, como ella, insignificante. Por el contrario, no se cansaba de decirme, desde niña, que los días en que nacimos mis hermanos y yo fueron los mejores de su vida, y yo la creía. Todavía la creo.

Todo está resquebrajado, todo es hermoso. Todo, incluido el amor. Y, a fin de cuentas, nada podrá desbaratar el amor que siente mi madre por mí, ni el que yo siento por ella.

Sin título, © Ṣafwān Daḥūl (Instagram: @safwan_dahoul)

SEGUNDA PARTE

GANADORES
Y PERDEDORES

¿Hay algún modo de vivir y trabajar
de forma auténtica en esta «tiranía
de la positividad»?

5

¿CÓMO SE HA CONVERTIDO EN UNA CULTURA DE SONRISAS NORMATIVAS UNA NACIÓN FUNDADA SOBRE TANTO DOLOR?

La palabra «perdedor» se pronuncia con tanto desdén
últimamente que no sería extraño que alguien quisiera
olvidar las pérdidas que ha sufrido en su vida y le han
enseñado a ser prudente.

GARRISON KEILLOR[1]

Ahora que hemos explorado las bondades ocultas de la tristeza y el anhelo, vamos a dar un paso atrás para preguntarnos por qué le tiene miedo nuestra sociedad a esas emociones. En los dos capítulos siguientes, examinaremos la cultura de la positividad que impera en los Estados Unidos —su historia, las manifestaciones que presenta hoy en ámbitos que van de lo religioso a lo político— y la compararemos con otras sociedades. Buscaremos sus raíces en el desarrollo económico del país y, a continuación, veremos hasta qué punto está condicionado nuestro lugar de trabajo por una cultura de optimismo forzoso y qué podemos hacer para trascenderlo. De camino, nos dejaremos inspirar por el conocimiento de profesionales y eruditos, lo que incluye la obra revolucionaria de Susan David, psicóloga de la Harvard Medical School y teórica empresarial de relieve.

Susan tenía solo quince años cuando a su padre, de cuarenta y dos, le diagnosticaron cáncer de colon. Todo el mundo le dijo: «Tienes que ser positiva. Ya verás como todo sale bien».[2]

En consecuencia, aun cuando la enfermedad hizo estragos en el cuerpo de su padre y se hizo evidente que las cosas no estaban saliendo precisamente bien, ella siguió actuando como si todo fuese de maravilla. Se mantuvo estoica mientras su padre se debilitaba por días, hasta que, una mañana de viernes del mes de mayo, mientras se disponía a salir de casa para ir al instituto, su madre le dijo en voz baja que debía despedirse de él. Susan dejó la mochila y recorrió el pasillo en dirección al lecho de muerte de su padre. Convencida de que aún podía oírla, le dijo que lo quería mucho y que siempre lo querría. Luego, cogió sus cosas y se fue. Tuvo clase de matemáticas, historia y biología. Tomó apuntes, charló con los compañeros y almorzó. Al llegar a casa, su padre había muerto.

La familia quedó devastada, no solo en lo emocional, sino también en lo económico. Durante el breve lapso que duró su enfermedad, el padre de Susan, por lo común prudente y sereno, había llegado a la conclusión de que, si mantenía una actitud positiva y tenía fe en Dios, se curaría. También se había convencido de que, si no era lo bastante optimista, si su fe no era suficiente, moriría. De hecho, como prueba de semejante positividad, llegó a rescindir el seguro de vida que había estado pagando toda su vida adulta. Cuando murió, veinte semanas más tarde, la familia tuvo que hacer frente a una montaña de deudas.

Aun así, en los meses que siguieron, Susan se mantuvo sonriente en su quehacer diario, porque sabía que era lo que querían todos. Susan era una niña alegre. Susan era fuerte. Sobre todas las cosas, Susan se encontraba bien. A veces, sus profesores y sus amigos le preguntaban cómo lo estaba llevando y ella les respondía precisamente eso: bien. Era una persona alegre por naturaleza que dominaba el arte de encontrarse bien. Nadie le preguntaba nunca: «Pero ¿cómo estás de verdad?», ni ella se lo decía a nadie. No se lo decía ni siquiera a ella misma. Solo expresaba su dolor a través de la comida: se daba un atracón, vomitaba y volvía a darse un atracón.

Y así habría seguido indefinidamente, de no haber sido por su profesora de lengua de octavo, que un día repartió cuadernos en blanco entre los de la clase. Daba la casualidad de que ella también había quedado huérfana siendo muy joven.

—Quiero que escribáis, que contéis la verdad sobre vuestra vida —dijo a sus alumnos clavando en Susan sus ojos amables y azules—. Escribid como si no fuera a leerlo nadie.

Susan entendió que se lo estaba diciendo a ella. «Así, sin más —recuerda ahora—, me invitaron a plantarme con sinceridad delante de mi pena y mi dolor». Escribía a diario, sobre la magnitud de su pérdida y el sufrimiento que le había provocado. Le entregaba aquellas redacciones a su profesora, que siempre le contestaba, pero a lápiz y sin apretar casi, como diciéndole: «Te escucho, pero esta historia es tuya». Ni negaba los sentimientos de Susan ni los alentaba: se conformaba simplemente con ser testigo.

Aun así, para la adolescente, aquellas cartas de amor —porque así las llama Susan— no eran «ni más ni menos que una revolución», una revolución en un cuaderno en blanco, una revolución que supuso la salvación de su psique, que la convirtió en alguien fuerte, resiliente y alegre y que dio forma al trabajo de su vida.

Pero ¿de dónde viene esta «tiranía de la positividad», como la llama Susan?* ¿Por qué creía su padre que tenía que «combatir» el cáncer a golpe de optimismo ciego? ¿Y por qué sentía su hija tanta presión para seguir sonriendo pese al desconsuelo?

Las respuestas a estas preguntas pueden encontrarse en las creencias de la cultura estadounidense relativas al yo. Se nos alienta a vernos a nosotros mismos, en el fondo, como ganadores o perdedores y a manifestar, con nuestra conducta sanguinocolérica, que pertenecemos al primer grupo. Semejante actitud da forma a incontables aspectos de nuestra vida, a menudo sin que nos demos cuenta.

Sin embargo, la historia de Susan —desde la positividad forzosa hasta la revolución que emprendió en su cuaderno— también es parte de la historia de nuestra cultura. Es la historia de lo que hemos sido y de lo que podríamos ser; de cómo cada uno de nosotros —y más aún los que tendemos a lo agridulce— puede aprender a llevar una vida más plena en una sociedad que niega su propia tristeza y sus anhelos.

Hace poco estuve mirando fotos de mi adolescencia. En ellas me vi sonriendo de oreja a oreja en el baile de graduación del instituto y en las fiestas en las que celebrábamos la llegada de las vacaciones en la universidad. No obstante, recuerdo perfectamente el estado de ánimo que tenía cuando se tomaron y, aunque en algunas estaba tan alegre como hacía pensar mi actitud ante la cámara, en otras mi sonrisa no era más que una fachada. Podrías pensar que los adolescentes son así y no hay que darle más vueltas; pero yo tuve una vez un novio que se crio en Europa del Este y, cuando me enseñó el álbum de fotos de su

---

* La expresión procede de una amiga de Susan David que murió de cáncer «y lo que quería decir —explica la psicóloga a *The Washington Post*— es que, si la remisión de una enfermedad depende simplemente de pensar en positivo, todas sus amigas del grupo de apoyo a pacientes de cáncer de mama estarían hoy vivas».

adolescencia, me sorprendió verlos a él, a sus amigos y a su novia del instituto posar, en una página tras otra, con cara de pocos amigos. Para ellos, lo chulo era precisamente eso. Fue él quien me dio a conocer a Leonard Cohen.

Al parecer, la estadounidense sonríe más que cualquier otra sociedad del planeta.[3] En Japón, la India, Irán, Argentina, Corea del Sur y las Maldivas, dicha actitud se concibe como una señal de falsedad, de estupidez o de ambas cosas, según un estudio del psicólogo polaco Kuba Krys.[4] Muchas culturas creen que la expresión de la felicidad atrae la mala suerte y es signo de egoísmo, frivolidad y de una mente poco interesante y aun siniestra. Cuando McDonald's abrió su primera franquicia en Rusia, los empleados nativos quedaron desconcertados ante los valores de jovialidad que promovía entre el personal, según el programa de radio y pódcast *Invisibilia*. ¿A qué venía esa sonrisa tan de los Estados Unidos? «Nosotros nos tomamos la vida con seriedad, porque la vida es una lucha continua —tal como lo expresó uno de los trabajadores—. Siempre nos da un poco de miedo esa sonrisa americana».[5]

Si les provoca recelo es, a mi parecer, porque saben que no es real, no puede ser real. Ese ha sido nuestro gran secreto, cuya verdad no se ha desvelado hasta hace poco: somos menos felices que los ciudadanos de otros países y mucho menos de lo que aparentamos. Aun antes de haber oído hablar de la COVID-19, aun antes de que cobraran protagonismo nuestras divisiones políticas, un treinta por ciento aproximado de los estadounidenses sufría ansiedad y un veinte por ciento de depresión grave a lo largo de su vida, al decir del Instituto Nacional de Salud Mental de Estados Unidos y *The Journal of the American Medical Association*, y más de cincuenta millones habían tomado antidepresivos durante más de cinco años.[6]

Sin embargo, los rituales de nuestra cultura —el Cuatro de Julio, Año Nuevo, nuestro «Cumpleaños feliz»…— constituyen una celebración del nacimiento en lugar de ayudarnos a vivir con nuestra condición transitoria y con la tristeza. No honramos a nuestros difuntos, como los mexicanos el Día de Muertos; no les damos la vuelta a nuestros vasos de agua por la noche como hacen los monjes tibetanos para recordarse que por la mañana quizá no estén vivos; no apuntamos nuestros deseos para exponerlos a los elementos, como hacen los japoneses en el monte Inari, ni introducimos imperfecciones adrede en las alfombras que tejemos, como los navajos, o en nuestras piezas de alfarería como ocurre en la estética japonesa *wabi-sabi*.[7] Hasta las tarjetas de condolencia que enviamos nos niegan el derecho a afligirnos, con arreglo a un estudio llevado a cabo por las psicólogas Birgit Koopmann-Holm y Jeanne Tsai.[8] A diferencia de las alemanas, en blanco y negro y con mensajes como «Con gran tristeza» o «No hay palabras de consuelo para un corazón dolido», las estadounidenses están llenas de color y recogen declaraciones como «El amor no muere» o «Los recuerdos reconfortan». Cristo muere en la cruz, pero nos centramos en su nacimiento y su resurrección.

Una vez leí que, en cierta tribu remota, exigían a las madres que renunciaran a algo valioso cada año a fin de prepararse para ver partir a sus hijos varones cuando llegara la adolescencia.[9] En el momento de escribir estas líneas, los míos tienen diez y doce años. Si aquí lleváramos a cabo ese ritual, ¿de qué me privaría yo si tuviera que estar lista para cuando cumpliesen los trece? ¿De mi teléfono móvil? ¿De mi vestido favorito, el que me pongo cada vez que tengo que hablar en público porque no hace falta plancharlo? No es ninguna tontería. Mis hijos son maravillosos y espero vivir con entusiasmo el momento de verlos convertidos en jóvenes independientes; pero no quiero renunciar a mi vestido ni a mi móvil. ¿Estoy preparada para renunciar a mis niños?

Los muchos años que llevo planteándome estas preguntas me han llevado, de hecho, a pensar que la respuesta es afirmativa. Con todo, si he conseguido algún grado de ecuanimidad ha sido a pesar de nuestras prácticas culturales y no gracias a ellas.

Históricamente, los Estados Unidos se han tenido a sí mismos por una tierra de recursos abundantes, la tierra prometida de la autoinvención sin límites, la nación cuyas calles estaban adoquinadas con oro (o, al menos, eso soñaban los emigrantes que se aventuraban a llegar a sus costas).

La dulzura de esta visión, sin embargo, ha servido para enterrar todas las historias de amargura del país. Nuestra historia alternativa incluye la Declaración de Independencia, un documento escrito bajo pena de traición y cuyos firmantes perdieron «la vida, a sus seres queridos y sus fortunas en la guerra» (según lo expresa Barbara Ehrenreich en su *Bright-Sided: How the Relentless Promotion of Positive Thinking Has Undermined America*) y la destrucción de la vida y la cultura de los nativos americanos.[10] Está llena de la sangre y de los gritos de la esclavitud, nuestra gran tragedia nacional, nuestro peor pecado: un mar de lágrimas cuyas olas siguen bañando nuestros litorales. Esta historia alternativa atraviesa la guerra civil, que provocó cotas de muerte que los Estados Unidos no habían conocido hasta entonces ni conocerían en el futuro, al decir de Drew Gilpin Faust, historiadora de Harvard.[11] La tasa de mortalidad sextuplicó la de la Segunda Guerra Mundial, con un número de fallecidos que, con la población actual, habría rondado los seis millones. A estos horrores hay que sumar las multitudes de inmigrantes que, huyendo del hambre y el genocidio, cruzaban los mares para crear aquí un hogar, muchas veces con el compromiso tácito de no hablar jamás de su pasado.

Las sucesivas generaciones arrastran todo esto en su mentalidad, en el seno de sus familias, en sus entidades políticas. Si los avances recientes en el terreno de la epigénesis indican algo (como veremos en el capítulo 9), quizá estas experiencias hayan encontrado también expresión en el ADN de algunos de nosotros, de tal modo que la memoria celular de los traumas del pasado haya quedado confusamente codificada en los bebés estadounidenses a los que criamos para el optimismo y el entusiasmo.[12]

La tiranía del positivismo a la que estamos sometidos procede, en parte, de unas raíces históricas a las que no asignamos la importancia que merecen. La cultura estadounidense dominante original, instaurada por los colonos blancos que llegaron a Nueva Inglaterra, estaba influida por los principios del calvinismo, religión en la que existía el cielo, aunque solo para quienes estaban predestinados a entrar en él. El infierno era un lugar aterrador cuyas abundantes descripciones provocaron pesadillas crónicas a numerosos niños. Con arreglo a esta doctrina de la predestinación, no había gran cosa que pudiese hacer uno para escapar de su adscripción al cielo o al infierno.[13] Lo que sí cabía hacer era demostrar, mediante la virtud o el trabajo incansable, que se estaba destinado al primero. Para ello, había que cultivar la tierra, mantener limpia la cocina y no buscar jamás el placer en sí mismo. No tenían lugar la tristeza ni tampoco la alegría: solo la necesidad de manifestar que se estaba entre los ganadores y se tenía un billete de ida al cielo.

Todo apunta a que el calvinismo empezó a dominar con menos fuerza la cultura estadounidense durante el siglo xix, la era de la expansión comercial.[14] En lugar de un lejano Oeste vacío, considerado por los primeros colonos «un desierto espantoso y desolado, poblado de fieras y gentes salvajes», según lo describió uno de ellos, por nombre bre William Bradford, los norteamericanos miraban por sus ventanas y veían ya carreteras y ferrocarriles.[15] «¿Por qué habríamos de caminar a tientas entre los huesos resecos del pasado? —preguntaba Ralph Waldo Emerson en 1849—. Hoy también brilla el sol; hay más lana y más lino en los campos; nuevas tierras, hombres nuevos y nuevos pensamientos».[16]

Aun así, el calvinismo se vio sustituido por la nueva religión nacional del negocio, cuyos fieles estaban predestinados no al cielo o al infierno, sino al éxito o el fracaso terrenales. Supuso, como lo formula la escritora Maria Fish en su reseña del fascinante *Born Losers: A History of Failure in America*, de Scott Sandage, una «reconfiguración de la doctrina de la predestinación» que tenía por santo grial el éxito y al magnate por sumo sacerdote y macho alfa al que usar de modelo. [17] «Ser un hombre» era, cada vez más, ser un hombre de negocios. Los granjeros «deben ocuparse de forma intensiva en la compraventa», advertía en 1820 la *North American Review*, y «ser expertos en toda clase de transacciones comerciales». [18] Quien no lograse tal cosa estaba abocado a ser «un gran perdedor».

La palabra *loser* («perdedor» y hoy también «pringado»), que había formado parte del inglés desde hacía cientos de años, adoptó entonces un significado nuevo. Si en el siglo XVI denotaba simplemente «que sufre una pérdida», Sandage asevera que en los Estados Unidos decimonónicos adquirió un tufo peyorativo y se transformó en una característica que poseían unas personas y otras no. Pasó a significar, según el *Online Etymology Dictionary*, «persona desventurada que, de costumbre, no logra triunfar». Las desgracias del prójimo deberían provocar compasión (como hemos visto en el capítulo 1, esta última palabra posee el sentido etimológico de «padecer con» alguien), pero el término «perdedor» empezó a causar desdén en lugar de empatía. La pérdida se convirtió en un estado que debía evitarse mediante el cultivo incansable de la mentalidad y el proceder de un triunfador.

Uno de los problemas que presentaba el hecho de vincular la valía interior a la fortuna externa era la naturaleza esquiva del éxito comercial. Aun cuando uno tuviera la suerte de dar con el santo grial de la prosperidad, no existía modo alguno de garantizar su permanencia. El XIX fue el siglo del capitalismo plagado de altibajos. Cada expansión económica engendró una hornada nueva de hombres de negocios prósperos que se vieron arruinados de la noche a la mañana durante las crisis financieras de 1819, 1837, 1857 y 1873. Muchos se desesperaron y algunos hasta se quitaron la vida, y en el transcurso de todo esto surgió una pregunta que empezó a preocupar a la cultura: cuando alguien caía en la bancarrota, ¿de quién era la culpa? ¿Del sistema económico? ¿De una decisión empresarial desafortunada?

¿De un golpe de mala suerte? ¿No sería más bien que la pérdida y la aflicción tenían su origen en algún defecto misterioso alojado en el alma de cada hombre de negocios arruinado?

Cada vez se hizo más frecuente atribuir tales reveses a estas supuestas imperfecciones del alma. Algunos «han fracasado por causas que escapan al dominio de la capacidad humana», apuntó en 1822 cierto legislador que, sin embargo, añadía que «este último grupo debe de ser comparativamente reducido».[19] El «perdedor» se convirtió, en palabras de Sandage, en el «coco nacional».[20] Emerson, en su diario de 1842, dejó constancia de la máxima que aseguraba que «todo el que fracasa es porque está llamado a ello. Siempre hay, en el interior del hombre, una razón que motiva su buena o mala fortuna y lo mismo cabe decir en lo que respecta a ganar dinero».[21] «Los fracasos debidos sin más al inevitable infortunio —declaraba en términos similares cierto conferenciante bostoniano en 1946— no son tan numerosos como por lo general se supone. En la mayoría de los casos, la insolvencia está causada por errores que se originan en el carácter personal».[22]

Si la cuestión de quién era un triunfador y quién un perdedor se respondía observando «el interior del hombre», se hacía necesario buscar las características capaces de predecir la riqueza y la victoria a fin de tratar de adquirir el estado afectivo positivo y vigoroso de un ganador.

Entonces entró en escena el «nuevo pensamiento» que, si en un principio se centró en el poder de la mente para curar enfermedades, avanzado el siglo, puso la mira en la generación de éxito terrenal.[23] El movimiento fue a sustituir la ética calvinista de los peregrinos con la creencia en una deidad indulgente y un universo de bondad en el que era posible sanar y prosperar mediante la adopción de una incansable actitud positiva. Hasta el gran psicólogo William James, que, con el escepticismo propio de un científico, lo calificó de «locamente aquejado de optimismo», subrayó su «salutífera mentalidad» y exclamó, en su influyente *Las variedades de la experiencia religiosa*, de 1902, que, a causa del nuevo pensamiento, «se ha visto restaurada la alegría en un número incontable de hogares». [24]

Asimismo, resaltó de esta guisa el destierro de la tristeza que comportaba el movimiento:

> Se oye hablar del «evangelio de la relajación», del «movimiento de la despreocupación», de gente que se repite: «¡Juventud, salud, vigor!», al vestirse por la mañana como consigna del día. Cada vez son más los hogares que prohíben toda queja sobre el tiempo atmosférico y las personas que consideran de mala educación hablar de sensaciones desagradables o conceder demasiada importancia a los inconvenientes cotidianos y los achaques de la vida.

A los críos también se los adiestraba en esta alegría preceptiva. En 1908, la organización que acabaría por germinar en el escultismo enseñaba a sus muchachos a «mirar el lado bueno de la vida y acometer con alegría las tareas que se nos encomiendan». [25] Se les advertía que debían disfrazar su tristeza: «Debes obligarte a sonreír de inmediato y, a continuación, silbar una canción. El *scout* va a todas partes con una sonrisa y silbando. Eso lo alegra y alegra a los demás, sobre todo en momentos de peligro, porque mantiene su actitud pase lo que pase». [26]

Semejantes posturas se recomendaban con más insistencia a la hora de buscar riquezas. El anuncio de un curso de autoayuda por correspondencia de 1910 mostraba a un «perdedor» de hombros caídos y preguntaba: «¿Es usted un inadaptado?» [27] Otros se centraban más bien en los triunfadores: «El hombre emprendedor viste Kuppenheimer». [28] Llegada la década de 1930, los libros de autoayuda como el *Piense y hágase rico*, de Napoleon Hill, fueron éxitos de ventas colosales que vendieron millones de ejemplares. [29] Norman Vincent Peale hacía la siguiente recomendación a los lectores de *El poder del pensamiento positivo*, que alcanzó una popularidad espectacular: «Cuando le venga a la cabeza un pensamiento negativo en lo referente a sus capacidades personales, contrarréstelo expresando deliberadamente un pensamiento positivo». [30]

Semejantes ideas persistieron incluso durante el crac de 1929 y la Gran Depresión. [31] En 1933, el desempleo se encontraba al 24,9 por ciento; se habían hundido más de veinte mil negocios y el número de bancos que habían tenido que cerrar ascendía a 4.004. Sin embargo, la convicción de que el fracaso procedía del «interior del hombre» no había perdido fuerza. En un titular de 1929 se leía: «Perdedor desahuciado opta por suicidarse». Un artículo de 1937 sobre cierto ciudadano que se quitó la vida en su vehículo con monóxido de carbono informaba de que «Reilly dejó una nota en la que decía que había sido "un fracasado en la vida"». [32] Un psiquiatra que atendió en aquella época a pacientes de clase media aseveraba al respecto: «Todo el mundo se culpaba, en mayor o menor medida, por su negligencia, su falta de talento o su mala suerte. Reinaba una especie de aceptación de la responsabilidad particular de cada uno, algo así como vergüenza ante el fracaso personal».

Llegado 1955, la palabra «perdedor» se había convertido en habitual en la jerga adolescente, la cultura popular y los estudios académicos. [33] No tardaron en aparecer perdedores/pringados en forma de personajes de tiras cómicas como Charlie Brown, antihéroes como el Willy Loman de *Muerte de un viajante* y actores como Woody Allen. Sociólogos y periodistas, desde David Riesman hasta William Whyte hijo escribieron libros de gran éxito sobre ellos. Los músicos los cantaron en composiciones que llegaron a lo más alto, desde *Here's to the Losers*, de Frank Sinatra, hasta *I'm a Loser*, de The Beatles o, más recientemente, el *Loser* de Beck, cuya letra no se anda con rodeos: «Soy un perdedor, nena. ¿Por qué no me matas?». Charles Schulz dijo una vez que los personajes que creó para *Peanuts* representaban distintos aspectos de sí mismo: el filosófico Linus, la gruñona Lucy, el desenfadado Snoopy... y el melancólico Charlie Brown, el centro de la tira cómica, sobre el que gira todo y, sin embargo, el único con el que nunca querríamos identificarnos. [34] «Nunca hubiera imaginado cuántos Charlie Brown había en el mundo —aseveró el dibujante—. Pensaba que yo era el único». [35]

Hoy, la división de la sociedad en triunfadores y perdedores es más cruda que nunca. «Los Estados Unidos —escribió el periodista Neal Gabler en 2017 en *Salon*— está marcadamente escindida entre los considerados (por otros y por ellos mismos) triunfadores y aquellos a quienes tienen por perdedores los triunfadores. Los perdedores son parias culturales, el equivalente estadounidense a los intocables de la India. Tienes que ser un triunfador si quieres que te respeten o respetarte a ti mismo». [36] El «evangelio de la prosperidad», sin llegar siquiera a mencionar la palabra «calvinismo», sostiene que Dios otorga la riqueza a los que la merecen y se la niega a quienes son indignos. [37] Este «evangelio» recibió la adhesión del 17 por ciento de cristianos que participaron en una encuesta emprendida por la revista *Time* en 2006, en tanto que el 61 por ciento convino en que Dios desea la prosperidad para los seres humanos. [38] En cambio, el uso del término «perdedor» se ha disparado desde la década de 1960, según el Google Books Ngram Viewer. [39] Nadie ignora que la veneración a los triunfadores y el desdén a los perdedores dio forma a la cosmovisión de Donald Trump durante su presidencia, como se hizo patente, sin ir más lejos, cuando presentó al héroe de guerra John McCain como un fracasado por haber sido prisionero en Vietnam. [40] Muchos de uno y otro lado del espectro político se mostraron horrorizados ante semejante declaración, aunque lo único que estaba haciendo Trump era beber instintivamente de nuestro legado cultural.

Como cabe pensar por estos ejemplos, dicho legado tiene su reflejo en la mayoría de los ámbitos de la vida pública, desde la religión hasta la política. En el capítulo siguiente exploraremos en qué sentido nos afecta también en nuestros puestos de trabajo y cómo podemos ir más allá de sus códigos de positividad forzosa. Con todo, también se ha hecho endémica en los campus universitarios que alimentan con sus graduados estos puestos de trabajo. Los índices de ansiedad y depresión se habían disparado ya en muchas universidades antes incluso de la pandemia, a juzgar por la labor de los investigadores del Dartmouth College y la Unión Estadounidense por las Libertades Civiles del Sur de California, igual que la presión por parecer felices y victoriosos. [41] No hace mucho, medios de comunicación como la revista *Philadelphia* o la cadena de televisión ESPN informaron de casos de alumnos universitarios que exteriorizaban dicha y éxito al mismo tiempo que sufrían por dentro. En la Universidad de Pensilvania, la joven Madison Holleran se suicidó poco después de colgar en Instagram una fotografía en la que aparece sonriente. [42] Otra estudiante del mismo centro estuvo a punto de quitarse también la vida porque, según lo expresa la revista *New York*, «se vio demasiado abrumada por la presión que exigía que guardase las apariencias». [43]

Al leer estas noticias, recordé cierta sensación que había tenido hacía mucho, cuando, siendo alumna de Princeton, me había parecido que la vida de cuantos me rodeaban era perfecta. Mis compañeros no tenían madres desconsoladas que los sometieran a un interrogatorio telefónico todas las noches. Ninguno lamentaba un pasado perdido ni anhelaba un futuro que apenas podía concebir su imaginación. Todos habían llegado al lugar que se les suponía y, de hecho, se diría que llevaban allí toda su vida. Sabía, claro, que había excepciones. Las marchas contra la violencia sexual del movimiento Take Back the Night estaban empezando en aquella época y no ignoraba los testimonios de algunas de mis compañeras. Compartía cuarto con una joven que se había criado en una reserva de nativos americanos y sabía bien lo que le estaba costando integrarse en Princeton, y tampoco faltaban entre los alumnos quienes exteriorizaban formas de tristeza socialmente aceptables por un desengaño amoroso o el divorcio de sus padres.

Aun así, no podía menos que preguntarme qué subyacía de veras bajo la superficie de refinamiento de Princeton. ¿Cómo se sentía en realidad la mayoría de mis compañeros de clase? ¿Cuáles eran sus pérdidas cotidianas, las que sentimos cuando no se nos da permiso para afligirnos, los «duelos no autorizados», como las llaman ahora los psicólogos? De eso no se hablaba. ¿Existirían siquiera? [44]

Decidí averiguarlo. No podía retroceder en el tiempo, pero sí hablar con la generación actual de alumnos universitarios. ¿Y si les preguntaba, sin más, cómo eran de verdad sus vidas aprovechando la sorprendente libertad que garantiza el hecho de presentarse ante un entrevistado con un cuaderno de apuntes de escritor?

Una mañana fresca y despejada de febrero, casi tres décadas después del día en que me gradué, me encuentro de nuevo en mi universidad, con sus altos chapiteles y sus bicicletas de siete marchas apoyadas en las arcadas cubiertas de hiedra. Esta vez, sin embargo, en vez de llegar apretujada en el asiento trasero del sedán de mis padres, lleno hasta los topes de maletas y mi equipo de música, he llegado en mi propio vehículo y con una sencilla bolsa de viaje en el maletero. En lugar de la estrecha habitación del Lourie-Love Hall desde la que hablaba a diario con mi madre por teléfono, me alojo en Peacock Inn, a escasas manzanas del campus. Me siento afortunada por haber estudiado aquí, aunque mucho más por ser antigua alumna.

En los años transcurridos desde entonces, me he casado, he dado luz a dos hijos y he visto nacer también la vida de escritora con la que soñaba. Aunque mi existencia no está exenta de dificultades, no puedo negar que cada mañana me levanto agradecida. Ken, mi marido, que no es dado a esoterismos, me ha propuesto que le envíe un mensaje a la estudiante de primer año que fui entonces. «Dile que las cosas te han ido muy bien —me ha aconsejado—, que has formado una familia, que estás escribiendo y te publican». Y la idea me ha gustado.

Princeton parece haber cambiado en algunos aspectos desde mi graduación, pero no en otros. El pueblo que rodea al campus sigue conformado por tiendas de moda de lujo dispuestas en torno a Palmer Square y carece por completo del desaliño que suele caracterizar a los municipios universitarios. Ahora hay más alumnos de todos los colores y las nacionalidades, así como más restaurantes indios y japoneses. En el campus, la arquitectura neogótica decimonónica está salpicada de resplandecientes edificios de acero y cristal de ciencia, tecnología, ingeniería y matemáticas. Sea como sea, Charlie Brown seguiría sintiéndose fuera de lugar aquí.

He quedado en Prospect Avenue, la «avenida de los millonarios», llena de «sociedades gastronómicas» como mansiones y conocida en la jerga de Princeton como «la Calle». La mayoría de los alumnos de último y penúltimo año comen y hacen sus fiestas en dichos establecimientos, que dominan la vida del campus. Me dirijo a uno de ellos, el Cannon Club, para hablar con Luke, estudiante de penúltimo curso que hizo prácticas conmigo estando en secundaria, y sus amigos.

El edificio tiene una fachada de piedra de estilo colegial y, en la extensión de césped que la precede, un cañón que ilustra su nombre. El interior está revestido de madera oscura, decorado con óleos de caballeros fallecidos largo tiempo atrás e impregnado de olor a cerveza rancia. El Cannon es el club de los deportistas sin pretensiones y Luke, que es un joven considerado e inteligente y lleva pantalones de algodón con raya y un jersey de cuello de pico, me lleva a un salón de la planta alta dotado de una mesa grande y varios sofás. En torno a la mesa hay un grupo de muchachos atléticos, fornidos y ataviados con jerséis con los colores de su equipo, que pasan el rato con los pies en alto. Mi anfitrión los informa de que ha reservado el salón y ellos se levantan afables y le preguntan si pueden quedarse en la terraza contigua. Él les responde que no hay problema y ellos salen a fumar. Luke hace entrar entonces a sus amigos: Paige, Heather y Nick. Aparte de Paige, que participa en carreras campo a través, todos se identifican como NARP, siglas de «persona normal no deportista» o, dicho de otro modo, «con razonables habilidades sociales, aun sin ser atleta». Nick es del sur de Florida y se está especializando en Historia del Arte. Lleva gafas elegantes y un buen número de pulseras de cuerda. Cuando nos sentamos siento una punzada de aprensión que me es bien conocida y que no es solo la angustia que me producen los actos sociales, sino, en mayor medida, la preocupación ante la posibilidad de haber hecho todo el trayecto hasta Princeton para nada. ¿Y si los estudiantes se cierran en banda? ¿Y si mis preguntas les parecen raras? Al fin y al cabo, el objetivo de la excursión es precisamente hablar de cosas que por lo común no expresamos en voz alta. ¿Y si su vida interior es tan deslumbrante como hacía sospechar en todo momento el aspecto externo de mis compañeros de clase?

Sin embargo, cuando llevamos unos dos minutos y medio de conversación ocurre precisamente lo contrario: mi proyecto no les parece extraño y, además, no solo se muestran reflexivos y comunicativos, sino que proceden a dar nombre y diseccionar la realidad misma que tanto me dio que pensar en mis años de Princeton. Ellos lo llaman «perfección espontánea», la necesidad que se nos impone de parecer triunfadores sin esfuerzo, y convienen en que tiene muchas manifestaciones. [45]

En el ámbito académico, dice Nick, «tienes que dar la impresión de que estudias muy poco, de que consigues un éxito tremendo sin preparación. Siempre hablas de lo mucho que tienes que hacer, pero se espera que nadie te vea nunca hacerlo».

En el plano de lo social, la perfección espontánea consiste en cierta soltura despreocupada que hace que te acepten en los clubes más exclusivos por el simple hecho de hacer acto de presencia y ser —por lo visto— tú mismo.

—Tienes que beber mucho y ser la monda —explica—, aunque no tanto que parezcas tonto. Se trata de poder mantener una conversación interesante y hacer chistes sobre cierta variedad de temas. Puedes tener tus excentricidades, aunque sin pasarte. Tienes que ser único y, sin embargo, encajar en un patrón determinado; ser increíblemente sociable, pero manejarte muy bien en tus asignaturas; poder tener una conversación intelectual, pero también coger una cerveza y hacerte una turbolata. Es como si hubiera un algoritmo. No sé si será de nacimiento o por haber practicado, pero el caso es que, por lo que se ve, yo encajo en el algoritmo —concluye. A Nick lo han aceptado hace poco en Ivy, el club más prestigioso de todo Princeton. Lo anuncia con el tono desapasionado de quien está redactando un informe, sin ínfulas ni sentimiento de culpa.

La perfección espontánea también comporta enmascarar cualquier signo de pérdida, fracaso o melancolía.

—Siempre te preocupa tu reputación —explica Heather—, la percepción que tienen de ti.

Si, como Nick, has tenido hace poco una discusión con tu padre, haces «cualquier cosa por que no se te note, como, por ejemplo, poner cara de que te pasa algo. Hago lo posible por seguir con mi vida normal». Si, como en el caso de Luke, no has podido entrar en el club que encabezaba la lista de tus preferencias, no puedes permitirte exteriorizar tu dolor.

—Los clubes tienen mucho peso en todas nuestras angustias —reconoce Paige—. Sabes perfectamente quién ha entrado y quién no y la gente a la que le han dado un manguerazo no habla de eso.* Todavía no es un tema de conversación que se pueda tratar abiertamente. Esta mañana han publicado las listas de los alumnos que

---

* Se refiere, en la jerga de Princeton, a los que se ven rechazados.

han admitido en cada club. La gente solo habla de los números y no dice nada de las implicaciones emocionales.

Estos códigos sociales deben de ser difíciles para muchos estudiantes. Son muchos los adolescentes y los jóvenes que experimentan niveles muy intensos de tensión, melancolía y ansiedad y, sin embargo, se impone el protocolo del silencio por afligido que pueda estar uno. [46] Anna Braverman, terapeuta de los servicios psicológicos y de orientación de Princeton, cuyo despacho he ido a visitar a continuación, asegura que muchos de los estudiantes que van a verla se encuentran en un estado de duelo literal o figurado. [47]

—Algunos no cuentan con el apoyo de sus padres —me cuenta— o tienen padres con problemas graves. Nunca dejan de preguntarse cómo sería su vida aquí en caso de que los apoyasen o de desear que un día se arregle su situación y puedan ser una familia normal. Durante las vacaciones, todo el mundo les dice: «¡Qué bien, que vuelves a casa! ¿Verdad?» Y ellos tienen que responder: «Sí, estoy muy contento», cuando no lo están, cuando, en realidad, están lamentando que la situación no sea otra. Piensan: «¿No sería genial poder pasar unas vacaciones perfectas con mi familia?» Su dolor puede llegar a ser tan intenso como el de una pérdida.

Sin embargo, el código social exige mantener ocultas estas cosas.

—Esperan que digas que todo va de maravilla —asevera Braverman.

El hecho de que tantos alumnos lo pasen mal no hace más que agravar la paradoja de que los confidentes que eligen, los terapeutas del centro, deban mantener el secreto profesional. «Los que, como yo misma y mis colegas, hacemos horario de oficina y tenemos a alumnos sentados en nuestro sofá a todas horas —decía Tara Christie Kinsey, antigua vicedecana, al *Princeton Perspective Project* en una entrevista radiofónica—, comentamos cuando nos reunimos que los estudiantes que sufren ansiedad o tienen problemas creen que son los únicos que están experimentando cosas así y que todos pensamos:

"Si hubieses estado en ese sofá hace diez minutos, habrías oído exactamente lo mismo que me estás contando"».[48]

La expresión de «perfección espontánea» o «sin esfuerzo» no se acuñó en Princeton, sino en la Universidad Duke en 2003, y se refería en un primer momento a la presión que se reservaba de manera específica para las jóvenes: ser lista, guapa, delgada y popular sin que parezca que haces nada por lograrlo.[49] El concepto, sin embargo, no tardó en divulgarse y los alumnos de otros centros desarrollaron sus propias expresiones. En la Universidad de Pensilvania hablan de la «sonrisa pensilvana» para referirse al semblante alegre y confiado que ofrecen los alumnos con independencia de lo que estén sintiendo en realidad. En Stanford se llama «síndrome del pato», por la capacidad que tienen estos animales para deslizarse suavemente sobre el agua mientras patalean como locos bajo la superficie.[50] Tan arraigada está la norma que algunos alumnos se han decidido a crear en Facebook un grupo privado llamado «Stanford University Places I've Cried» («Rincones de la Universidad de Stanford en los que he llorado»). La página de inicio declara en tono de sorna que se trata de «un homenaje al lugar más feliz del planeta», que es precisamente como se conoce a Stanford. La última vez que lo comprobé, el grupo tenía dos mil quinientos participantes. En cambio, el de «Rincones de la Universidad de Stanford en los que he sonreído» no pasaba de cuarenta antes de que lo clausurasen por completo.

No es casualidad que el concepto de «perfección espontánea» se engendrase en las universidades más prestigiosas de la nación, donde se afanan en medrar los jóvenes triunfadores, ni que naciera en una época en que aumentaron de forma marcada la ansiedad, la depresión y los suicidios en los campus, toda vez que el fenómeno no está tan vinculado a la perfección como a la victoria. Gira en torno al hecho de ser la clase de persona que triunfa; al de flotar a la altura necesaria para esquivar el lado amargo de la vida; al de no ser un perdedor. Tal vez sea una expresión en boga entre nuestras universidades más elitistas, pero se debe al mismo apremio cultural bajo el que nos hemos prostrado desde el nacimiento de nuestra República. Combinado con las nuevas realidades de la desigualdad creciente y el conflicto social, da lugar a una presión cada vez mayor para sentirnos como triunfadores en una cultura que produce un número relativamente escaso de ellos.

Me pregunto, mientras converso con Anna Braverman, la terapeuta de Princeton, si es consciente de que le está hablando a mi yo del pasado. ¿Habrá intuido que yo era una de esas alumnas que ansiaba unas «vacaciones perfectas» en el momento de volver a casa, una incapaz de imaginar que el compañero que se había sentado en el mismo sofá diez minutos antes tenía problemas similares? ¿Se habrá dado cuenta de que, en caso de haberlo sabido, en lugar de sentirme reconfortada, habría dado por hecho que esa persona también debía de tener, como yo, alguna clase de desajuste, un problema localizado «en el interior»?

¿Qué les ocurre a esos universitarios —a todos nosotros— cuando alcanzan la edad adulta y tienen que conseguir un puesto de trabajo, crear una familia y demás? ¿Cómo podemos llegar a ver nuestras tristezas y anhelos no como indicios de demérito, sino como rasgos de humanidad? ¿Cómo caemos en la cuenta de que aceptar al perdedor que llevamos dentro del mismo modo que hacemos con el triunfador —lo agrio y lo dulce— es la clave que nos permite ir más allá de ambos, la clave de la trascendencia, la creatividad y el regocijo?

Susan David, la psicóloga y teórica empresarial que has conocido al principio de este capítulo, ha consagrado su carrera profesional a responder a estas preguntas.

6

¿CÓMO PODEMOS SUPERAR LA POSITIVIDAD FORZOSA EN EL TRABAJO Y OTROS ÁMBITOS?

Estaba a punto de comprar un ejemplar de
El poder del pensamiento positivo cuando pensé:
«¿Y de qué leches me va a servir?»

RONNIE SHAKES [1]

Hoy, Susan David instruye a sus clientes, entre los que se incluyen las Naciones Unidas, Google y Ernst & Young, acerca de la «agilidad emocional», que define como un proceso consistente en «dejar holgura a nuestras emociones y pensamientos difíciles para afrontarlos con valor y compasión y, después, superarlos para propiciar un cambio en nuestra vida». [2] Sin embargo, cuando observa la cultura laboral que impera hoy en el mundo, ve a demasiada gente aferrada al estado en que se encontraba ella justo después de perder su padre a los quince años, cuando aún mostraba en público una sonrisa eterna y vomitaba helado cuando nadie la veía. Es consciente de que la rodea una «tiranía de la positividad» en la que no nos permiten gritar en el trabajo y nos piden que, si no podemos evitarlo, nos encerremos, por Dios, en los servicios y lo hagamos lo más discretamente posible.

Para Susan, se trata de un problema enorme, no solo porque es mucho mejor ver la vida con claridad, en todo su agridulzor, sino porque, si no nos permitimos tener emociones difíciles, como la tristeza o el anhelo, nos condenaremos a que nos socaven a cada rato. «La investigación relativa a la represión emocional revela que las emociones se hacen más poderosas cuando las apartamos o las obviamos —hizo saber a la concurrencia durante su célebre charla TED—. Los psicólogos lo llaman «amplificación». Es como esa exquisita tarta de chocolate que tenemos en la nevera: cuanto más te empeñes en fingir que no está ahí, más te atraerá. Puede ser que creas que, si no les haces caso, lograrás dominar las emociones no deseadas, cuando lo cierto es que son ellas las que te dominan a ti. El dolor que llevamos en nuestro interior siempre saldrá a la luz, siempre, y ¿quién paga el precio? Nosotros, nuestros hijos, nuestros compañeros, nuestro entorno».[3]

Susan hace hincapié en que ella no está «en contra de la felicidad», en que le gusta ser feliz. Yo, que soy muy amiga suya, doy fe de ello. Es una persona optimista por naturaleza, amable y afectuosa, de risa fácil y sonrisa franca. Encabeza a menudo sus correos electrónicos con un «Hola, preciosa» que parece un abrazo verbal y afronta la vida y el amor con los brazos bien abiertos y dispuesta a aceptar lo que venga. Creo que es su evidente alegría lo que hace que el público se muestre tan receptivo ante su mensaje. Todos se sinceran con ella acerca de las cosas que desearían no sentir. «No quiero que me rompan el corazón», le dicen, o: «No quiero fracasar». «Lo entiendo —les responde ella—, pero esos objetivos son para los muertos. Los muertos son los únicos que nunca se angustian, nunca sienten desconsuelo ni experimentan el desengaño que provocan los fracasos».

Susan ha consagrado su vida laboral a ayudar a otros a aceptar e integrar su tristeza, su anhelo y otras emociones «difíciles». No es la única: en el seno mismo de la cultura mercantilista que ha creado nuestra historia nacional de triunfadores y perdedores hay una forma nueva de afrontar los hechos que lucha por nacer. Peter Frost, experto en psicología corporativa, observó en un influyente artículo titulado «Why Compassion Counts!» («Por qué es tan importante la compasión») que el sufrimiento se encuentra en el corazón mismo de la mayoría de las religiones y, sin embargo, está prohibido expresarlo en el trabajo. «Si, como se dice que afirmó el Buda, el sufrimiento es opcional, pero forma parte inevitable de la condición humana, tendríamos que considerarlo un aspecto relevante de la vida empresarial —escribe—. Nuestras teorías deberían reflejar de un modo u otro este hecho».[4] Alentado por su propuesta, un grupo de estudiosos de su propio ámbito que encabezan él mismo y Jane Dutton fundó un consorcio dedicado a inspirar «una visión diferente de las organizaciones como lugares para la expresión de la compasión». Lo llamaron CompassionLab y hoy está dirigido por Monica Worline, investigadora de la Universidad de Míchigan y coautora, con Dutton, de un libro de gran importancia sobre la compasión en el ámbito laboral.[5]

En cierto proyecto fascinante llevado a cabo por dos integrantes del CompassionLab, los profesores de ciencias empresariales Jason Kanov y Laura Madden analizaron las transcripciones de las entrevistas que había mantenido el primero con diversos empleados para un estudio sobre la desconexión social y dieron con dos hechos importantes. En primer lugar, abundaban en ellas los testimonios de dolor y de sufrimiento en el puesto de trabajo: ataques de pánico, relaciones deterioradas, sentimiento de pérdida de valor... En segundo lugar, los entrevistados referían su experiencia sin recurrir, salvo raras ocasiones, a palabras como «dolor» o «sufrimiento». Si les provocaba ansiedad, decían que estaban «indignados»; si estaban tristes, que se sentían «frustrados».

—El ámbito laboral está impregnado de un sufrimiento que por cotidiano no llama la atención —me dijo Kanov—, pero no sentimos que se nos permita reconocer que sufrimos. Soportamos mucho más de lo que deberíamos y de lo que podemos, porque restamos importancia a lo que nos está haciendo en realidad.[6]

Según él, hay ciertos tipos de padecimiento cuya expresión resulta más aceptable desde un punto de vista social. «Si el sufrimiento se ha visto provocado por algo grave que se concibe generalmente como doloroso (como la muerte de un familiar cercano o haber sido víctima de una calamidad que escapa al control de quien la sufre), es más probable que se reconozca y se exprese en el puesto de trabajo. Es la aflicción crónica, la que provocan a diario las dificultades en las relaciones, los problemas financieros, las desgracias que no suponen una amenaza para la vida, la tensión laboral, los fallos de gestión, etc., lo que se reprime en gran medida o de lo que no se puede hablar. Sin embargo, es con creces la clase de sufrimiento que más abunda».

Más allá del CompassionLab, esta mayor aceptación del panorama emocional está ganando peso en el mundo del liderazgo empresarial. Conceptos como el de «ir con toda tu persona al trabajo» o «el regalo del fracaso» (que da título al excelente libro de Jessica Lahey) se han vuelto de uso común. La *Harvard Business Review* publica con regularidad artículos relativos a las virtudes del liderazgo compasivo y los estudiosos de la gestión empresarial han empezado incluso a subrayar las ventajas singulares de los directores melancólicos.

Los investigadores saben desde hace mucho que las emociones que presentan quienes ocupan cargos de dirección afectan a la percepción que tenemos de su poder. A quienes se dejan llevar por la ira durante situaciones complicadas se les suele suponer una mayor autoridad que a los que reaccionan compungidos. De hecho, cuando me puse a buscar ejemplos de personalidades de relieve de condición agridulce, me resultó fácil encontrar figuras creativas, pero mucho menos dar con dirigentes empresariales. Sospecho que tal cosa no se debe precisamente a una escasez de directivos melancólicos, sino a que son pocos los que se identifican como tales en público. Con todo, cierto estudio de 2009 firmado por los profesores Juan Madera y D. Brent Smith llegó a la conclusión de que, en ocasiones, la expresión de la tristeza propiciaba mejores resultados a los directivos, lo que incluía relaciones más sólidas con sus subordinados y una mayor percepción de eficiencia. [7]

Tanja Schwarzmüller, investigadora de la Universidad Técnica de Múnich, se preguntó cuál podía ser la explicación de dichos resultados. [8] Los psicólogos expertos en organizaciones han estudiado desde hace mucho las diferentes clases de poder que ejercen los directivos. Unos tienen poder «posicional» (que incluye la percepción de que otorgan recompensas y castigan a los infractores), mientras que el de otros es «personal» (lo que incluye la capacidad de inspirar a los demás para que se identifiquen y se solidaricen con ellos). Sus estudios también han demostrado que las personas coléricas se consideran por lo común enérgicas y confiadas, en tanto que las melancólicas se perciben como más tímidas y menos seguras de sí mismas, aunque también como más afables, empáticas y agradables.

Sobre esta base, Schwarzmüller y su equipo construyeron la hipótesis de que la diferencia entre ambos tipos de líderes no radica en la cantidad relativa de poder que poseen, sino en la clase de poder que ejercen. Para ponerlo a prueba, diseñaron una serie de estudios en los que se mostraba a los sujetos varias grabaciones de actores vestidos como dirigentes empresariales que pronunciaban sendos discursos sobre los malos resultados financieros anuales de su compañía. Los «furiosos» fruncían el ceño y gritaban, entornando los ojos y apretando los puños, en tanto que los «tristes» mantenían los brazos caídos a los lados y hablaban en tono lento y lúgubre. Los investigadores pudieron comprobar que a los primeros se les atribuía la capacidad de premiar o castigar a sus subordinados o, dicho de otro modo, más poder «posicional» que a los segundos. Estos, en cambio, tendían a poseer un mayor poder «personal»: inspiraban más lealtad entre sus hipotéticos empleados, que se mostraban menos propensos a querer sabotearlos y más a «sentirse aceptados y valorados».[9]

Aunque el estudio se llevó a cabo con actores más que con empresarios y trabajadores reales, cabe extraer de él varias conclusiones. Por un lado, pone de relieve cuál es la clase particular de poder que podrían ejercer con autenticidad los directivos melancólicos. En determinadas situaciones —como, por ejemplo, una emergencia en la que la empresa tenga que afrontar una amenaza externa—, las manifestaciones de ira podrían resultar más eficaces; pero, en otras, como en la retirada de un producto que ha resultado perjudicial para los clientes, quizá es más apropiado un toque agridulce. (De hecho, el estudio publicado por Madera y Smith en 2009 abordaba esta situación y concluía que, a veces, los mejores resultados se daban al mezclar la ira y la tristeza). «Cuando los subordinados meten la pata en un proyecto importante —refirió Schwarzmüller a la revista digital de la Ozy Media—, podría ser buena idea decir: "Me da pena que haya pasado", en lugar de: "Me da rabia que haya pasado"». El poder personal «motiva a la gente a trabajar para ti para conseguir objetivos compartidos y porque te aprecian».[10]

A menudo nos enseñan a centrarnos en nuestros puntos fuertes, no en los débiles; pero no deberíamos confundir un temperamento agridulce o un estado emocional «negativo», como la tristeza, con debilidad. De hecho, algunos de nuestros directivos más conscientes de su propia personalidad afrontan sin ambages sus penas, sus limitaciones y sus temperamentos y aprenden a integrarlos para convertirse en un ser más completo.

Tim Chang, por ejemplo, es un inversor privado que ha colaborado en la fundación de algunas de las sociedades emergentes de más éxito de Silicon Valley. Con los años, ha observado que la gente crea empresas y equipos que reflejan no solo sus valores y virtudes, sino también lo que él llama sus «heridas cardinales».[11] La grandeza, me aseveró, procede muchas veces del desarrollo de un superpoder destinado a adaptarse al golpe que ha estado a punto de matarte. Con todo, el deseo de pasar de «perdedor» a triunfador también puede debilitarnos.

—En Silicon Valley hay mucha sobrecompensación —me explicaba—. Tal vez sea ese el verdadero motor de la innovación humana. Mostramos una gran pasión por lo que se nos niega en mayor grado y eso se manifiesta en las compañías y los equipos que formamos. Si has sido víctima de acoso, dedicarás toda tu vida a rebatir a los compañeros o familiares que te atormentaron en el pasado. Si eres muy inseguro, posiblemente contrates a un montón de aduladores. [12]

Tim decidió someterse a sí mismo a un estudio a fondo, para lo cual recurrió a sesiones de formación y de terapia, así como a un escrutinio completo y brutalmente sincero por parte de sus colegas. Los resultados fueron muy reveladores. Llegó a la conclusión de que era «el fruto de padres estrictos y muy competitivos que tenían por norma la validación externa: si sacas buenas notas, el mundo te cuidará. De ese modo, te pasas la vida buscando la aprobación de los demás y haces depender tu autoestima de lograr la máxima calificación en sistemas prescritos por otros». Aunque durante su desarrollo supo siempre que sus padres lo querían, ninguno de los dos se lo dijo directamente ni «daban abrazos que no me hubiera ganado». Querían curtirlo para que pudiera enfrentarse a un mundo inclemente. Hasta cuando se licenció en la Stanford Business School y se hizo inversor privado, topó con dosis nada desdeñables de escepticismo: «Si ni siquiera sabes gestionar tu chequera, ¿cómo quieres manejar el dinero de otros?». «Recuerdo que, el día en que me incluyeron en la lista de los más ricos de la *Forbes* —dice—, mis padres pensaron: "A lo mejor sí que sabe lo que hace"».

Tim es un hombre amable, creativo y sensible, de temperamento agridulce (no en vano ha sacado un 6,5 sobre 10 en el cuestionario). De niño era de los que, tras las clases, se tumbaba en un prado a contemplar las nubes y cuestionarse el sentido de la vida. Quiso ser actor profesional o músico, pero semejantes opciones no tenían cabida en su familia. De hecho, al comienzo de su carrera profesional se sentía un impostor en el mundo empresarial.

Si combinamos el temperamento de Tim y su educación, obtendremos una persona cargada de creatividad y compasión a la que, además, se le da «extremadamente bien crear conexiones rápidas a través de colaboraciones y lluvias de ideas», alguien con poder «personal» a raudales; pero también un directivo sediento de aprobación y amor, que evita el conflicto, busca a toda costa la armonía y, sin embargo, no se siente comprendido. A los empresarios les encantaba trabajar con él no solo por su excelencia, sino también por su empatía y su disposición a ayudar. Él, por su parte, cayó en la cuenta de que tendía a tratar no con los más prometedores de quienes pretendían fundar una sociedad, sino con los que buscaban ayuda de forma desesperada o se entusiasmaban con su creatividad, con lo que lo colmaban del aprecio que tanto ansiaba.

Solo después de entender tales patrones pudo abordar sus inversiones de forma más cabal y perceptiva, tras aceptar su propia naturaleza, integrar sus diferentes mundos y permitirse disponer del tiempo y los medios que necesita para emprender los proyectos creativos a los que tanto cariño sigue profesando. Si al principio había creído que tenía que hacer negocios en los sectores que otros consideraban interesantes, desde entonces empezó a explorar inversiones en áreas que le apasionaban a él y que incluían, sobre todo, ámbitos creativos como el de los videojuegos, el espectáculo, la música y las técnicas de perfeccionamiento personal conocidas como *biohacking*. Asimismo, empezó a conjugar sus intereses creativos con su mundo laboral (Coverflow, su grupo de música, se convirtió en un elemento habitual de las fiestas con que culminan las convenciones de Silicon Valley, además de conectar de un modo singular con fundadores y empresas emergentes de relieve). «Tuve que hacerlo todo mal al tratar siempre de hacerlo todo "bien", en opinión de otros —me dijo—, antes de procurarme un poquito más de paz, siendo yo mismo».

Lara Nuer, cofundadora de una empresa llamada Learning as Leadership, es otra directiva que afrontó su pasado y sus emociones difíciles y las incorporó a una versión mejorada de sí misma. Como Tim, se consideraba una ejecutiva respetuosa y empática, a la imagen de lo que deseaba ser; pero, tras varios años de ejercicio, se dio cuenta de que tenía un problema: cuando tenía que ofrecer una evaluación negativa a sus empleados, siempre retrasaba el momento, a menudo diciéndose a sí misma que necesitaba tiempo para recabar más información. A veces lo postergaba de manera indefinida; pero la verdad (como hace siempre) acaba por salir a la luz. Quizá empezaba a mostrarse distante o se enojaba en silencio con el empleado que la había decepcionado. Para sus subordinados, semejante comportamiento parecía infundado, como surgido de la nada. Empezaron a no estar seguros de lo que opinaba su jefa de ellos y, en consecuencia, a recelar de ella. La empresa, por tanto, contaba con una Lara que quería lo mejor para todos y fomentaba una cultura laboral comprensiva y otra que engendraba la realidad contraria.

Da la casualidad de que su empresa enseña técnicas para resolver precisamente esa clase de problemas a fin de ayudar a equipos y personas a solventar sus «conductas limitadoras» y sus «disfunciones arraigadas». Así que no dudó en someterse al proceso que ofrece su propia gente, empezando por la evaluación de su más tierna infancia. Su familia se había mudado de París a Montreal cuando ella tenía cuatro años y eso la convirtió en la nueva de su cole. Lo único que quería era caer bien y que la aceptasen. Sin embargo, su mata de pelo rizada y los pies planos que la obligaban a llevar unos extraños zapatones que le cubrían hasta los tobillos no eran de gran ayuda. En la jerarquía de su escuela de primaria, aquello la convirtió en una ciudadana de segunda.

Todos hemos oído mil veces que las experiencias infantiles determinan nuestra existencia adulta, pero no siempre somos conscientes de en qué sentido lo hacen exactamente. Lara sabía de hacía mucho que su doloroso pasado había hecho de ella una directiva más empática, pero necesitó mucho más tiempo para reconocer —y dominar— los sentidos en que la había vuelto también antipática. La única manera de avanzar consistía en enfrentarse a su yo completo, que incluía la faceta en la que seguía sintiéndose «inferior». Se dio cuenta de que siempre se había dicho a sí misma que era demasiado «amable» para comunicar verdades difíciles; pero lo cierto era que, además, tenía miedo, miedo a no caer bien a aquellos a quienes criticaba, a volver a ser la rarita.

—En el momento de evaluar a un empleado —me decía—, cuando hablo solo de cosas positivas, me siento querida y aceptada. Esa es la impresión que yo tengo, lo que no quiere decir que me quieran más, sino solo que yo lo percibo así. Sin embargo, al tratar de gustar a la gente estaba aumentando la separación. [13]

Tuvo que aprender que ser una jefa amable comportaba ser sincera, no solo con sus empleados, sino también consigo misma y, además, que no es ninguna «perdedora», como tampoco lo era cuando tenía el pelo encrespado y llevaba botines ortopédicos.

Las publicaciones del mundo empresarial están llenas de consejos sobre cómo hablar con los empleados sobre su rendimiento y, como es de esperar, se centra en su mayoría en el estado de ánimo del evaluado, por cuyo bien se nos pide, por ejemplo, que seamos directos y empleemos críticas constructivas. No obstante, la experiencia de Lara nos recuerda que, como con todas las interacciones, la agilidad emocional tiene que estar presente en ambas partes. Todos tenemos nuestra historia personal y desencadenantes anímicos capaces de condicionar nuestras reacciones durante conversaciones difíciles. Cuanto más aceptemos nuestra propia naturaleza, más probabilidades tendremos de saber gestionarla. Una persona que evalúa a otra no puede hacerse cargo del equilibrio de aquel cuyo rendimiento está analizando hasta haber logrado el suyo propio.

Tal vez estés pensando que enfoques así pueden funcionar en lugares de trabajo relativamente amables, pero no en el entorno de, digamos, una plataforma petrolera. En ese caso, permíteme que te presente a Rick Fox, ejecutivo carismático que durante años estuvo al frente de una de la Shell Oil en el Golfo de México. La instalación, descrita en un programa fascinante del espacio radiofónico *Invisibilia*, estaba dominada por una cultura viril en la que nadie hablaba nunca de sus penas ni podía siquiera hacer preguntas cuando no entendía algo.[14] Estaba prohibido dar muestras de debilidad. Y punto.

Tuve la ocasión de hablar con Rick por teléfono cierto día. Lo primero que me llamó la atención de él fue su voz profunda e hipnótica, que hace pensar en un cruce de cantante de *country* y profeta. Aun así, era tan duro y desconfiado como el resto de los tipos de la plataforma. Cuando cumplió los cuarenta se encontró con dos retos colosales. En primer lugar, su plantilla estaba a punto de mudarse a una estructura de un tamaño exponencialmente mayor y mucho más mortífera situada en aguas más profundas, y no sabía cómo garantizar su seguridad. En segundo lugar, Roger, su hijo adolescente, había dejado de hablarle. Los dos estaban «como el perro y el gato» sin que Rick supiera por qué.

Decidió dar lo que él llamó un «gran salto»: contratar a una consultora llamada Claire Nuer, que no es otra que la madre de Lara Nuer, cofundadora con ella de la empresa que codirige Lara. Le expuso los problemas que tenía con los cuadrantes de perforación y el número de barriles de crudo que producían a diario. Ella le pidió que se olvidara de todo eso y afrontara su verdadero problema: el miedo. Su trabajo era aterrador, dirigir a tantas personas no lo era menos y mantenerlas a salvo a todas, peor todavía. Cuanto antes lo reconociera, más fácil le sería resolver sus problemas de gestión.

Rick decidió hacer un cursillo ampliado con Nuer y arrastró consigo a otros: a su jefe, a sus empleados y hasta a Roger, su hijo. Nuer los alentó a hablar entre ellos durante sesiones intensivas que se prolongaban de las nueve de la mañana a las once de la noche y duraron nueve días seguidos. Los asistentes se sinceraron acerca de sus infancias dolorosas, sus matrimonios problemáticos y las enfermedades de sus hijos. A veces lloraban. Algunos se resistieron a integrarse en el proceso y otros se molestaron, pero a muchos les supuso un gran consuelo.

Rick, por su parte, reparó en que, cuanto más se afanaba en proyectar una imagen falsa de sí mismo en calidad de director y padre omnisciente y omnipotente, en mayor grado perdían los de su equipo —y también su hijo— la fe en sí mismos. Al no saberlo todo ni ser inmune a la debilidad, como daba la impresión de serlo él, llegaron a la conclusión de que eran «perdedores» en comparación con Rick, el «triunfador». Rick se dio cuenta de lo centrado que había estado en esa representación falsa de sí mismo en cuanto líder perfecto, insensible al dolor, y de que, en realidad, lo que había estado haciendo era transmitir su propio dolor a sus hombres y a su familia.

Rick no había llegado a conocer a su propio padre y se había criado con una madre soltera en apuros; pero nunca hablaba de su niñez y su estoico código de sacrificio había calado tácitamente en Roger. Este, que había pasado su infancia comparándose con un padre en apariencia invulnerable, sentía vergüenza de todo, desde sus más hondas inseguridades hasta sus lagunas de conocimiento más básicas. «Recuerdo la primera vez que oí hablar de un destornillador de cabeza Phillips», dice en *Invisibilia*. Su padre le «decía cosas como: "Anda, ve a la ferretería y me compras un cabeza Phillips", y a mí ni siquiera se me ocurría responderle: "Papá…, no tengo ni idea de lo que me estás pidiendo". Así que iba a la tienda a buscar una cosa que no tenía la menor idea de lo que era y me bloqueaba por completo solo porque no quería parecer vulnerable».

La estrategia de normalizar su tristeza surtió efecto. Los trabajadores de la plataforma petrolera empezaron a crear conexiones sinceras entre ellos, a reconocer sin reparo las diversas dificultades de su ocupación y a compartir ideas, y acabaron por alcanzar cotas de productividad elevadísimas, además de reducir el número de accidentes en un increíble 84 por ciento. Tan pasmosa fue su experiencia que se convirtió en objeto de un célebre análisis llevado a cabo por Robin Ely y Debra Meyerson, profesoras de la Harvard Business School y de Stanford respectivamente. [15]

Rick, además, fue testigo de un milagro similar en su familia. Su hijo y él resolvieron sus diferencias. Hoy, Roger y su padre son grandes amigos y Rick se alegra, según hizo saber en *Invisibilia*, de que el pequeño, que hoy es psiquiatra, no tuviese que esperar a cumplir los cuarenta para revelar cómo se sentía en realidad. «Mi hijo es un ser humano excelente —declara—. Nunca me canso de estar con él». [16]

No hace falta decir que una cosa es llegar con discreción a semejantes revelaciones y otra airearlas en público delante de colegas, superiores y subordinados directos. Hay a quien el proceso por el que tuvo que pasar Rick Fox le parece horrible. Yo, como introvertida declarada, profeso cierto recelo instintivo a todas esas cosas. De hecho, un artículo de 2018 titulado «When Sharing Hurts» («Cuando compartir duele») y firmado por otro integrante del CompassionLab, el psicólogo corporativo Kerry Gibson, del Babson College, concluyó que los directivos que revelan sus problemas a los subordinados pueden perder prestigio y minar su influencia. [17] Es decir, que cuando desafiamos la tiranía de la positividad, deberíamos ser muy conscientes de cuáles son nuestras funciones, tras preferencias personales y la cultura de nuestras organizaciones.

¿Y no hay ningún modo de crear una cultura laboral que trascienda implícitamente la tiranía de la positividad? ¿No podemos integrar en aquella la idea de que la tristeza humana es inevitable e inculcarle el valor de responder con compasión?

En 2011, un grupo de estudiosos del CompassionLab publicaron un estudio de un organismo fuera de lo común: la unidad de facturación del hospital local de un barrio pobre de Jackson (Míchigan). [18] Sus trabajadores tenían la poco amable labor de cobrar a los enfermos las cuentas impagadas. No es fácil imaginar una misión menos estimulante ni cabrá sorprenderse del constante ir y venir de personal que sufría la empresa. Con todo, dicha unidad, conocida como Midwest Billing, había creado una cultura en la que se daba por hecho que los problemas personales eran una parte normal de la vida de cada empleado. Tal cosa, lejos de afectar negativamente a la valía de quienes la integraban, había hecho que se crearan oportunidades para que los compañeros de equipo se mostraran compasión mutua. Todos se preocupaban si moría la madre de alguno o si otro sufría un divorcio o era víctima de violencia doméstica. Hasta quien tenía un resfriado sabía que podía contar con el resto de empleados de la Midwest Billing. Según lo describió una de ellas: «Si entrabas a trabajar en la unidad y no eras tan compasivo como los demás, te dabas cuenta enseguida del bien que hace a la gente, del entusiasmo que provoca hacer cosas por los demás. Yo creo que se convierte en parte de tu forma de ser si no lo era antes. Si lo practicas lo suficiente, se vuelve normal».

Otra trabajadora recuerda:

Mi madre falleció de forma totalmente inesperada. Yo había vivido siempre con ella, siempre. Fue, sencillamente, el peor momento de toda mi vida. Recuerdo que le decía a mi tío: «Tengo que volver al trabajo, porque necesito quitarme de la cabeza todo esto, pero también porque allí estoy rodeado de mujeres que me consuelan». Todavía hoy me sigue costando mirar a Latisha, porque me acuerdo de la cara que puso cuando llegué [tras la muerte de mi madre]. No me esperaba la compasión, la solidaridad y el amor, el amor de verdad, que recibí de mis compañeros. No te esperas algo así.

La costumbre de compartir los problemas resultó muy positiva no solo para la salud mental de los empleados, sino también para el negocio.[19] La velocidad con la que la Midwest Billing cobró las facturas durante los cinco años anteriores al estudio dobló con creces la que se daba en la etapa previa y superó ampliamente lo que era habitual en la industria. La tasa de abandono de la unidad se redujo a un 2 por ciento cuando la media de todo el Sistema de Salud del Medio Oeste era del 25 por ciento, proporción que aumentaba de manera significativa en la industria de la facturación médica.

Para Susan David, la lección que se extrae de tales estudios no puede ser más clara. «Los negocios —me dijo— suelen buscar el modo de ser seguros, innovadores e inclusivos y de propiciar la colaboración; pero la seguridad y el miedo van de la mano, igual que la innovación y el fracaso, la inclusión y la diferencia, y la colaboración y el conflicto. Los resultados de estos negocios dependen de que se abran a lo agridulce o, de hecho, de convertirlo en la norma».[20]

Aun así, incluso en el caso de que no tengas la suerte de verte en una cultura laboral como la de la Midwest Billing, hay otros modos más personales de escapar a la tiranía de la positividad y abrazar una vida emocional plena con tristezas, anhelos y demás. En 1986, James Pennebaker, experto en psicología social de la Universidad de Texas, puso en marcha una serie de estudios que sentarían un precedente y parecen concordar no ya con la obra de Susan David, sino con su experiencia vital.[21] Pennebaker se había casado poco después de obtener su licenciatura universitaria pero, cuando su mujer y él empezaron a discutir, empezó a beber y a fumar, cayó en la depresión y se retrajo del mundo... hasta que un día se puso a escribir. No se trataba de un artículo académico ni de un tratado, sino de lo que guardaba en el corazón, igual que había hecho Susan en su cuaderno de clase. Notó entonces que, cuanto más escribía, mejor se sentía. Se reconcilió con su mujer y con su trabajo y superó la depresión.[22]

Entonces decidió estudiar este fenómeno, al que consagraría cuarenta años. Sus resultados fueron, sin más, asombrosos. En un estudio, dividió a los voluntarios en dos grupos. [23] A los de uno les pidió que escribiesen sobre sus dificultades durante veinte minutos al día durante tres días. Sus integrantes describieron historias de abusos sexuales, rupturas, abandono paterno, enfermedades, muerte... A los del segundo les pidió que escribieran sobre cosas cotidianas como, por ejemplo, los zapatos que llevaban.

Pennebaker descubrió que quienes expresaron sus dificultades se mostraban mucho más tranquilos y felices que los que describieron su calzado. Meses después, seguían gozando de una mejor salud física, con una menor presión arterial y menos visitas al médico. Además, tenían mejores relaciones y un mayor éxito laboral.

En otro estudio, trabajó con un grupo de ingenieros abatidos que hacía cuatro meses se habían visto despedidos por una compañía informática de Dallas. [24] La mayoría tenía más de cincuenta años y había pasado toda su vida adulta en la empresa. Ninguno había vuelto a encontrar trabajo.

Una vez más, Pennebaker los dividió en dos grupos. Uno escribió sobre sus sentimientos de rabia, humillación y miedo ante el futuro y, el otro, sobre asuntos anodinos. Una vez más, los resultados parecieron demasiado extraordinarios para ser ciertos. En cuestión de meses, los integrantes del primero habían triplicado sus probabilidades de encontrar trabajo en comparación con los del grupo de control.

La obra de Pennebaker me ha llamado poderosamente la atención desde el instante mismo en que oí hablar de ella, probablemente por cómo parece reflejar mi propia experiencia. Los diarios que escribí de adolescente destrozaron mi relación con mi madre, pero también me salvaron. Se convirtieron en el lugar en que le di sentido a mi propio yo, no solo al que era entonces, sino al que aspiraba a ser, al que logré al final.

En mis tiempos de universitaria y durante mi adultez temprana, los guardaba en una mochila roja raída cuya cremallera mantenía cerrada con un candado con combinación. En ese período de la vida es habitual cambiar de habitación en el campus o de un apartamento compartido a otro fuera de la universidad. Yo, fuera adonde fuese, llevaba conmigo mi mochila. Hasta que un día, durante una de las mudanzas, la perdí. Debió de quedarse atrás en el armario empotrado de algún bloque de pisos. Pudo ser porque soy de natural despistada, pero también porque los diarios que contenía habían cumplido con su función y ya no los necesitaba.

Lo más probable es que, cuando Pennebaker comenzó su investigación, no tuviese en mente el calvinismo ni sus secuelas culturales, que nos llevan a considerarnos felices triunfadores o despreciables perdedores; pero sus artículos suponen un rechazo implícito de esta postura. La llamada «escritura expresiva» nos alienta a entender nuestras desgracias no como defectos que nos hacen indignos de obtener el éxito en la tierra (o alcanzar el cielo sobrenatural), sino como las semillas de nuestro crecimiento. Pennebaker advirtió que los que prosperaban tras vaciar en el papel el contenido de su corazón solían usar expresiones como: «He aprendido...», «He caído en que...», «Ahora me doy cuenta...» o «He comprendido...». No es que llegaran a disfrutar de sus infortunios, sino que aprendieron a vivir con conocimiento. [25]

Si te llama la atención la idea de la escritura expresiva, deja que te proponga un nuevo ritual diario: busca un cuaderno en blanco, ábrelo y escribe algo. Inspírate en tu lado amargo o en el dulce.

Si estás teniendo un día excelente y no te apetece sondear las profundidades de tu ser, escribe algo que te levante el ánimo. En mi escritorio tengo siempre una nota adhesiva que dice: «Es urgente vivir encantado». Es de un poema del escritor portugués Valter Hugo Mãe y me recuerda que tengo que centrarme en lo asombroso.

Si, en cambio, estás viviendo un día de perros, escríbelo también. Escribe qué es exactamente lo que va mal, cómo te sientes al respecto y por qué. Escribe por qué te sientes desengañado o traicionado, de qué tienes miedo. Si te apetece escribir posibles soluciones a tu problema, perfecto; pero no tienes por qué. Tampoco tiene que ser una prosa magnífica. Lo único que tienes que hacer es escribir.

Como aprendió a hacer Susan David cuando, a los quince, perdió a su padre. Como enseña hoy a hacer a otros.

Estamos en octubre y Susan y yo hemos viajado a Lisboa para asistir al congreso que organiza The House of Beautiful Business, cofundada por Tim Leberecht, el pensador y soñador de origen germanoamericano y residencia portuguesa que escribió *The Business Romantic*. El congreso está dedicado a la idea de que, en la era de las máquinas inteligentes y los algoritmos, «mostrar humanidad es el distintivo indiscutible». Se celebra en una colosal mansión decimonónica cuyas estancias han rebautizado para la semana con nombres como Cámara de la Emoción Profunda, Despacho de la Indagación u Oficina de la Humanidad Exponencial. Susan está aquí para impartir su célebre taller.

El congreso, que incluye en su programa actividades como «Doce brindis para Madonna», «Marcha fúnebre» o «Fiesta muda», se inaugura un sábado por la noche con un acto que lleva por nombre «Deseos mayores en clave menor: velada sobre la melancolía, la tristeza y el dolor, grandes tabúes con un potencial productivo sorprendente en el mundo empresarial», y comienza con una interpretación de fado, la música portuguesa de la nostalgia.

Aunque en calidad de ponente inaugural habitual sobre los dones infrautilizados de los introvertidos en el ámbito laboral he acudido a tropecientos congresos empresariales, no había conocido nunca uno que empezara explorando la melancolía, la tristeza y el dolor; pero, desde luego, si tienes intención de organizar uno sobre la función de la dulce pena en el ingenio humano, no encontrarás un sitio más adecuado que Lisboa. Sus calles son preciosas y están pavimentadas con adoquines y el aire es salobre por el mar y, quiere una imaginar, por siglos de lágrimas de mujeres consternadas por la pérdida de sus esposos en naufragios. La imagen de una mujer que contempla anhelante el océano habita en el corazón mismo del fado, expresión musical de la *saudade*, término exclusivo galaicoportugués con el que (como hemos visto en el capítulo 2) se designa una nostalgia íntima y melancólica mezclada con gozo y dulzura. La palabra define a la ciudad y está presente en incontables cafés, confiterías y bares; es la clave del alma portuguesa.

Tim es un hombre alto, elegante y afable. Dice que su estado habitual es de una «cómoda tristeza». [26] «¿Cuántas veces estáis felices? ¿Cuántas veces estáis tristes? —pregunta retóricamente— La mayoría de nosotros está triste con mucha más frecuencia».

En los Estados Unidos, una ponencia así se incluiría en la categoría de las confesiones; pero en Europa, dice él, «se cultiva esta imagen de las cosas. El cine de Truffaut de Antonioni… Hace poco estuve en Los Ángeles. Iba oyendo a Bach por la autopista. Me resultó extraño oír a Bach en Los Ángeles».

Tim empieza el acto sobre la melancolía repartiendo «galletas de tristeza». Parecen galletas de la suerte normales y corrientes, pero llevan escrito en una cara The House of the Beautiful Business y en la otra un mensaje relativo a la tristeza.

«Si dejas que se te acostumbre la vista —decía la mía—, podrás ver en la oscuridad».

Susan ha ofrecido su taller muchas veces, a un número incontable de personas que aseguran que en raras ocasiones han invertido mejor su tiempo. Aunque lo que ocurre en él es ultraconfidencial, he participado en tantos que puedo describirlo a rasgos generales sin revelar secretos de nadie.

Imagínate un grupo de gigantes tecnológicos reunido en una moderna sala de juntas de Silicon Valley. Susan, de pie en el centro, lleva puesta su blusa de seda morada con pintura labial de color cereza y, tras contar su experiencia, nos pide que reflexionemos sobre nuestra propia vida, para lo cual nos va proponiendo ejercicios que, en su mayoría, giran en torno a un pósit amarillo.

Nos da uno a cada uno para que escribamos una frase sobre nosotros mismos que empiece por «Soy...» o «Estoy» a partir de un recuerdo o de una idea que tengamos sobre nosotros mismos y nos impida avanzar. «Soy un fraude», escribe alguien; «Soy egoísta»; «Soy muy dependiente»...

Susan nos recomienda que elijamos algo que no nos incomode compartir con el resto de la sala, pero nos invita a profundizar:

—Lo que estáis revelando no significa que os pase nada malo ni que tengáis ninguna patología, sino solo que sois humanos. Bienvenidos a la humanidad.

Nos pide que nos pongamos el pósit en el pecho.

—Quiero invitaros, como grupo, a reflexionar sobre cómo os sentís llevando en el pecho los problemas, dolorosos, que habéis escrito. Esto —nos explica— no es algo que hagamos normalmente. Lo normal es que nos coloquemos nuestra coraza: joyas, zapatos, trajes de chaqueta... ¿Cómo os sentís?

Los asistentes empiezan a gritar las respuestas, a gritarlas a toda prisa, como si no pudiesen esperar.

—Es incómodo —dicen.

—Interesante.

—Yo me siento expuesto.

—Pesa.

Entonces, una respuesta que no olvidaré nunca:

—Real. Me parece real. Me ha sido mucho más fácil hablar de esto que de todo lo demás de lo que he hablado durante este congreso.

Susan nos pide entonces que nos quitemos los zapatos, los dejemos bien puestos delante de nuestros asientos y pongamos los pósit justo al lado. Luego nos levantamos y elegimos el asiento de otra persona para sentarnos. Tenemos que leer el pósit de esa otra persona y pensar en las dificultades del ser humano que camina con esos zapatos.

—En las reuniones a las que asistirá sintiendo la necesidad de armarse —dice Susan—, en las conversaciones que no tiene con su pareja… Delante de vosotros tenéis un par de zapatos y una nota que os revela algo que esa persona podría no querer compartir siquiera con sus seres más queridos.

»Ahora, dadle la vuelta a la nota —prosigue— y escribidle a esa persona algo que queráis hacerle saber.

Se hace el silencio mientras cambiamos de asiento, miramos los zapatos y leemos las notas íntimas escritas con una caligrafía que no es la nuestra. «Estoy abandonado», dicen; «Estoy siempre inquieto»; «Soy demasiado contenido y moderado»…

—¿Qué sentís al leerlas? —pregunta Susan.

—A mí me han entrado ganas de llorar —dice una persona.

—No soy el único —dice otra—. Todos tenemos problemas.

En este taller en particular, la mayoría de los participantes son varones bien situados con una formación impresionante. Créeme si te digo que, si los ves en una reunión de junta directiva, jamás se te ocurriría que pueden sentirse abandonados, angustiados, contenidos o solos.

Susan nos pide que pensemos en una persona de nuestra vida que nos anime o nos dé fuerzas. Puede ser un amigo, uno de nuestros padres, nuestra pareja o alguien ya fallecido. Si esa persona pudiese darnos algún consejo sobre lo que pone en nuestro pósit, ¿seguiría siendo capaz de amarnos? ¿Qué nos diría?

Hago memoria y acabo pensando en un amigo que, hace mucho, me hizo ver que, durante un conflicto, tengo tendencia a dar por supuesto que la otra persona debe de estar en lo cierto y yo equivocada.

—El hecho de que alguien diga algo contra ti no quiere decir que sea verdad —me dijo y, a continuación, como si predijera que años después asistiría a este mismo taller, me recomendó que llevase conmigo una nota adhesiva amarilla que dijera: «Probablemente tengo razón, joder».

Cada vez que pienso en su consejo me entra la risa. A veces, hasta creo que no andaba muy desencaminado.

Hacia el final de mi estancia en Lisboa, Susan y yo vamos juntas a otra de las actividades de The House of Beautiful Business: una ruta por la ciudad, centrada en la vida de su poeta más célebre, el infinitamente agridulce Fernando Pessoa. Aquí se les da una importancia tremenda a los poetas. En las tiendas turísticas se ven colecciones de poesía junto a la caja como en otras capitales se encuentran mapas y llaveros. En las plazas principales hay estatuas de mármol no de héroes militares ni de jefes de Estado, sino de poetas venerados. Y el que más renombre tiene es Pessoa, que observó, como el Buda con su granito de mostaza, que «hay barcos para muchos puertos, pero ninguno para que la vida no duela».[27] Como estoy inmersa en la escritura de este libro, me parece de vital importancia hacer la excursión. De hecho, es una de las razones que me han traído al congreso.

Aunque a Susan no le interesa particularmente Pessoa, ha aceptado acompañarme. Tenemos que reunirnos con el grupo en una dirección remota de Lisboa, pero el GPS no nos funciona bien y estamos tan enfrascadas en nuestra conversación que nos distraemos. Así que llegamos media hora tarde y los demás ya se han ido sin nosotros. Encima, ha empezado a llover con fuerza y no llevamos paraguas. Pese a todo, en la calle hace calor y los de la organización nos dan un mapa y nos enseñan la ruta. «Los alcanzaréis enseguida

—nos dicen—. Solo tenéis que buscar a un grupo con paraguas naranjas. Aprovechad para meteros debajo de uno».

Susan y yo deambulamos bajo la tormenta, por este callejón de aquí y por aquel bulevar de allí, sin que aparezca en ningún momento la camarilla de paraguas prometida. Nos paramos a mirar el mapa, pero la lluvia lo ha dejado inservible. Ella suelta una carcajada y, una fracción de segundo después, me sumo yo a ella. No tardamos en partirnos las dos de risa en una esquina. Decidimos buscar refugio en el famoso café A Brasileira, donde hace casi un siglo se reunían los poetas más emblemáticos de Portugal, un lugar de techos altos y óleos en las paredes, una barra de mármol y suelos de baldosas blancas y negras. Y, justo enfrente de la puerta, una estatua del mismísimo Pessoa sentado a una mesa con sombrero y pajarita. Los transeúntes hacen cola para hacerse una foto con él, aunque está lloviendo a mares.

Disfrutamos de un chocolate caliente bajo una sombrilla situada cerca de la estatua. Yo todavía alargo el cuello de vez en cuando por si aparece milagrosamente nuestro grupo. Si hubiésemos salido un poco antes, si no nos hubiésemos perdido o (tengo que confesar) hubiera decidido ir sola en lugar de con Susan David, en cuya compañía, amena hasta lo indecible, acabo siempre distrayéndome, habría conseguido hacer el recorrido turístico que tanto me interesaba. «He volado nada menos que hasta Lisboa —pienso— para perderme una de las experiencias que me han traído aquí». Hasta bien avanzada la tarde —cuando, de hecho, está a punto de acabar— no caigo en que sí, es cierto que me he quedado sin mi ruta sobre Pessoa, pero la parrafada que hemos compartido esta tarde nos ha llevado a Susan y a mí a cruzar el umbral de una amistad de por vida.

Susan es la clase de amiga que tiene una bolsa de viaje perfecta para el avión que sirve también de bolso elegante y, además, te dice dónde puedes encontrar una igual; la clase de persona con la que puedes compartir la meteduras de pata más embarazosas que hayas cometido en público o las transgresiones morales más embarazosas, contando con que te responderá con una sonrisa burlona y cómplice mientras alza su copa de vino. Me he perdido la excursión, pero he encontrado algo —a alguien— mucho más valioso.

Ahora que has asistido, virtualmente, a uno de los talleres de Susan, podemos añadir algo al ritual de escritura expresiva del que hemos hablado aprovechando las ideas que acaba de darnos. ¿Por qué no intentas apuntar una frase sobre ti que empiece por «Soy…» o «Estoy» (por ejemplo), a partir de un recuerdo o de una idea que tengas sobre ti mismo y te impida avanzar? «Se me da mal concentrarme y no hago bien mi trabajo. Soy muy apocado para defenderme. Cotilleo demasiado y hago daño a los demás». Hazte las preguntas que te haría Susan si estuviera contigo: ¿Seguiría siendo capaz de amarnos la gente que te quiere si supieran lo que acabas de escribir? Y tú, ¿te querrías? ¿Te sigues queriendo, de hecho?

Con suerte, la respuesta será afirmativa en todos los casos. Aun así, si no estás seguro o si, por el momento, contestas que no, recuerda el consejo de Susan: no significa que te pase nada malo ni que tengas ninguna patología, sino solo que eres un ser humano. Bienvenido a la humanidad.

Mis abuelos paternos, Anna y Oscar.
Fotógrafo desconocido.

TERCERA PARTE

MORTALIDAD, TRANSITORIEDAD Y DOLOR

Cómo vivir sabiendo que nosotros
y todos nuestros seres queridos
moriremos algún día

7

¿DEBERÍAMOS TRATAR DE VIVIR ETERNAMENTE?

Algún día, cuando los descendientes de la humanidad
se hayan expandido de estrella en estrella, no les contarán
a sus hijos la historia de la antigua Tierra hasta que hayan
crecido lo suficiente para soportarla y ellos, cuando la
conozcan, llorarán al saber que en el pasado existía una cosa
llamada muerte.

ELIEZER YUDKOWSKY, *HARRY POTTER Y LOS MÉTODOS
DE LA RACIONALIDAD*[1]

Mi hermano, especialista en radiología abdominal del hospital Mount
Sinai de Nueva York, murió en abril de 2020 por complicaciones de
la COVID-19. Los días siguientes me sentí aquejada de náusea, en
un sentido tanto literal como existencial. ¿A qué se debe ese mareo
que provoca la muerte de una persona aun cuando, como en el caso
de mi hermano, no haya formado parte de nuestra vida cotidiana
desde hace mucho?

No fue la soledad de mi cuñada viuda, que miraba el lado de la
cama que había dejado vacío su marido y los libros que habían
quedado sin leer en su mesilla de noche, pensando que aquella
noche no tendría a nadie con quien hablar ni acurrucarse, como

tampoco la siguiente, ni la otra ni ninguna más. No fue la pena de perder el humor irónico de mi hermano ni cosas como que estuviera dispuesto a recorrer tres supermercados distintos en busca de los plátanos que más le gustan a nuestra madre anciana. No fue oír a mi padre sollozar al otro lado de la línea cuando lo llamé para darle la noticia. (Él moriría también por COVID-19 antes de que acabara el año).

La náusea estaba vinculada a esos aspectos del dolor, pero su verdadero origen, creo, fue tomar conciencia de lo mismo que había hecho llorar a mi hijo el último día de tercero de Primaria: que lo que fue no volverá a ser. Él nunca volvería a tener a aquella maestra, ni aquella configuración particular de compañeros, ni aprendería de nuevo por primera vez a hacer divisiones con llevada (el que a uno le gusten o no las matemáticas es lo de menos).

Mi hermano tenía sesenta y dos años cuando murió. Había conocido a Paula, su amor, hacía siete. Los dos se habían profesado devoción desde el principio y se habían casado unos meses antes de que estallara la pandemia. En su boda, observó que, aunque algunos brindis giraban en torno a la idea de que más vale tarde que nunca, el verdadero mensaje que él quería transmitir era: «Ha valido la pena esperar».

Los días que siguieron a su muerte, sus compañeros de hospital me contaron anécdotas sobre él. Me contaron que tenía fama de estar dispuesto a plantarse en la habitación de un paciente en mitad de la noche con un aparato portátil de ultrasonido para confirmar un diagnóstico difícil. Que no le importaba el tiempo: «Lo único que le preocupaba era el paciente». Que había ganado hacía poco el premio a la Excelencia Docente y lo habían nombrado también Profesor del Año, el mayor galardón de su departamento. Dada su condición de hombre modesto, no me sorprendió que no hubiera dicho nada de semejantes logros; pero me habría gustado darle la enhorabuena.

Mi hermano tenía once años más que yo. Me enseñó a montar en bici e inventó un juego en el que, si yo me saltaba tal norma o tal otra, todas absurdas, tendría que ir al colegio «Comodiosmanda». Todavía lo veo en la cocina de casa, con el teléfono en la mano mientras finge hablar con los profesores de aquel centro escolar imaginario. Los días que siguieron a su muerte, todos esos recuerdos se amontonaban en mi memoria a las cinco de la madrugada. Todo aquello había pasado hacía muchísimos años... y no volvería a ocurrir jamás.

Puedes hacerte a la idea de que todo pasa. Puedes leer a los estoicos, que enseñan a aceptar la muerte como algo inevitable, y tener siempre presente el *memento mori* («recuerda que morirás»), que nos invita a apreciar la vida al subrayar que no es eterna, o meditar sobre la transitoriedad. Yo practico todo esto con regularidad y lo cierto es que, en cierta medida, me ayuda. Sin embargo, la belleza terrible de la fugacidad de la vida es mucho más grande que nosotros. En nuestros mejores momentos y, más aún, en presencia de sublimes manifestaciones musicales, artísticas y naturales, entendemos su trágica majestad. El resto del tiempo, nos tenemos que limitar a vivirla.

La pregunta es: ¿Cómo? ¿Cómo deberíamos vivir una cosa tan impensable?

En los capítulos siguientes exploraremos respuestas en apariencia opuestas a una de las cuestiones más apremiantes de la existencia.

Estamos en agosto de 2017, en el Town & Country, hotel y centro de convenciones de San Diego, y está a punto de empezar el segundo congreso anual RAADfest, «el Woodstock de la prolongación radical de la vida».[2] Los adeptos de esta causa reciben varios nombres: activistas antimuerte, partidarios de la prolongación radical de la vida, transhumanistas, entusiastas de la archilongevidad... Yo los llamaré «inmortalistas».* «Participa en la revolución contra el envejecimiento y la muerte —dice el anuncio de la página de inicio del RAADfest—. Los ponentes son científicos de fama mundial, considerados líderes y visionarios de la prolongación radical de la vida. Son las estrellas, los verdaderos superhéroes de nuestro tiempo».[3]

El del inmortalismo es un movimiento cada vez más numeroso de personas que creen que podemos y deberíamos perdurar eternamente. Hasta los cincuentones de hoy tenemos la posibilidad de disfrutar de muchos años más de vida saludable si alcanzamos la «velocidad de escape de la longevidad», al decir del tecnólogo Aubrey de Grey, cabecilla inmortalista de excéntrica personalidad arrolladora con una barba de Matusalén que le llega casi hasta el ombligo.**[4] Después, seremos capaces de añadir otros doscientos o trescientos años, hasta que, al final, podría ser que no tuviésemos siquiera que morir. En lugar de atajar enfermedades concretas de la senectud como el alzhéimer, deberíamos, asevera, entender que el enemigo es el propio envejecimiento.

He acudido al RAADfest para explorar este proyecto humano de desafío de la muerte y ver qué puede decirnos acerca de algunas de las preguntas más agridulces: ¿Cómo habría que vivir sabiendo que moriremos? ¿Qué esperan en realidad los que desean la inmortalidad: vivir para siempre u otra cosa distinta? ¿Le da la muerte sentido a la vida como aseguran los filósofos? Y, en caso afirmativo, ¿qué supondría vivir sin ella? Estoy deseando analizar estas cuestiones entre personas que llevan años reflexionando al respecto.

Cuando, desde el aeropuerto de San Diego, le envío un mensaje de texto a mi amiga la doctora Raffaella de la Rosa, catedrática del

---

* Hay quien se ha apartado de este término estos últimos años, ya que el movimiento se centra solo en la muerte por causas «naturales» y no, digamos, por tsunamis o atropellos. La de «partidarios de la prolongación de la vida» podría ser una expresión más precisa; pero también resulta poco manejable para las intenciones de este libro.

** Por cierto, en el momento de dar este libro a la prensa, se habían presentado contra De Grey cargos por acoso sexual.

Departamento de Filosofía de la Universidad Rutgers en Newark, se muestra escéptica sobre el congreso. «Claro que estoy a favor de la falta de sufrimiento en la vejez —me responde Raffaella, que tiene el pelo rubio corto y de punta y viste con la decisión sensual de una mujer que abraza la vida con entusiasmo—. Es algo que nos va a tocar a todos y asusta. Pero ¡desafiar a la muerte es algo increíble! Heidegger dice que la muerte es lo que da forma a nuestra vida. La muerte nos da un sentido de urgencia. ¿Tú dirías que esa gente se cree de verdad lo que predica?»

Luego, me manda otro mensaje: «Ojalá pudiese ir contigo para escuchar sus argumentos».

Sin embargo, una de las primeras cosas que descubro al llegar al RAADfest es, precisamente, que no tienen argumentos. El público asistente no parece estar dispuesto a tratar con la duda. Dan más la sensación de estar pensando: «Por suerte, podemos reunirnos con gente de la mía, que sabe que la muerte es una estupidez». «La muerte da tanto sentido a la vida —escribió alguien una vez en la página de Facebook de la Asociación Transhumanista de Stanford— como se lo da a tener estómago el que te arranquen el estómago».⁵

En lugar de filosofar, dicen los que acuden al RAADfest, deberíamos comprometernos con la tecnología del siglo xxi y la vida saludable. En la máquina de café, alguien señala en tono jocoso que, si hay fumadores en el congreso, se habrán alejado varios kilómetros para echar un cigarrito. De pronto, siento cierto bochorno por la galleta que estoy tomando con mi café con leche. Pienso en mi trastorno autoinmune, totalmente controlable, y noto una punzada de culpa. Es un tema que sale a menudo a colación en el RAADfest, debido a la estrecha relación que guarda el sistema inmunitario con la longevidad, y no puedo menos que preguntarme si mi dolencia no estará provocada de alguna manera por mi pasión por el chocolate. ¿No habrá sido el estrés de la gira promocional de *Quiet: El poder de los introvertidos*? ¿O mi elección de los temas sobre los que escribo?

Como podrás ver en las páginas que estás leyendo en este momento, lo que me atrae no es precisamente el optimismo. Sin embargo, cuestiones como el anhelo o la aflicción, la alegría y la tristeza, no encajan aquí. ¿Quién necesita lo agridulce? La fragilidad de la vida no es algo que deba valorarse, algo misteriosamente hermoso, sino un problema que hay que resolver con espíritu eufórico e impresionantes adelantos tecnológicos.

Cuando entro en el salón de actos del hotel en el que pasaremos los tres días siguientes, en los altavoces suena a todo volumen el tema de *Fama*, la película de 1980:

I'm gonna live forever.
I'm gonna learn how to fly (high).
I'm gonna make it to heaven.
Baby, remember my name!

El RAADfest no tiene una reputación unánime en el ámbito de la prolongación de la vida. Me han dicho que me espera un surtido de científicos revolucionarios, inversores, entusiastas de la cristaloterapia, charlatanes y ancianos desesperados por rascarle unos años más a la vida. El auditorio está compuesto en su mayoría por varones blancos entre los que hay algún que otro jipi trasnochado y unos cuantos cuerpos espigados de piel brillante y aires de modelo. Es fácil distinguir a los científicos, algunos con atuendo descuidado y otros con prendas de ejecutivo informal: pantalón de algodón y camisa de vestir, en el caso de los hombres, y blusas elegantes en el de las mujeres.

Le pregunto a la pareja añosa que tengo sentada a la izquierda qué los ha traído aquí.

—Intentamos seguir con vida, nada más —me dicen. Han sabido del congreso por la revista *Life Extension*—. ¿Y usted? —me pregunta la mujer— ¿Trabaja usted en el campo de la prolongación de la vida?

Cuando les digo que soy escritora, pierden todo interés. Sale al escenario un grupo llamado Living Proof —tres músicos de mediana edad a las cuerdas y un teclista mayor—, que interpreta una canción sobre la inmortalidad. «¡Estamos hechos para renacer de las cenizas!», cantan a voz en grito ante un público que los ovaciona en pie.

—Hoy han estado geniales —le dice a su acompañante la mujer que tengo sentada detrás, como quien habla de un grupo local al que se le tiene cariño. Salta a la vista que se conocen de otros actos similares. Parecen alegrarse de haberse reencontrado, lo que encaja a la perfección con el humor alegre y optimista de los congregados.

Sin embargo, cuando le pregunto al caballero septuagenario de mi derecha, profesor de lengua retirado, qué lo ha traído al RAADfest, me responde en tono grave:

—El miedo.

Ha empezado el congreso propiamente dicho. El programa incluye presentaciones de gente como el doctor Greg Fahy, criobiólogo y biogerontólogo que usa la hormona del crecimiento humano para regenerar el timo, elemento crucial de nuestro sistema inmune; un genetista de la Harvard Medical School llamado doctor Sukhdeep Singh Dhadwar, que pretende resucitar al extinto mamut lanudo a la vez que busca los genes que causan el alzhéimer, o el doctor Mike West, erudito de renombre que se convirtió en uno de los primeros científicos en aislar células madre embrionarias humanas y cuya empresa de biotecnología pretende curar las enfermedades degenerativas vinculadas a la edad.

Pero primero sale a escena Bernadeane, mujer sin apellidos cofundadora, junto con su compañero romántico de otrora, James Strole, de la People Unlimited, empresa con sede en Arizona que organiza y patrocina el RAADfest. Bernie, como la llaman, lleva un vestido largo negro, una boina del mismo color, el pelo rubio platino cortado a lo Louise Brooks y pintalabios rojo. Tiene ochenta años, pero hasta comparándola con gente mucho más joven cabría considerarla atractiva y quizá hasta un bombón. (Al día siguiente, se presentará con botines y una minifalda que le permite presumir de unos muslos sorprendentemente esbeltos).

Bernie nació en 1937, según nos revela, pero no fue hasta 1960 cuando, a los veintitrés años, tuvo la siguiente revelación:

—Escuché en la radio a un hombre que decía que el cuerpo físico no tenía por qué morir. Desde entonces, he luchado activamente contra el envejecimiento y la muerte; así que, en vez de prepararme para morir, me he propuesto vivir como nunca. Creo que la muerte es un asco… y que nadie debería conocerla. Me siento agradecida por haberlo hecho siempre. Mi cuerpo me dice que no tengo por qué morir. No me avergüenzo: quiero salir de la muerte como se sale de la cárcel.

Las ponencias de Bernie son mitad charla motivadora, mitad provocación. «La menopausia no representa el fin de vuestra vida —declara—, sino solo el principio. ¡Podéis creerme! Tenemos que reclamar nuestro derecho a vivir libres de muerte. Mi entusiasmo se debe a que no veo que tengamos un final. Tenemos que sentirlo. Tenemos que crearlo. Yo estoy disfrutando como nunca. Es maravilloso poder llegar. Yo he cumplido ya ochenta y uno —la concurrencia aplaude— y sé que no he llegado al final. Los ochenta no me dan miedo. ¡No me están impidiendo ser más fuerte! Estoy viendo un futuro para el ser humano que nunca habíamos conocido».

Siempre he dado por hecho que, si es que llego a octogenaria, mi vejez podría ser muy deprimente. Sin embargo, oyendo a Bernie da la impresión de que no sea más que un cuento que nos contamos. El cuento equivocado.

—¡Hay un nuevo mundo a la vista! —exclama ella—. ¡Yo no pienso parar! ¡No paréis! ¡Seguid vivos!

«¡Sí!», la aclama el público. «¡Guau!» «¡Bien dicho, Bernie!» Y hasta hay quien grita en español: «¡Viva la revolución!»

¿Quién es toda esta gente? ¿Embaucadores? ¿Tendrán una visión de futuro que los demás no alcanzamos a poseer? ¿No estarán negando la realidad? ¿Son un producto inevitable de nuestra cultura de perdedores y triunfadores, resueltos a «triunfar» en la lucha con nuestra condición humana? ¿De verdad esperan acabar con la muerte o retrasarla tanto? ¿No serán una secta? Hay al menos una página web de información sobre sectas que ha investigado las actividades de James y Bernie y documentado las cantidades que cobran por sus seminarios; pero ellos dicen que no hay nada malo en ganarse la vida vendiendo vida.

Desde luego, algunos de los científicos presentes parecen haberse tomado muy en serio su misión de despertar al público de lo que De Grey, el tecnólogo con barba de Matusalén, llama «el trance pro envejecimiento».

A la gente le gustaría fingir que algo que no quieren que ocurra, la muerte, no ocurrirá —dice— para poder seguir viviendo esa existencia suya miserablemente corta. Tienen que despertar y ser menos cobardes. Prefieren decir que no hay mal que por bien no venga y que han hecho las paces con el envejecimiento. El problema es que, cuando alguien tiene la expectativa de que le va a pasar algo espantoso en un futuro distante, se le presentan dos opciones: pasar su vida preocupado o encontrar un modo de sacarlo de su cabeza y llevarlo lo mejor que pueda. Si de veras no hay nada que hacer, tiene muchísimo sentido que nos engañemos pensando que no hay mal que por bien no venga y que no nos angustiemos por ello.

Este punto de vista me llama mucho la atención, pues siempre he pensado que la muerte no me da demasiado miedo y reacciono con mucha mayor intensidad ante la pérdida que ante mi propia mortalidad. Sin embargo, hace poco, los médicos sospecharon que podía tener cáncer de mama y, aunque al final resultó no ser nada, mientras esperaba los resultados me asusté más de lo que habría esperado.

Así que quizá lo que diferencia a los inmortalistas del resto de nosotros no sea tanto el optimismo que manifiestan con respecto a la tecnología como su voluntad de plantar cara a la muerte. La mayoría de nosotros lidia con la muerte fingiendo que es algo que no nos llegará nunca; pero los inmortalistas no pueden ni piensan adoptar esta actitud. Consideran que la transitoriedad es la gran herida del mundo y hacen cuanto está en sus manos por sanarla. «Algún día, cuando los descendientes de la humanidad se hayan expandido de estrella en estrella —imagina Eliezer Yudkowsky, escritor y teórico de la inteligencia artificial en una *fanfic* basada en las novelas de Harry Potter—, no les contarán a sus hijos la historia de la antigua Tierra hasta que hayan crecido lo suficiente para soportarla, y ellos, cuando la conozcan, llorarán al saber que en el pasado existía una cosa llamada muerte». La ternura de este pasaje, envuelto en la jactancia propia de la ciencia ficción, me llega cada vez que lo leo.*

De hecho, muchos de los científicos del RAADfest empiezan sus disertaciones con imágenes conmovedoras de alguien que llora sobre el cadáver de un ser querido. Describen su propio dolor ante la muerte de su madre, su padre o un hijo. Nos instan con fervor a «rescatar a nuestros mayores», frase que han convertido en grito de guerra. Describen momentos de conversión en los que se vieron cara a cara con el sufrimiento en estado puro… y con la dicha de tratar de curarlo. En el caso de Mike West, el erudito polifacético que aisló por primera vez las células madre del ser humano, la revelación se produjo a los veintisiete años, mientras comía una hamburguesa en un establecimiento de su Míchigan natal situado frente al cementerio.

---

* Por eso la reproduzco también en el epígrafe de este capítulo.

De pronto —recuerda— tuve una experiencia parecida a la del Buda: desperté de pronto. Vi las tumbas de todos mis amigos y mis seres queridos, con la fecha de su muerte, incluido el año. Fue como si hubiese visto el sol salir aquel día. Me dije: «Eso no va a pasar». No sabía cómo íbamos a poder conseguir nunca algo así, pero decidí consagrar el resto de mi vida a tratar de resolver el problema, de veras relevante, de la mortalidad humana. [6]

El primer inmortalista al que conocí, varios meses antes del RA-ADfest, tiene una experiencia similar que contar. Keith Comito es, además de programador informático, matemático y pionero del ámbito tecnológico, el director de la Lifespan Extension Advocacy Foundation. Tiene las facciones largas y amables y ojos castaños marcados por arrugas de expresión. He quedado con él en su cafetería favorita de Greenwich Village y me lo encuentro con una camiseta de la tabla periódica de los personajes de Marvel. Me está esperando con un té verde, ya que, según me cuenta, dejó el café estando en la universidad, cuando pensaba que era perjudicial para la salud. Quedarse despierto hasta las tres de la madrugada para completar sus múltiples proyectos tampoco es bueno si uno quiere vivir muchos años, según reconoce con una sonrisa que le hace asomar dos hoyuelos; pero son muchas las cosas que quiere lograr estando aún vivo. La más importante de todas es la longevidad, el santo grial de Keith.

Su actitud vital es un homenaje consciente a la *Epopeya de Gilgamesh*, la primera obra literaria de la que tenemos noticia, sobre un rey que anhela la inmortalidad. [7] Keith da un bote en su asiento y, despegando literalmente, repasa la célebre narración del monarca que, tras culminar su búsqueda de la flor de la inmortalidad, intenta llevarla a su pueblo y, en el camino de regreso, se queda dormido y permite que se la coma una serpiente. La inmortalidad, declara Keith, es el verdadero objetivo de todos los viajes que emprenden los héroes: *Star Wars* y la *Odisea* no son más que versiones sublimadas del deseo inmemorial de vivir para siempre. Él se tiene por uno de los protagonistas de esta búsqueda, aunque sin sublimar.

Keith es una de esas personas que pueden considerarse auténticas, sin artificio ni deseo de aparentar.

—¡Se me está poniendo el vello de punta!—, exclama al hablar de las aspiraciones del rey.[8]

En las dos horas que pasamos juntos, aún habrá de asegurarme tres veces más que le pone la carne de gallina la simple idea de la inmortalidad. Sostiene que su inspiración para trabajar en el ámbito de la longevidad extrema no declinaría en caso de saber a ciencia cierta que va a morir. Lo que le proporciona semejante energía es «la sensación de ser capaz de hacer al menos algo verdaderamente significativo y sanador para la humanidad».

—¡Entusiasma estar vivo en este instante, en que tenemos el potencial para culminar el primer viaje del héroe y emprender el camino que nos llevará a traer la flor con nosotros! ¿La gente quiere darle sentido a su vida? ¡Este es el primer sentido que haya existido desde que se grabaron en piedra las primeras narraciones!

Gesticula sin parar, tanto que su mano choca de forma periódica con mi portátil. Eso sí, cada vez que ocurre, se interrumpe para disculparse con gesto sincero. No puedo evitar pensar que en el instituto tuvo que ser de los empollones que caen bien por su entusiasmo incontenible. «¡Hay que traer la flor!».

Aun así, basta analizar con detalle el *Gilgamesh* y las demás obras literarias sobre la inmortalidad (tema que, desde *Los viajes de Gulliver* hasta la leyenda del holandés errante, ha fascinado siempre a los autores) para percibir que, en gran medida, los narradores nos están advirtiendo de que vivir para siempre no solo es imposible (la serpiente siempre se comerá la flor), sino poco prudente. Ocuparíamos demasiado espacio y, tras unos cuantos siglos, nos aburriríamos; la vida perdería todo sentido.

Le comento a Keith estas objeciones y él, que, a diferencia de los incondicionales del RAADfest, gusta de argumentos filosóficos, responde con un ejercicio mental. Me pregunta si quiero morir mañana mismo y yo, por supuesto, respondo que no. ¿Y pasado mañana? ¿Tampoco? Entonces, ¿qué tal al día siguiente? ¿Y al siguiente? ¿Y al siguiente del siguiente de después de pasado mañana?

La respuesta es siempre que no. Resulta que es imposible imaginar un día en que diré que sí. Hoy es el día que decidiré no ver nunca más a mi familia. Hoy es el día en que me parecerá bien no volver a contemplar una puesta de sol ni probar un *espresso martini*, disfrutar de inopinados momentos sublimes con amigos, cantando a voz en cuello aquella canción de Journey que oíamos con dieciséis años, o apostarme tras los cristales de una cafetería una mañana soleada.

Si se tratara de seguir con vida, pero enfermar cada día un poco más, sí que muchos de nosotros diríamos, sin duda, que ha llegado el momento de partir; pero esto no es lo que persiguen los inmortalistas. Ellos luchan por una vida exenta no solo de muerte, sino también de enfermedad y decrepitud. Quieren sanarnos a todos.

Como los inmortalistas a los que conocí en el RAADfest, Keith sabe bien por qué es incapaz de reprimir la conciencia de nuestra mortalidad como hacemos los demás. Sus padres biológicos se conocieron en una institución psiquiátrica; ambos sufrían adicción a las drogas y trastornos mentales, y él se crio, desde su nacimiento, con una familia de acogida que acabó por adoptarlo y a los que ahora describe como sus «verdaderos padres en todos los sentidos». Con todo, tuvo que enfrentarse a una amarga batalla por su custodia librada entre ambas parejas, batalla que finalmente ganaron sus padres adoptivos. Los biológicos fallecieron estando él en la escuela primaria: su madre murió de hambre y lo de su padre fue suicidio por sobredosis. Keith quedó desolado, pero no sabía que hacer con su pena. Ni siquiera sabía con seguridad si debía sufrir, pues ¿acaso no tenía la suerte de poder llevar una vida agradable en el seno de una familia que lo amaba? Aun así, era consciente de que se había internado en un mundo en el que no podía contar con que lo siguieran sus amigos: el mundo en el que la muerte es algo real.

—En *El señor de los anillos* —explica— hay un anillo mágico. Cuando los personajes se lo ponen, pasan a una dimensión de sombras en la que pueden verlos los secuaces de los malos, porque han cruzado a ese plano de la realidad. Eso fue lo que me pasó a mí con la muerte. Normalmente, de niño no piensas en la muerte. Estás convencido de que tus padres son inmortales y, por extensión, tú también lo eres. Tus padres te protegen. Sin embargo, cuando, siendo un crío, te enteras de que han muerto los seres que te crearon, desaparece el muro y te encuentras con que entre la muerte y tú hay una línea recta.

Inventó toda clase de modos de gestionar tal situación. En un primer momento, quiso hacerse sacerdote (pues, aunque hoy se considera agnóstico, sigue siendo «muy susceptible a la atracción religiosa» y puede pasarse horas contemplando un crucifijo). A continuación, se volvió autodidacta y aprendió cuanto le fue posible sobre autocuidados, ciencia y salud. Se aficionó al yoga, las artes marciales, la gimnasia y la biotecnología. «Sin embargo, a medida que me haga viejo —me dice mirándose los brazos enjutos—, el señor del tiempo me irá quitando todo esto. ¿Por qué no iba a dedicar todo mi tiempo a trabajar en la prolongación de la vida? Si tienes miles de intereses y uno de ellos es el de alargar la vida sana, es normal que quieras dedicarte primero a este.

La objeción más frecuente al proyecto inmortalista consiste en poner de relieve su carácter ilusorio: por mayores que sean nuestros avances tecnológicos, la serpiente acabará siempre por comerse la flor de Gilgamesh. (Personalmente, dudo que vayamos a poder curar la muerte, aunque confío en que, al final, consigamos prolongar nuestra «vida útil» más de lo que nuestros abuelos pudieron llegar a imaginar).

Con todo, lo que más preocupa a algunos es que los de nuestra especie no están llamados a ser dioses. Si viviésemos eternamente, se preguntan, ¿seguiríamos siendo humanos? Si nuestra capacidad para amar y crear vínculos afectivos nace de lo que nos impulsa a cuidar de un niño que llora, como vimos en el capítulo 1, ¿qué ocurrirá cuando perdamos nuestra condición vulnerable? ¿Seguiremos siendo capaces de amar y ser amados? Si, como aseveraba Platón, no podemos entender la realidad sin tener en cuenta la muerte, ¿qué comportará superarla por completo? Tampoco faltan problemas más prácticos: si vencemos a la muerte antes de dar con otros planetas habitables, ¿seguirá habiendo sitio para todos? ¿No estaremos dando paso a una nueva era de escasez y de conflicto?

Algunos inmortalistas tienen preparada la respuesta a estos reparos menores. Están convencidos de que, amén de acabar con la muerte, van a eliminar la pérdida de la condición humana y elevar el amor al lugar en que merece estar. Si conseguimos resolver el problema de la mortalidad, argumentan, también buscaremos un modo de curar la depresión, superar la pobreza y poner fin a las guerras.

—Creo que es totalmente cierto —me dijo uno de los científicos del RAADfest— que, una vez solventado uno de los principales problemas de la humanidad [es decir, la muerte], lograremos, de un modo u otro, el poder necesario para abordar los otros con bastantes probabilidades de éxito. Sobre todo, porque este problema de la mortalidad nos ha desalentado desde los albores de la civilización. Si consiguiésemos superarlo, podríamos superar cualquier cosa. [9]

Parte de esta visión utópica —al menos la parte que tiene que ver con la paz mundial— se deriva del ámbito de la psicología social que conocemos como «teoría de la gestión del terror». Según esta, el miedo a la muerte promueve el tribalismo al hacernos propensos a adherirnos a una identidad de grupo llamada a sobrevivirnos. Varios estudios han puesto de manifiesto que, cuando vemos amenazada nuestra existencia, nos volvemos ultranacionalistas, hostiles ante los forasteros y tendenciosos con colectivos ajenos al nuestro. En uno de los experimentos llevados a cabo, los participantes a los que les hablaban de la muerte se mostraban más proclives que el grupo de control a dar a sus rivales políticos cantidades abrasadoras de salsa picante. [10] En otro estudio en el que participaron alumnos de ideología conservadora, los alumnos a los que se pidió que pensaran en lo que sería de su cuerpo cuando les llegara la muerte abogaron en mayor grado que los del grupo de control por emprender violentos ataques militares contra naciones extranjeras amenazadoras. [11] Si la inmortalidad nos libera de nuestro miedo a la muerte, razonan algunos, nos haremos más solidarios, menos nacionalistas y más abiertos a los extraños.

Los fundadores de la People Unlimited adoptan de forma explícita esta postura.

Hay un mensaje de fondo que creemos vital —explican en su página web—: que la inmortalidad, más que propiciar un elemento deshumanizador, como sugieren las historias de vampiros de Hollywood, está destinada a sacar, de hecho, lo mejor de nuestra humanidad. No solo acaba con la muerte, sino con lo que separa a las personas. Al neutralizar el miedo inherente a la muerte, la inmortalidad nos da el poder de abrir nuestros corazones al prójimo como nunca lo hemos hecho. La toxicidad de la vida contemporánea representa una amenaza seria a nuestra salud y quizá no haya mayor toxicidad que la que procede de las propias personas. Esta pasión sin muerte crea cotas totalmente nuevas de solidaridad en la que las personas elevan a las personas en lugar de hundirlas. [12]

La idea es bonita, pero parece poco probable que solventar la toxicidad y el conflicto vaya a ser tan sencillo. En realidad, según llevan a pensar estos argumentos, el problema real puede no ser (solo) la muerte, sino las penas y los anhelos que trae consigo el estar vivo. Pensamos que ansiamos la vida eterna cuando quizá lo que ambicionamos de veras sea un amor perfecto e incondicional; un mundo en el que los leones compartan de veras su espacio con los corderos, libre de hambrunas e inundaciones, campos de concentración y archipiélagos gulag; un mundo en el que profesaremos al prójimo el mismo amor desprendido y desmedido que nos unió en otros tiempos a nuestros padres; un mundo en el que nos querrán para siempre como a críos adorables; un mundo construido a partir de una lógica totalmente distinta de la nuestra, en el que los seres vivos no tengan por qué matarse los unos a los otros para subsistir. Aun cuando nuestras extremidades fuesen metálicas e indestructibles y consiguiéramos descargar nuestras almas en un disco duro situado en el firmamento, aun cuando colonizásemos una galaxia de planetas acogedores tan gloriosos como la Tierra, seguiríamos enfrentándonos a la decepción y la angustia, el conflicto y la separación. Todos estos son males para lo que no tiene remedio una existencia sin muerte.

Tal vez sea por eso por lo que, en el budismo y el hinduismo, el premio no sea la inmortalidad, sino el hecho de liberarse de la reencarnación. Tal vez sea por eso por lo que el sueño del cristianismo no sea curar la muerte, sino alcanzar el cielo. Porque anhelamos, como dirían Llewellyn Vaughan-Lee (el maestro sufí al que conocimos en el capítulo 2) y otros místicos, reunirnos con la fuente del amor mismo; ansiamos un mundo perfecto y hermoso, «un lugar situado por encima del arcoíris», «el lugar del que procede todo lo bello» del que hablaba C. S. Lewis, y este anhelo del edén, como lo expresó J. R. R. Tolkien, amigo de Lewis, es «nuestra naturaleza toda en su versión mejor y menos corrompida, más amable y más humana».[13] Quizá los inmortalistas, en su afán por vivir eternamente y acabar «con lo que separa a las personas», anhelen también todas estas cosas, pero lo estén expresando en una lengua distinta.

No obstante, en mi opinión, también están apuntando en una dirección diferente. Claro que me encantaría vivir lo suficiente para conocer a mis tataranietos y que, si yo no puedo, espero que mis nietos sí lleguen a conocer a los suyos. Con todo, también tengo la esperanza de que semejante logro no los lleve —no nos lleve— a negar la naturaleza agridulce de la condición humana. Los asistentes al RAADfest creen que la victoria sobre la muerte nos mostrará el camino a la paz y la armonía, y yo creo todo lo contrario: que la pena, el anhelo y quizá incluso la mortalidad misma constituyen una fuerza unificadora, una senda hacia el amor, y que el reto más ingente y más difícil que se nos plantea es el de aprender a transitarla.

8

¿DEBERÍAMOS «SOBREPONERNOS» A LA PENA Y LA TRANSITORIEDAD?

... y cuando llegue la hora de soltarlo, soltarlo.[1]

MARY OLIVER, *In Blackwater Woods*

Como mi hermano, el poeta budista japonés Kobayashi Issa se casó tardíamente, en 1814, a los cincuenta y un años. Su vida no había sido sencilla. Su madre murió cuando él tenía dos años y su madrastra, según cuenta, le pegaba cien veces al día. Más tarde, Issa se ocupó de su padre, aquejado de fiebres tifoideas, hasta que falleció. Su mujer le dio dos hijos varones que murieron al mes de nacer. Aun así, luego tuvieron una hija, una hija hermosa y sana a la que llamaron Sato y que, por fin, llevó felicidad a su hogar. Sato, sin embargo, contrajo la viruela y murió antes de cumplir los dos años.

Issa es uno de los cuatro grandes maestros del haiku japonés. El poeta, destrozado, escribió acerca de su incapacidad para aceptar nuestra condición transitoria: «Admito que el agua del río no pueda volver nunca a su origen, ni las flores dispersas a la rama de la que han caído; pero no por ello deja de ser difícil romper los lazos del afecto».[2] En este haiku volvió a considerar el mismo asunto:

Sé que este mundo
es mundo de rocío;
pero, aun así... [3]

Es un poema muy curioso, tan apacible que apenas se percibe lo intenso de la protesta que contiene. Parece girar en torno a la idea, esencial en el budismo, de que nuestras vidas son tan efímeras como una gota de rocío. La respuesta de esta religión (como también de la hindú y la jainista) a la pregunta de cómo vivir sabiendo que moriremos consiste en practicar cierta forma de desapego: debemos amar, pero no aferrarnos a nuestros deseos (en el caso de Issa, el de ver sobrevivir a su hija) ni a nuestras aversiones (aquí, la muerte de la niña por viruela). Las dificultades que tenemos para aceptar la transitoriedad son la esencia del sufrimiento humano. Por este motivo, muchos de los grandes contemplativos tenían presente en todo momento el recuerdo de la muerte, mediante actos como, por ejemplo, el de apagar por completo el fuego a la hora de irse a dormir en lugar de mantener las ascuas encendidas para la mañana siguiente, pues ¿quién sabía si para entonces seguirían vivos?

Con todo, de ser consciente de una realidad a aceptarla media un gran trecho. Por eso el alma del poema de Issa, su centro palpitante, no hay que buscarla en los versos iniciales («Sé que este mundo / es mundo de rocío»), sino en esas tres modestas palabras: «pero, aun así...».

Pero, aun así, dice Issa, siempre sentiré nostalgia por mi hija. Pero, aun así, nunca volveré a sentirme pleno. Pero, aun así, no puedo aceptar, no pienso aceptar —¿me oyes?; te lo estoy susurrando: no acepto— las brutales condiciones de la vida y de la muerte sobre este hermoso planeta. Pero, aun así; pero, aun así; pero, aun así...

¿Cómo se supone que debemos vivir sabiendo que moriremos y que morirán todos nuestros seres queridos? Issa ofrece su propia respuesta agridulce: no es necesario que aceptemos la transitoriedad —entiendo que nos dice—, sino que basta con ser conscientes de su existencia y sentir su aguijón.

Porque es eso, a fin de cuentas, lo que nos conecta a todos.

Piensa en el estado mental en que escribe Issa. ¿Acaso cree ser él el único mortal que tiene dificultades para alcanzar un estado de desapego? No, él sabe que todos nos sentimos así. Se dirige a todos sus semejantes que piensan: «Pillo lo de las gotas de rocío, pero me da igual; lo que quiero es recuperar a mi hija». ¿Por qué se molesta, de entrada, en escribir haikus y por qué seguimos leyéndolos hoy, doscientos años después? Porque sabemos exactamente cómo se siente Issa y él sabe que lo sabemos, y sabemos que quienes los lean de aquí a doscientos años también lo sabrán (a menos que triunfe el proyecto de los inmortalistas). Al convertir su experiencia en poesía, Issa nos invita a la tristeza compartida de ser mortal, al anhelo comunal de ser humano; nos guía hacia el amor que —siempre he creído— es la fuente invisible de poder de todas esas canciones tristes de las que llenamos inexplicablemente nuestras listas de reproducción de audio. He aquí la paradoja insuperable: solo trascendemos del dolor cuando reparamos en que estamos conectados con todos los demás seres humanos que no pueden trascender de él, porque siempre dirán, porque siempre diremos: «Pero, aun así...».

¿Has caminado por la vida dejando constancia en silencio de tu propia protesta frente a la mortalidad? ¿Sientes con vehemencia el dolor de la separación? Tal vez te guardes para ti tales reflexiones por sentirte vagamente avergonzado de hacerlas pues, al margen de las aventuras de los inmortalistas, se oponen de manera marcada a nuestra programación cultural. Hay una serie de expresiones que usamos en situaciones cotidianas («Supéralo»; «Pasa página»...) y a las que damos un aire más amable cuando se trata de abordar el pesar de una pérdida: «Déjalo correr», decimos (*let it go*, frase que ha visto aumentar su uso de forma desmesurada en el transcurso de los últimos veinte años, según el Google Books Ngram Viewer). No me malinterpretes: se trata de un precepto sabio, de una idea liberadora. Sobre mi escritorio tengo el poema de Mary Oliver que encabeza este capítulo y, estos últimos años, he adquirido una gran pericia a la hora de dejarlo correr.

Sin embargo, en la cultura contemporánea, la frase comporta cierta conformidad forzosa. Antaño, en Occidente, tuvimos una tradición llamada *ars moriendi*, «el arte de morir».[4] Estas guías sobre el buen morir, que adoptaban a menudo forma de hojas impresas, se hicieron tan populares que una de ellas, escrita en latín en 1415, conoció mas de cien ediciones en toda Europa. Sin embargo, en la década de 1930, el lecho de muerte se había sacado del hogar familiar, donde en otro tiempo expiraba la gente en su propio dormitorio durante el parto, de gripe o por cáncer, a los hospitales, donde podía fallecer convenientemente apartada de la vista de los demás. Fue entonces cuando se inició la conspiración en la que seguimos inmersos casi un siglo más tarde y según la cual la muerte es algo que les ocurre solo a los demás.

La muerte se volvió «vergonzosa y prohibida», como lo expresó Philippe Ariès en *La muerte en Occidente*: «Nos falta una sola persona y sentimos el mundo vacío, pero ya no tenemos derecho a decirlo en voz alta».[5] Los dolientes comenzaron a cargar con el «deber ético de disfrutar», según observaba el antropólogo Geoffrey Gorer en su *Death, Grief, and Mourning*, y el «imperativo de no hacer nada que pudiese disminuir el disfrute de otros».[6] Debían «tratar el duelo como una expresión de autocomplacencia mórbida» y, los demás, «profesar admiración social a los desconsolados que ocultan su dolor de un modo tan cabal que a nadie se le pasaría jamás por la cabeza que les ha ocurrido nada».

En este capítulo, me gustaría ofrecer un punto de vista diferente. Espero ser capaz de mostrarte que vivir en un estado agridulce, con una clara conciencia de la fragilidad de nuestra existencia y del dolor de la separación, es una virtud minusvalorada y una senda inesperada hacia la sabiduría, el gozo y, sobre todo, la comunión.

Cuando nuestros hijos tenían seis y ocho años, alquilamos una casa de veraneo en el campo. Los críos estuvieron diez días nadando, jugando al aire libre, comprando helados... También se enamoraron de un par de burros llamados Lucky y Norman, que vivían en un terreno cercado contiguo. Todos los días les llevaban manzanas y zanahorias. Al principio, los animales se mostraban demasiado tímidos para aceptar sus obsequios; pero, tras unos días, echaban a correr por el campo nada más ver a los niños, que los observaban extasiados convertir aquellos manjares en zumo que salía a chorros de su boca.

El suyo fue un enternecedor amor de verano que, como todos los romances estacionales, llegó a su fin. Dos noches antes de nuestro regreso a casa, nuestros hijos, alegres de costumbre, se pusieron a llorar como descosidos a la hora de irse a la cama ante la idea de tener que separarse de aquellos burros. Les dijimos que Lucky y Norman estarían perfectamente sin nosotros, que siempre habría familias dispuestas a darles de comer y que quizá al verano siguiente volviéramos a aquella casa para que vieran de nuevo a Lucky y a Norman.

Sin embargo, lo único que logró consolarlos fue que les dijéramos que el dolor de las despedidas forma parte de la vida, que le pasa a todo el mundo y que a ellos les tendría que ocurrir más veces. Lo que podría parecer un recordatorio deprimente, tuvo, en realidad, el efecto contrario. Cuando los niños (y más aún los que tienen una existencia relativamente cómoda) lloran una pérdida, lo hacen en parte porque, sin pretenderlo, les hemos contado una mentira: que lo normal es que las cosas permanezcan siempre de una pieza; que la vida real es la que conocemos cuando todo nos va bien; que el desengaño, la enfermedad y las moscas que nos fastidian una merienda en el campo no son más que desvíos de la carretera principal. En *Primavera y otoño*, el poeta

Gerard Manley Hopkins le escribe a una joven que siente tristeza al ver desnudarse los árboles de Goldengrove:

Margaret, ¿te acongojas
al ver en Goldengrove caer las hojas?

No le pide que deje de llorar, ni le dice que el invierno también es hermoso (aunque sea muy cierto), sino que le revela la verdad sobre la mortalidad:

Pues, Margaret, lo que te desazona
es la desgracia de toda persona. [7]

No quiere decir esto que los críos no deban volver a sus juegos, su inocencia y su júbilo, sino que los niños, igual que a los adultos, reciben la noticia de que todo es transitorio como un alivio, como el final del engaño que les hacía dudar de su propio juicio. La pena que ven en el glorioso horizonte es real; no son los únicos que la perciben.

«Pero, aun así…» Para los niños, igual que para los adultos, son tres palabras que nos unen a todo aquel que ha vivido en algún momento.

La actitud que encierran estas tres palabras logra algo más que conectarnos de un modo inefable. Al decir de la doctora Laura Carstensen, influyente profesora de psicología que dirige el Laboratorio del Desarrollo de la Esperanza de Vida de Stanford y el Centro de Longevidad de Stanford, también tiene el poder de ayudarnos a vivir en el presente, a perdonar con más facilidad, a amar con más intensidad y a experimentar más gratitud y satisfacción, así como menos tensión y rabia. [8]

Carstensen es una sexagenaria de media melena salpicada de canas y gafas con montura de carey y una actitud que logra ser a un tiempo modesta e imperiosa. En 2012, presentó una charla TED llamada «Older People Are Happier» («Los mayores son más felices») en la que describía un hallazgo sorprendente: que las personas de más edad tienden a disfrutar de los atributos que acabo de describir. Huelga decir que la intuición popular ha sostenido siempre que los años otorgan sabiduría; pero Carstensen consiguió dar la vuelta a la explicación que, generación tras generación, se ha ofrecido a este hecho. Como lo explica Atul Gawande en su esclarecedor ensayo *Ser mortal*, Carstensen descubrió que la clave no está en la edad en sí misma ni en la experiencia que lleva aparejada, sino, más bien, en la conciencia de la transitoriedad, en el conocimiento de que el tiempo se acaba, en la percepción del «pero, aun así...» [9]

En uno de sus estudios, Carstensen y sus colegas analizaron durante una década a un grupo de voluntarios de entre dieciocho y noventa y cuatro años. Usando el método de «muestreo de la experiencia», dotó a los participantes de mensáfonos a fin de que dejaran constancia de sus estados de emoción en momentos aleatorios del día y de la noche. Pudo comprobar así que los mayores referían menos tensión, rabia, preocupación y angustia que los sujetos jóvenes y los de mediana edad. También descubrió lo que sus colegas y ella llaman el «efecto positivo» del envejecimiento: en tanto que los adultos jóvenes tienden a manifestar una «inclinación hacia la negatividad» que los predispone a centrarse en señales desagradables o amenazadoras, los de más edad suelen percibir y recordar lo positivo. Se centran en las caras sonrientes y tienden a obviar las ceñudas y enojadas. [10]

Al principio, otros sociólogos entendieron estos hallazgos como una «paradoja del envejecimiento», pues, con independencia de lo sabio que pueda llegar a ser uno, no tiene ninguna gracia habitar un cuerpo debilitado ni llenar la agenda de funerales a medida que van muriendo amigos y parientes. ¿Por qué iban a ser felices los ancianos? ¿Quizá se les daba mejor adoptar una actitud estoica, sonreír con impasibilidad ante una realidad deprimente? ¿No sería que el grupo de ancianos que había estudiado Carstensen, perteneciente a la llamada «generación grandiosa», estaba culturalmente condicionado a mantener el tipo? Sin embargo, resultó que los datos obtenidos eran aplicables a los integrantes de cualquier generación, fueran veteranos de la Segunda Guerra Mundial o fruto de la explosión demográfica: cuando mayores se hacían, más tranquilos y satisfechos se volvían.

Carstensen intuía lo que podía estar ocurriendo en realidad. En su opinión, la respuesta había que buscarla en la conmoción, estado que visitan en mucho mayor medida que los jóvenes (y que, como sabemos, se encuentra en la médula misma de lo agridulce). La sensación que nos produce lo que nos conmueve es la más intensa que experimentan los seres humanos y se produce cuando nos encontramos felices y tristes al mismo tiempo. Es el estado que conocemos cuando lloramos de alegría, lo que suele ocurrir durante momentos valiosos impregnados de su inminente final. Cuando se nos llenan los ojos de lágrimas al ver a un chiquillo al que queremos con locura saltando en un charco de agua no solo estamos felices, sino «también apreciando, aunque no de forma explícita, que ese momento de la vida está llamado a acabarse, que los buenos tiempos pasan igual que pasan los malos, que todos moriremos algún día. Creo que con el tiempo nos adaptamos a estar cómodos con esta realidad, que es una cuestión de desarrollo emocional».[11]

Si bien todos podemos acceder a este estado, les ocurre con más frecuencia a nuestros ancianos por el hecho, conjetura Carstensen, de tener un menor número de días por delante. Los jóvenes pueden engañarse con mayor facilidad pensando que la música no dejará nunca de sonar, de modo que, para ellos, tiene más sentido explorar que saborear, conocer gente nueva que dedicar tiempo a los seres queridos más cercanos, aprender nuevas capacidades y empapar información en lugar de reflexionar sobre su significado, centrarse en el futuro más que vivir el presente. Lo conmovedor, para los jóvenes, puede ser emotivo, pero también irrelevante para el acto cotidiano de vivir.

Todas estas actividades juveniles son maravillosas, por supuesto, en un sentido expansivo y de construcción vital; pero cuando uno sabe, con total certeza, que no vivirá mucho más, su perspectiva se estrecha... y se hace más profunda. Empieza a centrarse en lo que más importa y deja de preocuparse demasiado por la ambición, la posición y la medra. Desea ver el tiempo que le queda cargado de amor y trascendencia. Piensa en su legado y saborea el simple hecho de estar vivo.

Así expuesta por parte de Carstensen, la satisfacción de nuestros mayores cobra todo el sentido del mundo, el mismo que ha tenido siempre para los sabios y filósofos, que han dado con toda clase de medios (como el de colocar un cráneo en el escritorio) para tener siempre presente su condición mortal.

Así y todo, en nuestra sociedad occidental del siglo xxi, los colegas científicos de Carstensen mostraron, al principio, cierto escepticismo respecto de sus ideas. Ella, sin embargo, estaba en situación de ver cosas que escapaban a otros, no porque fuera mística ni eremita, sino porque a los veintiún años había visto a la muerte de cerca.

Tras un devastador accidente de tráfico, se vio ingresada en el pabellón de traumatología de un hospital en el que compartió habitación con toda una sucesión de octogenarias con fractura de cadera. Durante aquellas semanas de aflicción en que se debatió entre la vida y la muerte, empezó a advertir que desarrollaba las mismas prioridades que sus ancianas compañeras de habitación. Como ellas, vio estrecharse su enfoque social y hacerse más intensa su sed de trascendencia. Se encontró anhelando pasar tiempo con sus seres más queridos.

Mientras se recuperaba, pasó cuatro meses en el hospital, aburrida e inmovilizada como en uno de esos tebeos en los que el paciente yace bocarriba con una pierna amarrada al techo. Su padre la visitaba a diario y le propuso matricularse en la Universidad de Rochester, donde él era profesor. Le dijo que eligiese el ámbito que más le apeteciera y se ofreció a asistir a clase en su nombre para grabarle en cinta las clases. Laura eligió psicología. Aunque, en aquella época, no tenía un interés particular en el proceso de envejecimiento, un tiempo después, al leer que los ancianos tenían redes sociales más reducidas y que no solían visitar los centros de mayores para comer y participar en otros programas sociales que se consideraban beneficiosos para ellos, le pareció lógico. Recordó cómo se había sentido durante su hospitalización. ¿Para qué vas a invertir tu tiempo en hacer nuevos amigos cuando tienes los días contados? ¿No será mejor buscar significación en los momentos y las relaciones que ya tienes?

En aquel momento, según recuerda Gawande, la teoría predominante sostenía que, a medida que nos acercamos al fin de nuestras vidas, empezamos a desconectarnos de los demás; pero Carstensen sospechaba que no tenía sentido. El que no nos apetezca hablar con personas aleatorias en un centro de mayores no significa que queramos dejar de relacionarnos, sino que, por el contrario, a medida que nos acercamos al final, renunciamos a la expansión en favor de la comunión y la trascendencia.

Tras aquel primer estudio para el que pasó una década siguiendo a voluntarios de entre dieciocho y noventa y cuatro años, Carstensen llevó a cabo cierto número de investigaciones innovadoras para poner a prueba su hipótesis de que es la conciencia de transitoriedad, más que la edad en sí misma, lo que nos lleva a tomar las opciones vitales de una persona más anciana y más sabia. Siguió comprobando que los mayores tienden a valorar más el tiempo que pasan con amigos íntimos y familiares que el que dedican a conocer a gente nueva. Sin embargo, cuando les pedía que imaginasen que los avances médicos les garantizaban veinte años más de vida, veía que tomaban las mismas elecciones que los jóvenes. De manera inversa, los jóvenes enfermos terminales de sida adoptaban decisiones idénticas a las de los octogenarios, como sucedía también con jóvenes completamente sanos que se enfrentaban a la transitoriedad al imaginar, por ejemplo, que estaban a punto de mudarse lejos de sus seres queridos.

Carstensen llegó a encontrar estos mismos patrones entre personas sanas que vivían sometidas a tensiones sociales. Así, los residentes jóvenes y robustos de Hong Kong preocupados por la dominación china en 1997 y, más tarde, por la epidemia de SARS, tomaban las mismas decisiones sociales que personas de mucha más edad. Sin embargo, cuando todo se calmó tras la transición política y cuando disminuyó la amenaza del SARS, aquellos jóvenes empezaron a «ser ellos mismos» de nuevo. Estudio tras estudio, Carstensen fue comprobando que la variable más importante no eran los años transcurridos desde el nacimiento, sino los años buenos que percibimos que nos quedan. [12]

Todo esto, excelente noticia si eres octogenario, también tiene consecuencias nada desdeñables para el resto. Si Carstensen tiene razón al asegurar que la sabiduría procede no solo de la experiencia, sino también de la conciencia relativa a lo que ella llama la «fragilidad de la vida», debe de haber muchas formas distintas de lograr dicho estado. A fin de cuentas, no podemos (ni queremos, probablemente) envejecer de golpe treinta o cincuenta años, pero sí cambiar nuestra perspectiva.

Si eres por naturaleza de tendencia agridulce, ya llevas algo adelantado, pues tu carácter te predispone a sentir el impulso de la transitoriedad. Otro modo de alcanzarlo consiste, sin más, en esperar a alcanzar la madurez de la mediana edad que, al parecer, conlleva algunos de los beneficios psicológicos de la vejez sin el inconveniente de la decadencia corporal. Carstensen ha desarrollado un breve cuestionario, que llama «escala de la perspectiva del tiempo futuro» («FTP Scale») y que puedes encontrar en su página web lifespan.stanford.edu. En él se miden dos categorías: la agudeza de tu sentido de la posibilidad y tu grado de conciencia de que un día morirás.[13]

Cuando, a los cincuenta, hice el cuestionario, topé con que había respondido el primer conjunto de preguntas (que mide la expectativa de un futuro prometedor) como una persona joven y el segundo (que mide la conciencia de que el tiempo se escapa), como una octogenaria. Todavía tengo la cabeza llena de planes, ideas y emoción como una joven de veintiún años, pero poseo una percepción agudizada —de la que carecía hace quince años— de que el tiempo es limitado. Esto no me provoca ansiedad, por lo menos de momento, pero sí me empuja a sentir que debería empaparme de todo mientras puedo. Carstensen me dijo que algo así es muy propio de gente de mediana edad.

Con todo, aun cuando tengas solo veintidós años y no seas de temperamento agridulce, Carstensen cree que hay otros modos de acceder a la sabiduría de los mayores. Recomienda —¡sorpresa!— oír música agridulce en clave menor (tengo la lista de reproducción que necesitas, junto con una cuidada selección de poesía y arte agridulces, en www.susancain.net).

También recomienda meditar sobre la muerte, observar la transitoriedad en la naturaleza (el esplendor del otoño, la cría de gorrión caída en la puerta de casa…) y pasar más tiempo con los parientes mayores y preguntarles si podemos grabar las historias de su vida, porque no es fácil creer que no siempre estarán ahí para contarlas y, así, nos recordamos que, un día, todas esas anécdotas vivirán solo en forma digitalizada.

También podemos seguir las tradiciones religiosas con las que hayamos crecido: el Miércoles de Ceniza, por ejemplo, en el cristianismo, el Yom Kipur en el judaísmo o las meditaciones sobre la transitoriedad del budismo nos recuerdan que somos mortales.[14] En su *Imitación de Cristo*, célebre libro de devoción cristiana, el estudioso medieval Tomás de Kempis alienta a sus correligionarios a vivir como si fuesen a morir en cualquier momento. Su planteamiento es similar al de los filósofos estoicos, que nos recomendaban tener presente la muerte en el momento mismo en que nos sintiéramos más invencibles.

Cuando los antiguos romanos lograban un triunfo, según escribe Ryan Holiday, influyente experto en estoicismo, se elevaba al jefe victorioso a un lugar de honor para que pudiera contemplarlo la multitud congregada para ensalzarlo. Sin embargo, en lugar de permitir que se bañase de gloria sin más, lo seguía un ayudante que no dejaba de susurrarle al oído: «Recuerda que eres mortal».[15] Marco Aurelio escribió también en sus *Meditaciones*: «Podrías abandonar la vida en este preciso instante. Que eso determine lo que haces, lo que dices y lo que piensas». Séneca recomendaba tener presente todas las noches que «quizá mañana no te despiertes» y recibir cada mañana recordando que «quizá no vuelvas a dormir». Todas estas prácticas pretenden ayudarnos a entender nuestra vida y al prójimo como lo que son: bienes preciados.

Como ya he dicho, yo las he probado y sé que pueden ser muy útiles. Cuando voy a darles a mis hijos un beso de buenas noches, a veces me recuerdo que tal vez no estén, o no esté yo, al día siguiente. Puede que te parezca morboso, pero ese pensamiento me lleva a soltar de inmediato el móvil o, mejor aún, dejarlo en otra habitación.

Con todo, a veces recibimos recordatorios de nuestra condición mortal sin que lo esperemos. Mi padre me hizo conocer la música del gran cantautor belga Jacques Brel siendo yo adolescente. Los dos adorábamos sus composiciones, geniales y cargadas de patetismo. La afición a Brel y a la música en general fue uno de los muchos regalos que conservo de mi padre. Durante las semanas que pasó en el hospital con COVID-19, mientras esperaba tener noticias de su evolución, volví a escuchar a Brel. Habían pasado décadas desde la última vez que había oído aquellas canciones y, en ese momento, habiendo entrado ya de sobra en la mediana edad, me di cuenta de que el gran tema de sus composiciones había sido el paso del tiempo. Algo así, que, supongo, podría haberme puesto triste, hizo, en cambio, que me sintiese querida: Brel había predicho ese momento; mi padre había sabido que llegaría cuando me puso su música hace ya tantos años, y en el presente yo también compartía ese conocimiento. Jacques Brel, mi padre, yo. Y tú, lector.

Reflexionando sobre la obra de Carstensen, he empezado a concebirla como una figura religiosa vestida de científica. Ella se ríe cuando se lo digo, pero reconoce la afición que le tiene a una conocida historia rabínica que dice:

> Un rabino camina con un niño pequeño por una senda cuando topan con un pájaro muerto. El crío quiere saber por qué ha tenido que morir.
> —Todas las cosas vivas mueren —le explica el rabino.
> —¿Tú también morirás? —pregunta el niño.
> —Sí.
> —¿Y yo?
> —Sí.
> El pequeño, con aire afligido, corre a preguntar:
> —¿Por qué?
> —Porque eso es lo que hace de la vida un bien tan valioso —sentencia el rabino.

Le pregunto por qué le gusta tanto esta historia.
—Porque —me dice con la voz tomada por la emoción— mis investigaciones me dicen lo mismo con datos científicos.

Si la labor de Carstensen se centra en cómo reaccionamos a nuestra propia mortalidad, aún queda pendiente la cuestión de nuestra respuesta a la pérdida. No es ninguna coincidencia que el poema de Issa vaya sobre la muerte de un hijo, lo que, para muchos, representa la más ardua de todas las penas.

Issa estaba lidiando con el ideal de la falta de apego, que parece contrastar de forma marcada con la actitud occidental frente al duelo. Freud, por ejemplo, recomendaba no un desapego preventivo, sino la ruptura de todo apego tras la muerte: la retirada gradual de toda inversión en la persona a la que hemos amado, el proceso doloroso y laborioso de cortar los lazos emocionales. Él lo llamó «trabajo del duelo».

Un punto de vista más actualizado, promovido por estudiosos occidentales contemporáneos de la aflicción como George Bonanno, profesor de psicología clínica de la Universidad de Columbia y autor de un libro influyente titulado *The Other Side of Sadness*, se centra no tanto en «dejarlo correr» como en nuestra capacidad para la resiliencia. [16] Cuando perdemos a nuestros seres queridos, dice Bonanno, podemos caer de rodillas y maldecir a los cielos; pero los de nuestra especie estamos hechos para soportar el dolor, hemos perdido a quienes queríamos desde que mamábamos de nuestras madres. Algunas personas afligidas sufren una pena crónica —o una angustia moderada— durante mucho tiempo; pero la mayoría de nosotros es más resiliente de lo que cree.

Damos por hecho que la trayectoria normal tras una pérdida consiste en un largo período de sufrimiento seguido de una recuperación desmesuradamente lenta, cuando, según Bonanno, la realidad es más compleja. Podemos reírnos con un chiste al día siguiente de la muerte de nuestra hija y llorar al recordarla cincuenta años después.

Inmediatamente después de una pérdida, es habitual ir y venir entre emociones intensas de felicidad y tristeza. «Otra revelación —señaló la escritora Chimamanda Ngozi Adichie en *The New Yorker* poco después de la muerte de su padre—: en qué medida forma parte la risa del duelo. La risa está densamente entreverada en nuestra jerga familiar y ahora reímos recordando a mi padre, aunque, en el trasfondo de la risa, en algún punto, hay una bruma de incredulidad. La risa se va apagando». [17]

«La experiencia dominante es la tristeza —explica Bonanno en una entrevista publicada en un pódcast del doctor David Van Nuys— y también hay otras emociones. Hay rabia, a veces desdén, o remordimiento; la gente tiene toda clase de recuerdos y experiencias difíciles. Conque, más que un estado complejo y constante de meses de profunda tristeza, se trata más bien, en realidad, de una condición oscilatoria, intermitente, en la que la tristeza se ve a veces interrumpida por estados positivos de sonrisas, risa y conexión con otros». [18] Para muchos, esos «períodos de tristeza se vuelven menos intensos gradualmente».

Eso no significa que ni siquiera los más resilientes puedan pasar página por completo. «Quizá no resuelvan la pérdida —dice Bonanno—, quizá no arrinconen por completo el dolor; pero son capaces de seguir funcionando». Estamos hechos para vivir simultáneamente en el amor y la pérdida, en lo acerbo y lo dulce.

El hincapié en el desapego que se hace en Oriente supone contemplar la pérdida desde un enfoque diferente. No niega el duelo —se dice que hasta el dalái lama lloró la muerte de su madre— ni, por descontado, el amor. «El desapego no se contradice con el amor, como se entiende comúnmente —dice el gurú espiritual hindú Sri Sri Ravi Shankar—, sino que es una forma de amor más elevada». [19] Más bien, recomienda amar de un modo no apegado.

Este punto de vista me parece muy sabio... y, sin embargo, sigo preguntándome si tal principio puede —o debería— aplicarse a un padre afligido por la pérdida de un hijo —a Issa, sin ir más lejos— o se ve arrastrado por la violenta oleada de tristeza que golpea a quien sufre tal situación.

Decidí llevar a cabo una encuesta informal y empecé por el Sri Sri, a quien tuve la suerte de entrevistar un día en un foro de la

Universidad de Yale. Él me respondió, sin dudarlo, que sí. Un padre llorará, por descontado, en semejante circunstancia; pero «tu dolor frente a la muerte o la enfermedad de otro se debe solamente a que son tuyas. Hasta el amor abrumador que sientes por tu hijo se da en una versión apegada o desapegada. Una cosa es amar a tu hijo por lo que es y otra amarlo porque es tuyo. Amar sin apego es amar a tu hijo por lo que es; amarlo porque es tuyo es amar con apego».

Claro está, añade, que un padre necesita tiempo para ajustarse a la nueva realidad. «Es posible amoldarse —dice—. En el caso de una madre, quizá no lo sea de inmediato». [20]

A continuación, fui a ver a un colega llamado Stephen Haff. El Sri Sri, en un eco de la tradición del amor benevolente que me había enseñado Sharon Salzberg, me había recomendado, como madre de dos críos, soltar los lazos del apego ampliando el alcance de mi amor maternal. «Deberías amar a muchos más niños como los tuyos —me había dicho— del mismo modo que los amas a ellos. Cuando expandas tu apego, lograrás el desapego y llegará a tu vida un sentido más amplio de la sabiduría».

Pues bien, resulta que Stephen vive ni más ni menos que la existencia que prescribe el Sri Sri. Este hombre rubio, desaliñado y entusiasta, perspicaz graduado en arte dramático, ha consagrado su carrera profesional a enseñar a niños desfavorecidos en una animada escuela de una sola aula que dirige con un presupuesto ajustadísimo en un local del barrio de Bushwick, en Brooklyn. Se llama Still Waters in a Storm («Remanso en la Tormenta») y es un santuario extraescolar de lectura y escritura en el que niños y adolescentes, en su mayoría inmigrantes mexicanos, pueden sumergirse en la literatura y el teatro. Los críos escriben poesía, ficción y piezas autobiográficas antes de leer por turnos su obra en voz alta mientras los demás atienden en lo que Stephen llama «un silencio sagrado». [21] Pasa sesenta horas semanales en el centro, lo que apenas le da para pagar el alquiler de su propia familia. Dice que todo el mundo le confiesa no entender lo intenso de su «amor a chiquillos escogidos al azar», pero él dice profesarlo a «todo el que viene al aula»: «Los quiero. Hago todo lo que puedo por cualquiera de ellos. Quiero oír todas sus voces».

Aun así, cuando le pregunté por el consejo del Sri Sri, sacó una hoja de papel con una cita de George Orwell que llevaba consigo a todas partes.

En estos tiempos plagados de yoguis —había escrito el literato en 1949, antes de que hubiera un centro de yoga en cada esquina—, se da por sentado con demasiada facilidad no solo que el de «desapego» es un estado preferible …, sino que el hombre de la calle lo rechaza por el simple hecho de ser difícil de conseguir. … Si pudiéramos buscar sus raíces psicológicas, daríamos, creo, con que el motivo principal del «desapego» es el deseo de huir del dolor de la vida y, ante todo, del amor, que, sexual o no, constituye una labor difícil. [22]

Entonces, volviéndose para mirarme a los ojos, me dijo:

—Querer a alguien no significa otra cosa que quererlo más que a otros. Entender eso me hace más capaz de amar. Entiendo que hay una jerarquía. Yo quiero a mis alumnos, pero, por supuesto, quiero más a mis hijos y no tengo ningún interés en aprender a hacerlo de otro modo. Es algo demasiado fuerte, demasiado alejado del corazón de la naturaleza, y yo quiero vivir por completo esa sensación. He admirado a menudo las ideas de los budistas, pero, al mismo tiempo, me he preguntado qué significan realmente. ¿Es, de verdad, en última instancia, algo tan insensible? La primera vez que leí esta cita de Orwell, sentí que tenía permiso para ser persona.

¿Qué pasaría, le pregunté con tanta delicadeza como me fue posible, si le ocurriese algo a tus propios hijos, a los que estás criando con tu mujer?

—Si perdiese a mis hijos —respondió sin vacilar—, me sentiría destrozado. Perder a los otros también me destrozaría, pero, si fuesen los míos, me quedaría asolado.

Por último, hablé con otra amiga, la doctora Ami Vaidya, codirectora del servicio de oncología ginecológica del Hackensack University Medical Center. El trabajo de Ami, que empezó su formación trayendo bebés al mundo, consiste con frecuencia en tratar a madres con cáncer terminal de ovarios, con tanta competencia y empatía como le es posible. Ami resulta ser hindú y cree en la reencarnación, en lo que ella describe como una «pauta cíclica entre la vida y la muerte».[23] Cuando era pequeña, su abuela le dijo levantando un pulgar que tenía una Ami en miniatura, del tamaño de aquel dedo, viviendo en el corazón. «Me dijo que nuestros cuerpos no pueden vivir eternamente y que, al morir, su alma sigue caminando y busca otro cuerpo en el que habitar. El alma nunca muere y sigue yendo de cuerpo en cuerpo hasta que, un día, rompe el ciclo del nacimiento y la muerte para poder ser uno con el universo. Esa es la idea del *om*».

Para Ami, esta creencia hace que sea más fácil sobrellevar la muerte y, además, influye en su forma de concebir el tratamiento médico. «El cuerpo no tienen ningún valor —explica—. Lo incineramos y ni siquiera conservamos las cenizas. Todo eso es algo transitorio que ayuda a la gente a aceptar la pérdida y a ver esta vida como algo muy muy limitado».

Ami se asegura de ofrecer a sus pacientes todas las opciones posibles de tratamiento para que puedan elegir su propio curso con dignidad. Las pacientes de cáncer occidentales, me explica, suelen querer probarlo todo, «aunque haya solo un tres por ciento de probabilidad ¡no ya de curar la enfermedad, sino de estabilizarla! Y eso que los síntomas de muchas de las que tienen la mala suerte de sufrirla en estado avanzado o reiterado pueden ser durísimos. Su calidad de vida puede verse muy mermada, hasta el punto de que les resulta imposible levantarse de la cama o comer y beber con normalidad. En su caso, la vida que disfrutan en caso de conseguir estabilizar la enfermedad apenas puede llamarse vida. Sin embargo, nos aferramos a cualquier oportunidad por el simple hecho de no querer hacer frente a la pérdida. Mis pacientes hindúes, en cambio, no se muestran muy propensas a aceptar un tratamiento tan desesperado. Estoy generalizando, claro, porque hay excepciones; pero es más fácil que digan: "Me ha llegado la hora".

»No quiero decir con esto que a los hindúes les guste la muerte —se apresura a aclarar—. Sienten la pérdida en igual medida, pero tienen una mayor conciencia de que la muerte forma parte de la vida. Existe cierto fatalismo, cierta sensación de que cambiarlo no depende de nosotros, sino que hay una fuerza mayor que nosotros mismos y hasta que la capacidad de la ciencia para dar con tratamientos y curas. Las cosas ocurren por un motivo. Si nos ha llegado la hora, nos ha llegado la hora».

Se trata de un punto de vista convincente y, aun así... Cuando le pregunto por el caso de Issa —la pérdida de un hijo—, se detiene en seco. Ami es una persona terriblemente enérgica, una doctora de gran talento y sumamente perspicaz. Conversar con ella es como verse suspendido sobre un río de palabras e ideas que fluyen sin esfuerzo. Sin embargo, al trata de dar respuesta a esto, su voz se vuelve más titubeante. «Ese caso es el más difícil —dice pausadamente—. Creo que, con los hijos, pedir aceptación es demasiado. Gracias a Dios, no soy oncóloga pediátrica. Es algo que jamás podría hacer y menos aún después de ser madre. Yo me aferro a mis hijos a diario con todas mis fuerzas. No sabría dirigirme a esas familias para darles alguna clase de consuelo por una pérdida así. La de un hijo es la pérdida más honda, más intensa que pueda existir. No encuentro la forma de describir la pérdida de un hijo ni de hablar sobre algo así. Solo puedo decir que, para mí, es, sin más, un sufrimiento que les toca soportar a algunos».

Al principio, me encuentro confundida. Para quien está convencido de que el alma sobrevive al cuerpo en un ciclo casi infinito de renacimientos, ¿no deberían ser más fácil de sobrellevar aun las pérdidas más dolorosas?

Con todo, según me explica Ami, la doctrina de la reencarnación no resuelve el dolor que supone la separación de dos almas unidas. «Es poco probable que esas dos almas vuelvan a encontrarse. ¿Quién sabe adónde irá una y dónde acabará la otra. Y esa sí que es una verdadera pérdida».

Volvemos, pues, a lo mismo: el problema más antiguo y el sueño más ambicioso: el dolor de la separación y el deseo del reencuentro. Ahí se encuentra la clave del sufrimiento y del anhelo del ser humano, con independencia de nuestra religión, el país en que nacimos y nuestra personalidad. Es lo que intentaba decirnos Issa, lo que hemos sabido todos desde siempre.

Tanto el budismo como el hinduismo enseñan que, una vez libres de apego, alcanzaremos el nirvana, que no se encuentra en el firmamento ni en ningún lugar distante y fantástico, sino que consiste, más bien, en un estado de iluminación que cualquiera puede alcanzar aquí, en la tierra, un estado en el que tomamos el dolor y la pérdida, el consuelo y la unión, con ecuanimidad y compasión.

En consecuencia, quizá ninguna de las personas que acabo de presentar pueda considerarse iluminada: ni Stephen, ni Ami..., ni siquiera Issa. Issa no, desde luego. Podría ser que, una vez que estemos totalmente iluminados, lo agridulce resulte irrelevante. No tengo modo alguno de saberlo (y, si piensas que tú sí, ten en cuenta la observación del maestro espiritual Ram Dass, que aseguraba que, a quien crea haber alcanzado dicho estado de iluminación, le convendría pasar una semana con su familia por Acción de Gracias). [24]

Pese a lo dicho, hay distintas sendas que pueden llevarnos a la paz que buscamos todos. La de «dejarlo correr» es una de ellas y hay que reconocer que nos permite avanzar hasta cierto punto. Otra consiste en «conocer tu grado de resiliencia», que nos reconforta y nos da valor. La del desapego, por su parte, nos ayuda a aspirar a un amor expansivo que existe con independencia de la posesión, en tanto que otros hallan consuelo en la convicción de que se reunirán en el cielo con sus seres queridos.

No obstante, la vía que nos muestra Issa, la del «pero, aun así...», comporta una enseñanza diferente: la de que el anhelo que sentimos muchos es la fuerza que nos llevará a casa. El «pero, aun así...» abre de par en par los brazos que parecen abrazar con energía el pecho del mundo cuando nos abandonan nuestros seres queridos. El «pero, aun así...» nos conecta con todo aquel que ha sufrido alguna vez o, lo que es igual, con todos.

Cuando a la única hija de Lois Schnipper, Wendy, le diagnosticaron cáncer de ovarios a los treinta y ocho años, los oncólogos dijeron que lo tratarían como una enfermedad crónica. Por tanto, pese a las escasas probabilidades de curación que tenía entonces el cáncer de ovarios, Lois pasó los diez años que duró su dolencia convencida de que Wendy saldría adelante. Es una mujer de natural optimista, como lo era su hija, que siguió llevando una vida tan normal como le fue posible con su marido y sus hijas: funciones escolares, partidos de fútbol, vacaciones en familia... En las fotos de aquella época, su peinado va cambiando —unas veces aparece con un pañuelo en la cabeza; otras, con el pelo, de siempre castaño y totalmente liso, rizado y corto después de haberlo perdido a consecuencia de la quimioterapia—, pero su sonrisa se mantiene siempre radiante. Las crisis médicas se sucedían —con visitas frecuentes al hospital, durante las cuales la familia volvía a reunirse en una sala de espera mientras los especialistas la sometían a un nuevo tratamiento horrible— y, sin embargo, Wendy salía adelante tras todas ellas y, cada vez que esto ocurría, Lois volvía a creer que su hija la sobreviviría.

En cambio, Murray, su marido, que tenía un carácter menos optimista y había perdido a su propio padre a los dieciséis años, se preparaba para lo peor. Se afanó en saborear aquellos diez años con su hija, pero también los pasó tratando de apercibirse para encajar el golpe. De ese modo, cuando murió Wendy, él estaba listo —tanto como pueda estarse en una situación semejante—, mientras que Lois quedó totalmente desgarrada. Estuvo dos años sin apenas salir de su casa, se levantaba llorando a diario y engordó más de cuatro kilos. Llenó de retratos de Wendy de todos los tamaños las paredes de la casa en la que la habían criado Murray y ella. Había perdido por completo y para siempre su carácter alegre y competente... o eso parecía.

Al final, gracias al apoyo de Murray, quien, entre otras cosas, le hizo ver con delicadeza que aquel santuario consagrado a Wendy no le estaba siendo de ayuda a nadie, Lois fue volviendo a ser ella misma. Se dio cuenta de que tenía otros hijos y nietos que también la necesitaban; de que, al pasarse el día sumida en su dolor, estaba excluyéndolos, dándoles a entender que no importaban y hasta que debían renunciar a una vida normal como había hecho ella. Reparó en que todavía tenía a Murray, a quien adoraba, y en que aún amaba la vida. «Me gusta estar con gente y salir —afirma—. Sigue apasionándome».[25]

Al mirar al pasado, se alegra de no haber dejado que la alegría de esos últimos diez años con Wendy se empañaran con una visión más realista de su pronóstico y tiene claro que no cambiaría aquellos buenos tiempos por una aceptación más sencilla de su muerte.

Lois, buena amiga mía y suegra de mi hermana, me cuenta todo esto con calma mientras tomamos un tentempié de media mañana en un restaurante agradable del Upper West Side de Manhattan, con Murray a su lado. En el momento de nuestra conversación, ha cumplido ya los ochenta y dos años. Oyéndola referir su experiencia, no puedo menos que quererla, admirarla y tomar nota mental de lo que hacer cuando me sobrevenga algún desastre, aun cuando, al mismo tiempo, pienso que su imponente optimismo nos sitúa a años luz a la

una de la otra. Yo soy más como Murray: yo habría visto claro el
diagnóstico y me habría preparado para la catástrofe. Así es, para
bien o para mal, como soy yo. Los psicólogos tienen hasta un nombre
para esta actitud: «pesimismo defensivo». Por enésima vez, me mara-
villo de las numerosas variaciones que presenta el ser humano.

A continuación, sin embargo, Lois dice algo que me hace pensar
que no somos tan distintas. De pronto, volvemos a unirnos en la comunión extraña y hermosa que caracteriza a nuestra especie al dar lo
mejor de nosotros mismos pese a tener códigos fuentes dolorosamente imperfectos.

—Ahora es como mirar un espejo roto —asevera—. Siempre falta algo. No refleja la realidad como lo hacía, pero, con esfuerzo, es
posible hacerse una idea de como era.*—Tras una pausa, añade en
tono sosegado:

—Eso sí, hace falta cierta fuerza de voluntad.

Lo dice en voz baja, casi como una coletilla:

—Eso sí, hace falta cierta fuerza de voluntad.

En 2016, doscientos años después de que Issa escribiera su haiku,
Lois me había mirado desde el otro lado de la mesa en la que disfrutá-
bamos distendidamente de una tortilla de espinacas y un batido cremo-
so de fresa para transmitirme las palabras que parecen no cansarse de
decir los seres humanos: pero, aun así; pero, aun así; pero, aun así…

Hace doscientos años, Issa nos enseñó que tenemos que ser conscientes de la transitoriedad —darnos cuenta de lo efímeras que son las
gotas de rocío— y que no deberíamos fingir que el dolor desaparece.
Por mucho que te diga tu cultura que sonrías, no es humano pasar
página sin más.

---

* Lois leyó sobre esta metáfora en un libro del que no consigue recordar el título. ¡Siento
mucho no poder dar a su autor el reconocimiento que merece!

Lo que no significa que no podamos seguir caminando. Esta distinción entre tratar de dejar atrás el dolor y avanzar en su compañía constituye la clave de una charla TED ofrecida por la escritora Nora McInerny y representa el marco más poderoso que he encontrado para abrazar la naturaleza agridulce de la existencia que nos une a todos. Tras perder a Aaron, su marido, por un cáncer cerebral, McInerny preguntó a otros compañeros que habían sufrido experiencias semejantes qué consejo sobre el dolor les había resultado más odioso. La respuesta más frecuente fue la exhortación a «superarlo».[26]

Desde entonces, ella había vuelto a casarse y compartía con su nuevo marido una familia mixta de cuatro hijos, una casa en las afueras y un perro recogido. La vida le sonreía, pero Aaron seguía estando con ella, no «como lo estaba antes, que era mucho mejor. Lo que pasa es, simple y llanamente, que Aaron es imborrable y, por tanto, está presente». Está presente en la obra de Nora, en el hijo que tuvieron juntos, en la persona en que se ha convertido y de la que se enamoró su segundo marido. Asegura que, lejos de superarlo, ha «seguido avanzando con él».

Las observaciones de McInerny perpetúan el legado de Issa... y nos enseñan también a vivir con él. «¿Qué podemos hacer, además de recordarnos los unos a los otros que hay cosas que no pueden arreglarse y que no todas las heridas están destinadas a sanar? —sigue diciendo—. Necesitamos recordarnos unos a otros, ayudarnos a recordar unos a otros, que el duelo es una emoción polifacética, que podemos estar y estaremos tristes y felices; que estaremos afligidos y seremos capaces de amar al mismo tiempo, en el mismo año o la misma semana. Tenemos que recordar que una persona de luto volverá a reír y a sonreír. Que seguirá adelante, pero no tiene por qué pasar página».

9

¿HEREDAMOS EL DOLOR DE NUESTROS PADRES Y NUESTROS ANCESTROS? Y, SI ES ASÍ, ¿PODEMOS TRANSFORMARLO AL CABO DE VARIAS GENERACIONES?

Lo que se silencia en la primera generación lo lleva
en su organismo la segunda.

Françoise Dolto [1]

Empecé a escribir este libro con la intención de resolver el misterio de la música agridulce, de por qué nos gusta oírla y por qué a muchos nos parece tan elevada, tan sublime. Sin embargo, también pretendía desentrañar otra cuestión, de la que te he hablado en el capítulo 4: por qué me resultaba imposible hablar de mi madre sin ponerme a llorar y cómo podía evitar esta reacción. Mi solución había consistido en dejar de hablar de ella, hasta cierta mañana de octubre, en el Open Center, sociedad holística del centro de Manhattan.

En mi afán por entender la mortalidad, me había matriculado en un taller destinado a trabajadores sociales, capellanes y psicólogos especializados en el trato con moribundos y personas que han perdido a sus seres queridos. Yo no pertenecía a ninguno de estos colectivos profesionales, pero esperaba que el hecho de estar escribiendo el presente volumen fuera requisito suficiente para asistir. Conque allí estaba, relajada y un tanto desconectada, más o menos como antes del concierto de homenaje a Leonard Cohen. No tenía ni idea de que estaba a punto de responder a la duda sobre mi madre que llevaba décadas planteándome... y también de explorar una cuestión mucho más amplia sobre lo agridulce: la de cómo transformar la tristeza y los anhelos que heredamos de las generaciones que nos han precedido.

Nos reunimos en una sala espaciosa y bien iluminada que también hace las veces de aula de yoga, con estanterías llenas de mantas dobladas y bloques de gomaespuma. Hoy, sin embargo, el lugar está presidido por un esqueleto de cuerpo entero junto con una mesilla de madera en la que hay dispuestas una vela votiva y una pizarra blanca con las siguiente frase escrita: «Entender la muerte es entender la vida».

El doctor Simcha Raphael, psicoterapeuta, «profesor de concienciación sobre la muerte» y director fundador del Da'at Institute for Death Awareness, Advocacy and Training, está sentado con gesto expectante al lado del esqueleto. Nos invita a tutearlo. Parece un cruce entre rabino ortodoxo y jipi californiano de la vieja escuela, con barba entrecana, un traje azul marino y un casquete en la coronilla, además de un pendiente en la oreja, un colgante de plata al cuello y botas camperas. Habla con una mezcla de cadencia talmúdica y la cháchara de ingenio agudo de un comediante de la región turística que conocemos los neoyorquinos como los Alpes Judíos. Nos cuenta que se encontraba «encurtido en la salmuera del lamento» después de haber tenido que hacer frente, de joven, a la muerte de varios amigos íntimos y familiares. Sin embargo, está convencido de que entre este mundo y el siguiente hay una ventana, no un muro, y que nuestra sociedad «muertefóbica» nos impide verlo.[2]

Los ocho alumnos del taller tenemos las sillas dispuestas en círculo y Simcha nos alienta a compartir nuestra experiencia personal con la muerte. Una de las primeras en hablar es Maureen, que se describe como «irlandesa dura». Parece una mujer competente, sensata y alegre. Se deshace en elogios al hablar de su hija y su marido, con el que esta noche celebra quince años de casada. Tiene el pelo corto y liso y lleva gafas, zapatillas de deporte y una placa de identificación con una carita sonriente. Nos cuenta su experiencia con voz clara y asertiva mientras deja que los brazos le descansen a los costados.

—Siempre empiezo por decir a qué me dedico, porque me parece lo más prudente. Soy trabajadora social en el ámbito sanitario. Me encuentro a gusto ayudando a los demás a enfrentar su propia muerte, hasta la médula —añade haciendo hincapié con gesto adusto—. Me doy miedo. Mi padre murió cuando yo tenía catorce años y mi madre no nos dejó exteriorizar nuestro dolor. Cuando, en el funeral, me eché a llorar, mi madre me lanzó una mirada furiosa. —Maureen reproduce el gesto de su madre con una imitación que imagino perfecta, deprimiendo las comisuras de los labios con aire de severa desaprobación.

»Mi hermana perdió el pelo por la pena —prosigue—. Yo lloré mucho, pero nunca llegué a aceptarlo. Conocí a un amigo que se convirtió en una figura paterna para mí y que después se suicidó. Más tarde, me volví alcohólica y tuve varias relaciones con hombres que me maltrataron. He tenido varios abortos y estoy convencida de que voy a ir al infierno. Llevo catorce años sin beber. Me he volcado en mi trabajo para compensar mis errores, para de algún modo dar a otros el apoyo que yo no tuve.

»Quiero llorar mis espantosos errores —dice con voz queda—. Quiero aprender a sanar ese dolor y a pedir perdón. ¿Cómo puedo perdonarme a mí misma? Si lo consiguiera, sería libre para ayudar a otros.

Simcha la escucha atentamente del principio al fin.

—Veo dos cosas —señala a continuación con amabilidad—. La primera es que tu madre te enseñó muy bien a barrer tus sentimientos debajo de la alfombra. Tu historia es dolorosísima y, sin embargo, si viéramos una grabación de vídeo de lo que acabas de contar y le quitásemos la voz, podríamos pensar que estás hablando de un viaje al Caribe o de lo que acabas de comer. Conque gracias, mamá, pero quédatelo, que nosotros no lo necesitamos. La segunda es un ansia tremenda por curarte y liberarte del juicio al que te sometes tú misma. De entrada, tenemos que desechar esas tres palabras: «Mis espantosos errores».

Nos pide a los demás que prestemos atención a lo que ocurre cuando oímos una historia dolorosa de otra persona. ¿La hacemos nuestra? Sí, mi desapego se está desmoronando. Escuchándola, he notado que me venía abajo.

Entonces, nos pregunta si nos estamos juzgando a nosotros mismos.

—¿Estáis pensando que la historia de su vida es para cuatro pañuelos y la vuestra apenas da para dos?

Sí, eso también. Me consuela ver que los demás ríen aliviados ante la pregunta de Simcha. Ojalá no tuviese que contar la mía: resulta tan trivial al lado de la de Maureen…

No obstante, negarme a revelarla me parece mal, muy poco generoso. Cuando me llega el turno, hablo de mi madre, del abismo que nos separó cuando llegué a la adolescencia, de la sensación que tenía, entonces, de haber matado su espíritu. Cuento que ella se crio a la sombra de su propia madre y de un padre cuya familia había muerto asesinada, con todas las letras, al otro lado del Atlántico.

Mientras hablo vuelven las lágrimas de antaño. Tenía que haber supuesto que pasaría. Lloro como si mi historia fuese para cuatro pañuelos o para siete, como si fuera para mil pañuelos y no hubiese lágrimas suficientes para lamentarla. Tengo delante a Maureen, cuyo padre murió literalmente siendo ella adolescente y cuya vida se desplomó en consecuencia, y estoy llorando más que ella. Estoy convencida de que Simcha no tiene ninguna intención de que comparemos penas, pero me siento ridícula.

Simcha no me juzga, sin embargo, y hasta donde alcanzo a suponer, el resto del grupo tampoco.

—Por lo que veo, no has tenido un proceso de individuación completo ni sano —me dice—, de modo que una parte de ti sigue atascada en los dieciséis años, cuando aún deseabas permanecer ligada a tu madre, cuando tuviste que decirte: «Debo elegir entre ser yo misma y sentirme querida, porque es imposible tener las dos cosas».

Tiene razón, por descontado, y eso hace mucho que lo sé; pero, acto seguido, Simcha dice algo más: que no solo estoy arrastrando conmigo mi propio dolor, sino también el de mi madre, el de sus padres y el de los padres de estos. Llevo a remolque el dolor de varias generaciones.

Me pregunta de qué signo soy y yo, que no creo en la astrología, me dejo llevar y le digo que soy piscis.

—Eres permeable —responde él asintiendo con la cabeza—. Te cuesta distinguir entre lo que es tuyo y lo que es de otros, de los que vinieron antes de ti.

»Sin embargo —añade—, es posible mantener viva la conexión con las generaciones anteriores sin aferrarse a su dolor.

Siento una punzada de reconocimiento al darme cuenta de que ese llanto, esas lágrimas extrañas que aparecen de la nada, son como un atracador a la vuelta de la esquina, que ha estado ahí toda mi vida, desde mucho antes de empezar a tener problemas con mi madre. Se presentaban en momentos de despedida, como el último día del campamento de verano al que fui con diez años, aunque no me acababan de convencer aquellas vacaciones y me alegraba de volver por fin a casa. Recuerdo que ya entonces me desconcertaron, porque no parecían casar con las circunstancias... si no era en un sentido cósmico que se me escapaba.

No tengo casi tíos ni primos, porque a casi toda la familia de mi padre y de mi madre la mataron en el Holocausto. En su lugar no queda más que una fotografía sepia centenaria de parientes desaparecidos sobre los que desde niña me hago preguntas, un grupo de hombres, mujeres, ancianos y niños que miran fijamente a la cámara con gesto sombrío. Sus expresiones sin sonrisa siguen la moda del retrato europeo de la década de 1920, cuando se tomó aquella imagen; pero yo siempre he tenido la impresión de que presentían cuál sería su suerte. De hecho, algunos de ellos lo vaticinaron.

En 1926, cuando mi abuelo era un alumno prometedor de estudios rabínicos de diecisiete años, su padre y él gastaron todo el dinero que tenían en los billetes de tren que los llevaron de Bczuch, el diminuto pueblo polaco en que vivían, a un municipio llamado Stanisław a fin de asistir a la conferencia de un pensador de renombre que predijo lo que estaba por venir.

Judíos de Polonia —había profetizado—, hay dos gigantes, que son Rusia y Alemania y que están compitiendo por la hegemonía, por dominar el mundo. No dejan de calentar los hornos crematorios y preparar municiones, balas y toda clase de buques de destrucción. Acabarán por embestir unos contra otros y vosotros, judíos de Polonia, estaréis en medio. Estáis condenados a que os reduzcan a cenizas. Dejad que os dé un consejo en una sola palabra: escapad. Huid de aquí si no queréis que os conviertan en cenizas.

Al año siguiente, mi abuelo partió solo para Norteamérica gracias al patrocinio de los padres de su prometida, mi abuela materna, a la que ni siquiera conocía. Tenía la intención de llevar consigo a su familia tan pronto le fuera posible; pero vivía sumido en la pobreza en un apartamento diminuto de Brooklyn, sin nada que ofrecerles ni un lugar en que alojarlos. Siempre tenía presente la profecía de Stanisław, pero ¿quién podía saber hasta qué punto era real o inminente aquella amenaza? Esperó un poco más, un poco más y, en el entretanto, su familia se vio reducida a cenizas, tal como había predicho aquel orador.

Para la congregación a la que sirvió durante cincuenta años, mi abuelo era el rabino de ojos chispeantes, voz rítmica, presencia compasiva, inclinaciones filosóficas y risa encantadora, que se sabía el Talmud de memoria, dirigía las oraciones y ejercía de pastor de almas. Para mi madre, era todo eso y, además, un padre totalmente entregado. Para mí, era un ser que transitaba por este mundo sin pertenecer a él, como un personaje del realismo mágico literario. Llevaba consigo el aroma de una biblioteca antigua, como si hubiera surgido, a la manera de un genio, de entre los rimeros de libros viejos que llenaban su pequeño apartamento. Era una de las personas a las que más admiraba en el mundo.

Pero también era el hombre que jamás se perdonó la destrucción de su familia, que pasaba las tardes suspirando, que en su lecho de muerte, casi un siglo después de su viaje a Stanisław, seguía llorando a los padres que había dejado atrás. Mi abuelo gozaba del respeto de los mandamases de su comunidad, pero su corazón estaba con las almas perdidas, que se reunían con él en su sala de estar y lo acompañaban a la sinagoga. *Oy, nebach!*, exclamaba a menudo, en yidis, con un gran suspiro, mientras refería a mi madre las desgracias de tal o cual integrante de su congregación. *Oy, nebach!* significa «¡Ay, pobrecito!». Es una de las pocas expresiones yidis que conozco, de habérsela oído tantas veces siendo niña, mientras jugaba en la cocina y él conversaba con su hija. Los subtítulos de mi infancia decían: *Oy, nebach!*

¿Puede ser que se me transmitieran de algún modo esos acontecimientos históricos, que expliquen mis misteriosas lágrimas como me sugiere ahora Simcha? En ese caso, ¿cuál es el mecanismo que lo explica? ¿Será por transmisión cultural, familiar o genética...? ¿Será quizá por una combinación de las tres? En el presente capítulo exploraremos estas preguntas, pero también la siguiente: si nuestra labor, según enseña la tradición agridulce, consiste en transformar el dolor en belleza, ¿podremos lograrlo no solo con el dolor presente y con el de nuestro propio pasado, sino con el del dolor de generaciones?

Puede que no tengas ninguna historia dramática de pena heredada, que las memorias de tu familia no estén escritas en la catástrofe más famosa de los últimos siglos; pero es muy probable que algunos de tus ancestros fuesen siervos o esclavos y, aun en el caso de que fueran reyes, también debieron de sufrir la pena de la separación, debido a la guerra, el hambre, las epidemias, el alcoholismo, el maltrato o cualquiera de las demás fuerzas del caos que, antes o después, nos expulsaron del edén. Todos conocemos, en lo más hondo de nuestro ser, el lado acerbo de lo agridulce.

No había transcurrido mucho tiempo de mi asistencia al taller de Simcha cuando escuché a Krista Tippett, presentadora del pódcast *On Being*, entrevistar a la doctora Rachel Yehuda, profesora de psiquiatría y neurología y directora de la División de Estudios sobre el Estrés Traumático de la Escuela de Medicina del Monte Sinaí. Era ya tarde y estaba a punto de dejarme vencer por el sueño cuando la doctora Yehuda dijo algo que hizo que me incorporase de un salto.

Yehuda trabaja en el novedoso campo de la epigénesis, que estudia cómo se activan y desactivan los genes en respuesta a diversos cambios ambientales, entre los que se incluye la adversidad. La hipótesis que ha puesto a prueba durante toda su carrera es que la angustia puede afectar a nuestro organismo a nivel celular y transmitirse así de generación en generación. Tal como refirió a Tippett:

Cuando la gente sufre un trastorno de grandes proporciones suele decir: «No soy la misma persona, la experiencia me ha cambiado y soy alguien distinto». Creo que es hora de que empecemos a preguntarnos qué quieren decir con eso. Claro que son los mismos, ¿o no tienen el mismo ADN? Sí, lo tienen. Lo que creo que significa es que la influencia del entorno ha sido tan aplastante que ha propiciado un cambio constitucional de relieve, una transformación duradera. La epigénesis nos brinda el vocabulario y la base científica necesarios para empezar a desentrañarlo. [3]

Al comienzo de su carrera, cuando Yehuda estudiaba el trastorno por estrés postraumático, sus colegas y ella crearon una clínica para supervivientes del Holocausto en el hospital neoyorquino del Monte Sinaí. Tenían la intención de atender a quienes habían conocido aquella terrible experiencia y, sin embargo, no fue lo que ocurrió. Los supervivientes acostumbraban a dar por sentado que no habría sanitario capaz de entender sus vivencias y, por consiguiente, se quedaban en casa. En cambio, eran sus hijos quienes se presentaban. [4]

La vida de esos hijos, en su mayoría adultos de mediana edad, resultaba tener un patrón único. Décadas más tarde, seguían sintiéndose afligidos por haber sido testigos de la pena que arrastraban sus padres. Sentían la presión abrumadora que suponía el hecho de vivir en nombre de los que habían muerto y manifestaban grandes dificultades a la hora de enfrentarse a la separación, sobre todo con respecto a sus padres. Si la mayoría de cuadragenarios y quincuagenarios se identifica como padre o pareja de alguien, los que formaban parte de este grupo seguían describiéndose como hijos de tal o de cual: vivían a la sombra de sus padres.

Entre ellos se daban otros marcadores más tangibles. Los hijos de supervivientes presentaban una probabilidad tres veces mayor de sufrir síndrome de estrés postraumático en caso de haberse visto expuestos a hechos traumáticos con respecto a judíos de características demográficas similares cuyos padres no eran supervivientes del Holocausto. Se mostraban más vulnerables a la depresión clínica y la ansiedad y en sus análisis de sangre se verificaban las mismas anomalías neuroendocrinas y hormonales que se daban en los propios supervivientes.

Era evidente que esta población había recibido una herencia emocional particular, pero ¿cómo se había transmitido? ¿Tenía que ver sobre todo con el modo como los habían criado, con la relación que tenían con sus padres, o estaría escrito de algún modo en su ADN?

Para responder a esta última pregunta, Yehuda y sus colegas estudiaron un gen particular, asociado con el estrés, en un grupo de treinta y dos supervivientes del Holocausto y veintidós de sus hijos. Descubrieron que dicho gen expresaba, tanto en los padres como en sus hijos, cierta modificación epigenética llamada metilación, lo que constituía una prueba extraordinaria de que los «traumas parentales previos a la concepción» podían transmitirse de una generación a la siguiente. [5]

En 2015, publicaron este hallazgo en la revista *Biological Psychiatry*. La prensa convencional corrió a explotar con fines sensacionalistas dicha investigación y la deslumbrante promesa que ofrecía la epigénesis en general. Tampoco hubo que esperar mucho para que el estudio de Yehuda fuese blanco de la crítica especializada por el escaso tamaño de la muestra empleada y por no haber incluido a los nietos ni los bisnietos de los supervivientes. [6] La propia investigadora advirtió, en un artículo publicado en 2018 por la revista *Environmental Epigenetics*, de los peligros del «determinismo biológico reduccionista». [7] Dejó claro que su disciplina científica todavía estaba en mantillas y que sus avances eran aún modestos. Sin embargo, resultó que sus descubrimientos se vieron replicados en un estudio de 2020 que abarcaba una muestra más extensa y apareció en *The American Journal of Psychiatry*. [8]

Sin embargo, esta discusión dejó fuera la cuestión de por qué dieron a conocer los medios de comunicación con tanta presteza un estudio tan reducido y por qué nos resulta tan emocionante esta línea de investigación científica. En mi opinión, la respuesta es muy sencilla: porque viene a validar una de nuestras intuiciones más profundas, la que compartió conmigo Simcha aquel día durante el taller sobre la pérdida; es decir, que el dolor puede durar no ya toda una vida, sino muchas.

Hace tiempo que tenemos pruebas de que los efectos de un trauma se manifiestan a veces, fisiológica y psicológicamente, durante toda una vida. Esta fue la base del diagnóstico del trastorno por estrés postraumático, añadido en 1980 al *Manual diagnóstico y estadístico de los trastornos mentales* (*DSM*-III), que no estuvo libre de controversia en aquel momento. La tensión nerviosa provoca a menudo respuestas de «lucha o huida» a corto plazo, pero, superada la amenaza, el organismo tiende a recobrar su equilibrio. Sin embargo, empezaron a darse indicios de que un trauma podía generar cambios fisiológicos duraderos en los circuitos neuronales del cerebro, el sistema nervioso simpático, el sistema inmunológico y el eje hipotalámico-hipofisario-adrenal, entre otros.

Ahora, no obstante, estamos empezando a encontrar pruebas de que tales efectos corporales pueden perdurar también a lo largo de varias vidas. Más allá de los hallazgos preliminares de Yehuda hay un corpus cada vez mayor de investigaciones con animales. Cierto estudio demostró que las pulgas de agua expuestas al olor de un depredador engendran crías con la cabeza protegida por coraza y púas.[9] En otro, los ratones sometidos a dolorosas descargas eléctricas que se asociaron a un olor inocuo fecundaron hijos y también nietos con miedo a dicho olor, aunque ya no estuviera ligado a ninguna descarga.[10] La profesora de epigénesis de la Universidad de Zúrich Isabelle Mansuy llevó a cabo un estudio fascinante (y muy triste) para el que sometió a cierto número de crías de ratón a diversos suplicios como, por ejemplo, separarlos de sus madres. Al crecer, estos animales se comportaban de manera errática, más temeraria y deprimida que los que conformaban el grupo de control. Así, por ejemplo, si los arrojaban al agua, reaccionaban con impotencia y dejaban de nadar. Su descendencia manifestaba la misma conducta irregular.

Tal vez esto no resulte demasiado sorprendente si tenemos en cuenta que a esta segunda generación la habían criado padres traumatizados. Sin embargo, Mansuy cruzó entonces a machos traumatizados con hembras no traumatizadas y sacó a los padres de la jaula de las madres antes de que nacieran las crías, de modo que no pudieran influir a su descendencia con su conducta anormal. Después del destete, Mansuy dio un paso más y crio a aquellos ratones en grupos separados a fin de que los de una misma camada no pudieran influirse mutuamente. Hizo lo mismo hasta con *cuatro* generaciones y su protocolo, asegura, «funcionó de inmediato». Los descendientes de los ratones traumatizados manifestaron el mismo comportamiento errático que sus ascendientes.[11]

También se han dado más pruebas epidemiológicas entre seres humanos. Los hijos de prisioneros de guerra liberados de la guerra de Secesión de los Estados Unidos solían morir a una edad más temprana que los de otros veteranos.[12] Los nacidos de mujeres neerlandesas que habían vivido su embarazo durante la hambruna sufrida en los Países Bajos durante la Segunda Guerra Mundial presentaban tasas inusualmente elevadas de obesidad, diabetes y esquizofrenia a lo largo de su vida.[13] Y un estudio llevado a cabo por un equipo dirigido por la doctora Veronica Barcelona de Mendoza, profesora de la Escuela de Enfermería de Yale, con mujeres afroamericanas, apunta a que la discriminación racial puede provocar cambios epigenéticos en genes vinculados a la esquizofrenia, el trastorno bipolar y el asma.[14]

Estos efectos transgeneracionales —en descendientes de supervivientes del Holocausto, prisioneros de guerra de la guerra de Secesión, madres neerlandesas encintas durante una hambruna y mujeres afroamericanas— podrían, claro está, ser fruto de un número de causas tan grande como variado. Podrían tener poco o nada que ver con la idea, fascinante desde un punto de vista científico, de que el sufrimiento es capaz de alterar nuestro ADN. «Para rebatir esta objeción —asevera cierto artículo de la revista *Science*— ya están los modelos obtenidos con ratones».[15]

Con ratones o sin ellos, oculta en estos ejemplos epidemiológicos se halla una segunda explicación del atractivo de esta rama de la epigénesis. Creo que se debe a que, intuimos que, si el dolor persiste de generación en generación, también podría hacerlo la capacidad de curación. En palabras de Larry Feig, biólogo de la Universidad Tufts: «Si es epigenético, quiere decir que responde al entorno, lo que quiere decir que es probable que los efectos negativos de este sean reversibles».[16] Dicho de otro modo: quizá haya de veras un modo de transformar, aunque sea generaciones más tarde, la tristeza en belleza, lo agrio en dulce.

Yehuda lo ha entendido desde el principio. «Todo esto me alienta a pensar en aspectos en que esta información nos dé poder más que quitárnoslo —afirma de su obra en *Environmental Epigenetics*—. Se podría entender de manera involuntaria que esta información sustenta la idea de una descendencia dañada de manera permanente y sustancial en lugar de contribuir a debates sobre posible resiliencia, adaptabilidad y mutabilidad en sistemas biológicos afectados por el estrés».[17]

La curación transgeneracional adopta muchas formas, que comportan en todos los casos la creación de conexiones saludables con nuestros ancestros. Uno de los enfoques posibles es el de la psicoterapia, que, como descubrió Yehuda en un estudio de 2013 publicado en *Frontiers in Psychiatry*, parece producir cambios epigenéticos mensurables.[18] De un modo similar, los modelos obtenidos por Isabelle Mansuy con ratones demuestran que la cría de animales traumatizados en condiciones terapéuticas podrían sanarlos en grado suficiente para liberar a su descendencia de cicatrices emocionales.

En una investigación de 2016, comprobó que los ratones traumatizados que han crecido en jaulas a las que se han añadido laberintos y ruedas en las que pueden correr no transmiten los síntomas de angustia a su descendencia. [19]

La terapia tiene, por supuesto, muchas formas y explorarlas todas escapa al objetivo de estas páginas. Sin embargo, cabe mencionar que uno de sus propósitos consiste en ayudarnos a percibir nuestros propios patrones… y hacerles un hueco. En la entrevista ofrecida en el pódcast *On Being*, Yehuda describe una sesión de terapia colectiva en la que una hija de supervivientes del Holocausto refería un incidente sobrecogedor ocurrido en el ámbito laboral. «Entonces recordé —decía la mujer— que la doctora Yehuda me había dicho que no tengo buenos amortiguadores y que es mejor que lo deje pasar, porque mi naturaleza biológica tiende a ofrecer respuestas extremas antes de calmarse. Fue lo que hice y, la verdad, funcionó». [20] Sin embargo, Yehuda no había usado nunca la metáfora de los amortiguadores: fue su paciente quien, gracias al apoyo de su terapia, los había creado.

También podemos emprender —ya a través de la psicoterapia, ya de nuestro propio proyecto de búsqueda de la verdad— la tarea de contemplar a nuestros ancestros, de verlos de veras y amarlos para poder amarnos a nosotros en consecuencia. Piensa en *After All,* obra maestra de la cantautora Dar Williams en la que describe cómo salió de una depresión suicida haciendo frente al dolor de sus ancestros. «Sabía que mi familia tenía una verdad más grande que contarme», canta al hablar del viaje al pasado que hizo al investigar sobre la infancia difícil de sus padres a fin de «conocerse a través de ellos».

El estudio de la historia familiar y las conversaciones mantenidas con nuestros parientes no son, sin embargo, el único modo posible de visitar ese pasado. A veces es de gran ayuda hacer un viaje físico al lugar en que se originó el dolor. Piensa en el trauma de la esclavitud y en cómo se manifiesta en sus descendientes. Cuando redactaba este capítulo, recibí un correo electrónico de mi amiga Jeri Bingham, creadora y presentadora de *Hush Loudly*, un pódcast dedicado a los introvertidos. Aunque vive en Chicago, me escribía desde Senegal, adonde la había llevado un viaje de negocios inesperado. Estando allí, había visitado la isla de Gorea, «el último lugar en que retuvieron a nuestros ancestros antes de llevarlos a América —decía en su mensaje Jeri, que es afroamericana—. El guía nos informó de que los portugueses, los neerlandeses y los británicos se apoderaron de la isla y la usaron como último puerto antes de cruzar el océano Atlántico. Hacinaban a los hombres y las mujeres en esos cuartos, donde les daban de comer una sola vez al día, lo necesario para mantenerlos con vida. Cuando moría alguno, lanzaban su cadáver al mar». [21]

Su mensaje incluía fotografías inquietantes: un cuartucho oscuro de aspecto frío y húmedo con poco más que una ranura por toda ventana, que miraba al mar que se llevaría para siempre a los esclavos; Jeri de pie en lo que se conocía como «la Puerta sin Vuelta Atrás» y dos zonas de concentración con sendos letreros en los que se lee Femmes y Enfants, nauseabundo recordatorio de todas las madres a las que separaron de sus hijos, de todos los menores a los que separaron de sus madres. El terrible dolor de la separación.

Jeri, sin embargo, añadía algo sorprendente: «Lo he sentido como un territorio sagrado». Que describiera como «sagrado» un lugar de tanto dolor y tanta tristeza me llamó mucho la atención. Pensé en el origen de la palabra «sacrificio», que, como hemos visto, viene de la palabra que se empleaba en latín para lo que se ha «hecho sagrado», y tuve la sensación de que Jeri estaba jugando con esta etimología. Le pedí que, por favor, me explicara lo que quería decir y su respuesta me recordó la importancia que otorga Yehuda a la transformación de las heridas del pasado mediante la curación en el presente, el paso de lo acerbo a lo dulce.

«Sentí que era sagrado —escribió—, porque me encontraba en la misma tierra en la que quizá estuvieron no hace tanto millones de esclavos, mis ancestros».

Sentí sus almas. Sentí sus espíritus. Cuando entré, sentí miedo, ansiedad, dolor, desasosiego, rabia, terror e incertidumbre ante lo desconocido. Esos sentimientos no eran míos, sino de ellos. Sentí su tristeza, su depresión y su soledad. Aunque estaban unidos unos a otros por los grilletes, no estaban en su casa con los suyos. Los habían arrancado de todo lo que conocían para condenarlos a la esclavitud mientras otros sacaban provecho convirtiéndose en sus «propietarios». Me los imaginé allí, encadenados, sentados o tumbados sobre sus propios excrementos, desnudos probablemente en su mayor parte y sin saber lo que les ocurriría a continuación.

Estando allí de pie, asumí lo que creo que eran los sentimientos de mis ancestros y también mis propios sentimientos, que eran de gozo, de orgullo, de fuerza y empoderamiento. Lo único en lo que pensaba era: mira lo lejos que ha llegado mi gente. Detesto lo que les ocurrió, detesto en lo que se convirtieron sus vidas; pero estoy convencida de que están orgullosos de en qué nos hemos convertido. Ahora siento una responsabilidad aún mayor de ser la mejor persona que puedo ser y de no dar por merecido porque sí nada de lo que tengo. Me puedo sentir afortunada por haber recibido la vida que tengo y todo lo que he necesitado, por haber sido criada por unos padres que me antepusieron al resto y que me lo dieron todo. Me fui de allí pensando en mi responsabilidad para con mi raza y mi cultura. Es extraordinario haber visto de dónde vengo, cómo se nos trató y cómo hemos subsistido y prosperado tras varias generaciones. Me siento agradecida y humilde por ser la manifestación de la tragedia y el dolor de mis ancestros.

Cuando me envió aquellas imágenes de Senegal, Jeri no tenía la menor idea de que yo estaba escribiendo acerca del dolor heredado. Sin embargo, cuando la puse al corriente de dicha idea, se quedó estupefacta. Estaba convencida de que aquel tema la tocaba de muy cerca y explicaba muchas cosas. «La gente negra tiende a guardárselo todo dentro —me dijo—, para mostrarse fuerte, decidida o serena, cosa que los no negros pueden interpretar a veces como rabia o apatía». Sin embargo, los esclavos, sus ancestros, no habían tenido nunca la ocasión de afligirse. «Arrancados de su país, arrojados a una tierra extranjera con un modo de vida y una cultura diametralmente opuestas a todo lo que conocían, ni siquiera les dieron tiempo ni oportunidad para transitar el duelo. En lugar de eso, perseveraron. Criaron a sus hijos y jugaron con las cartas que les habían dado. Pero la pena nunca los abandonó». [22]

Otro modo de sanar el dolor generacional es, en opinión de Yehuda, ayudar a otros que se están enfrentando hoy a problemas similares.

Después de mi charla TED sobre anhelo y trascendencia, al salir del auditorio, me abordó una joven llamada Faraḥ Jaṭīb. Tenía el pelo largo y oscuro, los ojos de un castaño intenso y un modo de ladear la cabeza que hacía pensar en una forma inconsciente de abrazo.

—Anhelo —me dijo—, eso es lo que yo siento; pero no sé por qué. Anhelo estar completa. [23]

Con todo, a medida que me contaba su experiencia, se me hizo evidente que sí sabía por qué. Además, no se trataba solo de su historia, sino de la de su hermana, la de su madre y la de toda su ascendencia femenina.

Faraḥ nació y se crio en Jordania, en el seno de una familia que se tiene por progresista «sin serlo en realidad». Por el hecho de ser mujer, la enseñaron «a encogerse, a ser débil, a agradar». Su hermana murió siendo las dos niñas. Aquello fue tan traumático que ni siquiera es capaz de recordar cómo ocurrió ni qué edad tenía ella en aquel momento. Sus padres no hicieron duelo por ella, al menos de cara al exterior: se limitaron a no volver a mencionar a su hija, de la que tampoco guardaron fotografías. Al cabo de un tiempo se divorciaron. Su madre, que lidiaba con su propia pena, con su luto, sintió una necesidad desesperada de alejarse de la familia y la dejó al cuidado de su aya, que, en lugar de hacer las veces de madre adoptiva, se dedicó a maltratarla. A fin de subsistir, Faraḥ trató de volverse tan pasiva e invisible como pudo. Cuando llegó a la edad adulta, se sentía muerta por dentro.

Encontró trabajo en Singapur poniendo en el mercado productos para el cuidado del cabello a las órdenes de una multinacional. No esperaba que aquello, una simple ocupación laboral, hiciera mucho por aliviar aquel entumecimiento suyo. Sin embargo, la habían asignado a un grupo de sondeo encargado de llevar a cabo encuestas en profundidad con consumidoras. Al escucharlas, Faraḥ sintió que se le removía algo por dentro. Los que le contaban sus historias de vergüenza e invisibilidad, le resultaban extrañamente familiares. Resuelta a oír más, dejó el trabajo y regresó a Jordania pero, en lugar de volver a su casa, se empleó en colaborar con mujeres que habían salido de la cárcel. No sabía exactamente por qué lo hacía, pero sí que quería escucharlas. Y resultó que ellas, por su parte, deseaban hablar. Así, le refirieron no solo sus vidas, sino las de sus madres, sus abuelas y sus bisabuelas.

—Las experiencias de las mujeres son muy diferentes de las de los hombres —me dijo—. Un hombre que ha estado en prisión vuelve a su pueblo y es como si hubiera hecho un rito de iniciación. Sin embargo, una mujer ni siquiera encuentra trabajo. Su familia se avergüenza de ella. Quizá la dieron en matrimonio siendo niña. No tuvo elección. Su marido tenía la edad de su padre y la violaba. Pero aprende a no hablar de ello. Como sociedad, no hablamos de sus experiencias, nos avergonzamos como le avergonzaba a mi madre llorar delante de nosotros. En mi familia no tenemos fotos de mi hermana, ni hablamos de ella. Tenemos que enseñar a nuestros hijos lo que es el luto, el luto de generaciones anteriores. El luto de lo que podías ser y no eres, porque ya te dicen otros quién tienes que ser.

Aquello había ocurrido en 2009. En 2013, Faraḥ fundó una asociación sin ánimo de lucro destinada a formar a refugiadas sirias en habilidades cotidianas, economía y salud. Aunque tal ocupación no hizo que desapareciera su anhelo, sí que la llenó de lo que me describió (¡sin que yo dijera nada!) como «una sensación agridulce conectada con el amor a la vida».

—Por primera vez, empiezo a sentirme completa —me aseguraba—. La gente me dice que soy muy seria y que debería soltarme y divertirme; pero eso no me interesa: lo que me interesa es sentir.

También empezó a entender por qué se había sumergido tanto en su trabajo. Quería romper la cinta de duelo que envolvía tanto a las mujeres de su familia como a las de los campos de refugiados.

—Tengo la impresión de arrastrar la carga de las generaciones anteriores. Llevo encima la pena de mi madre; la llevo en mi cuerpo. Necesito llevar a mi hermana. Arrastro demasiado en nombre de ellas, de su generación y de las generaciones anteriores. Como sociedad, no hablamos de sus experiencias: nos avergüenza. Sin embargo, tenemos que hablar de quiénes somos. Lo que hago en mi trabajo gira siempre alrededor de expresar quiénes somos. Y todo eso viene de otras generaciones.

Si las tristezas ajenas que pretende transformar Faraḥ a través de su asociación son similares a las que afligían a sus ancestros, a veces nos sentimos llamados a sanar heridas que, al menos a simple vista, parecen muy diferentes de las que sufrieron nuestros ascendientes.

El doctor William Breitbert es el director del Departamento de Psiquiatría y Ciencias del Comportamiento del Memorial Sloan Kettering Cancer Center de Nueva York. Trabaja con enfermos terminales de cáncer y su misión no consiste en curarlos ni en alargarles la existencia, si siquiera en aliviar su dolor físico, sino en ayudarlos a buscar un sentido a la vida durante el tiempo que les quede a través de un programa desarrollado por él al que ha puesto el nombre de «psicoterapia centrada en el sentido».[24] Sus resultados resultan estimulantes: en comparación con un grupo de control, los pacientes de Breitbart presentan cotas considerablemente más elevadas de «bienestar espiritual y calidad de vida», así como un agotamiento físico y unos síntomas mucho menos marcados.[25]

Cuando, de joven, ejerció en el terreno de la psiquiatría con pacientes de sida y, más tarde, con pacientes de cáncer en estado avanzado, advirtió en ellos una tendencia generalizada: querían morir. Quizá tenían por delante tres o seis meses, pero deseaban que acabase todo cuanto antes.

—¿Le digo en qué puede ayudarme? —le dijo uno de los primeros con los que topó, un químico de sesenta y cinco años, a modo de recibimiento durante la primera consulta que tenía con él—. Por lo visto, me quedan tres meses de vida. Pues bien, yo no le encuentro ningún valor a ese tiempo. Si quiere ayudarme, máteme.

En aquella época, era raro el médico al que le sorprendiesen reacciones como esta. Al cabo, se trataba de pacientes aquejados de dolores terribles, de depresión o de ambas cosas. Cuando les trataban la depresión, el deseo de morir se mitigaba en la mitad de los casos aproximadamente y, aunque los analgésicos ayudaban a otro diez por ciento, aún quedaba un cuarenta por ciento que seguía ansiando la muerte.

El problema, pensó Breitbart, era que habían perdido el sentido de la vida... y para eso no había medicación. Tenía que encontrar otro modo de abordarlo. Para él no se trataba de ninguna pequeñez filosófica: la búsqueda de un sentido a lo que hacemos constituye, en su opinión, la esencia de la humanidad y nos otorga el poder necesario para trascender del sufrimiento. Había leído a Nietzsche, que escribió que «el que tiene un porqué para vivir puede soportar casi cualquier cómo» y sabía que, si podía ayudar a sus pacientes a encontrar sus porqués, tal vez podría salvarlos aun después de que el cáncer les hubiera arrebatado buena parte de lo demás. [26]

—Hágame un favor —le dijo a su paciente el químico—. Deme tres sesiones de margen y, si después sigue usted pensando lo mismo, veremos qué se puede hacer.

Fui a ver a Breitbart una tarde de mayo en el despacho que ocupa en un rincón del Centro de Orientación de la séptima planta del Memorial Sloan Kettering Cancer Center. Los estantes estaban a rebosar de manuales, revistas médicas, estatuas del Buda y manos de Fátima levantinas; las paredes, demasiado cubiertas de diplomas para detenerse a contarlos y el salvapantallas a reventar de tulipanes rojos. Nos sentamos junto a la ventana. Breitbart, alto y corpulento, tenía la barba blanca, una chaqueta arrugada de lana escocesa y una corbata azul marino ligeramente ladeada. Fuera estaba lloviendo.

Quería saber qué lo había llevado, tras completar sus estudios de medicina y su residencia, tras formarse durante una década de minucioso estudio en los aspectos más refinados de los inhibidores selectivos de la recaptación de serotonina, las células cancerosas y la quimioterapia, tras aceptar un puesto de profesor en uno de los centros de tratamiento del cáncer más prestigiosos del mundo, a convertirse en médico de la trascendencia.

Sin embargo, como ocurre a menudo con las personas cuya carrera sanitaria emana de lo más hondo de su ser, Breitbart tenía claro que no había otro destino posible para él.

—Quien quiera contar la historia de mi vida —señalaba—, se sentiría tentado a empezar con el siguiente hecho: cuando tenía veintiocho años, me diagnosticaron cáncer de tiroides. Lo superé, pero perdí para siempre la sensación de invulnerabilidad. [27]

Aun así, según añade con voz suave, esa no es la respuesta real. El verdadero motivo hay que buscarlo antes de que él naciera. Su madre tenía catorce años y su padre dieciséis cuando entraron los nazis en Polonia persiguiendo judíos. Su madre se escondió en el hueco situado bajo una estufa en una casa de campo propiedad de la mujer católica que le salvó la vida. Por la noche, salía de debajo de la estufa para comer mondas de patata. Su padre había desertado del Ejército ruso para unirse a un grupo de partisanos que combatía en un bosque cercano. Una noche, mientras buscaba, muerto de hambre, algo que llevarse a la boca, irrumpió en la casa donde se escondía la madre de Breitbart. La convenció para que se sumara a su brigada de resistentes. Los dos pasaron el resto de la guerra luchando en el bosque. Ambos sobrevivieron y, acabado el conflicto, volvieron a sus municipios respectivos; pero allí no quedaba nadie. Emigraron a Nueva York y encontraron trabajo, él de conserje nocturno y ella cosiendo corbatas. Tuvieron un hijo que vería su trayectoria vital condicionada por aquellos acontecimientos, ocurridos antes de su nacimiento.

Breitbart creció en una comunidad de personas que habían sobrevivido al Holocausto semejante a aquella en la que estudió Yehuda, en «un hogar en el que la pérdida, la muerte y el sufrimiento eran cosas muy reales». Su infancia estuvo marcada por la culpa del superviviente. Su madre se preguntaba a menudo por qué habían salido con vida de aquella matanza su marido y ella cuando otros muchos no lo habían conseguido. Parecía la más irresoluble de las cuestiones, aunque lo cierto es que tenía una respuesta y, aunque sus padres nunca la dijesen en voz alta, Breitbart sabía muy bien cuál era: habían sobrevivido para poder tener un hijo que consagrara sus empeños a reducir el dolor.

—Yo no estoy aquí para conseguir poder —asevera— ni para acumular riquezas materiales, sino para aliviar el sufrimiento. —Según explica, todos recibimos un legado—. No tenemos elección. La herencia que nos ha tocado en suerte puede ser felicísima y maravillosa. La mía es de muerte y sufrimiento, pero también de supervivencia y culpa existencial. Yo me crie en soledad, porque todo el mundo había fallecido. Muchos de nuestros familiares no tuvieron nunca la ocasión de crear una vida. A nosotros, en cambio, nos dejaron con vida y no sabíamos por qué.

Cuenta todo esto con voz queda, como lo hacía mi abuelo. Da la impresión de que en su interior haya una voz más alta y poderosa, la del hijo de los partisanos que combatieron con denuedo en los bosques polacos. Es como si la tuviera escondida, a salvo, en el hueco de debajo de la estufa.

—Uno puede considerarlo una carga y sentirse aplastado por ella —sigue diciendo sin mirarme, con la vista puesta en la lluvia que cae al otro lado de la ventana— pero, en realidad, todo depende de la actitud de cada uno frente al legado que recibe. Es cuestión de buscarle un sentido: tiene que haber un motivo por el que nosotros sobrevivimos y otros no.

Aquí se encuentra, claro, la esencia de la psicoterapia centrada en el sentido, de cualquier cosa centrada en la trascendencia. Nos ha llegado la pena de muerte (en realidad, ha estado presente siempre, desde el instante de nuestro nacimiento); ¿para qué vamos a vivir entonces?

—Yo amo todo lo que tiene que ver con la vida —asevera Breitbart, ahora con voz más audible—. El amor de la familia, el amor paterno, el amor conyugal, el deseo carnal. Amo la belleza, amo la moda, amo el arte, amo la música, amo la comida, amo el espectáculo, amo el teatro, amo la poesía, amo el cine... Hay muy pocas cosas que no me interesen. Amo estar vivo. —No deja de gesticular, hacia la ventana, hacia la lluvia torrencial...

»Sin embargo, aun con todos esos amores, todos nacemos con una serie de limitaciones: nuestra herencia genética, nuestro tiempo, nuestro espacio, nuestra familia... Yo podría haber sido un Rockefeller de nacimiento, pero no fue así. Podría haber nacido en una familia de una tribu remota para la que Dios es un elefante azul, pero no ha sido así. Sí hay una realidad común a todos: que la vida está llena de peligros, que es un lugar incierto en el que ocurren cosas. Puedes tener un accidente, quizá te disparen o contraigas una enfermedad... Puede pasar de todo y tienes que responder.

»Y el suceso con el que ahora tengo yo que lidiar a diario es el diagnóstico de un cáncer que puede llevarte a la tumba. Una cosa así desbarata la trayectoria vital de cualquiera. El reto está en cómo trascender de este nuevo rumbo. Cada uno tiene la responsabilidad de construir una vida con sentido, una vida de crecimiento y transformación. Lo cierto es que son muy pocas las personas que crecen a partir del éxito: la gente crece a partir del fracaso. La gente crece a partir de la adversidad, a partir del dolor.

Después del encuentro vaticinador que tuvo con sus primer paciente —el químico que no le veía sentido a la vida—, Breitbart se sentó con Mindy Greenstein, compañera suya de posdoctorado, y esbozó con ella la primera versión de la psicoterapia centrada en el sentido. El protocolo que desarrollaron estaba basado en la idea de que todos tenemos dos obligaciones existenciales: la primera es, sin más, subsistir y, la segunda, crear una existencia que valga la pena vivir. Si estando en tu lecho de muerte vuelves la vista atrás y ves una vida plena, sentirás paz. Quienes creen que no han hecho lo suficiente con sus vidas suelen sentir vergüenza. Con todo, la clave de la plenitud consiste, al decir de Breitbart, en aprender a amar lo que eres —algo incondicional e incesante— más que lo que has hecho.

Uno de los aspectos más importantes del método que desarrollaron se centra en la esencia del ser, en las cosas que hacen que seas tú mismo. Cuando te diagnostican un cáncer, puedes sentir que te han robado la identidad, pero la labor del terapeuta centrado en el sentido consiste en escuchar en lo fundamental a la persona, que sigue estando presente pese a todo. Puede que hayas dedicado toda tu vida a cuidar a otros y que, de pronto, te encuentres en la incómoda posición de recibir cuidados. En ese caso, el terapeuta podría advertir que todavía te desvives por hacer que los demás se sientan a gusto. Todavía preguntas: «¿Cómo está?», porque aún no has dejado de prodigar cuidados. Se trata de no correr un velo sobre tu pérdida, misión que podría tener proporciones catastróficas, sino algo mucho más modesto y, a la vez, más imponente: poner de relieve que, pese a todo el dolor, la pérdida y el desbarajuste, sigues siendo —y serás siempre— ni más ni menos, quien eres.

Poco después del taller de Simcha sobre la pérdida, hablé por teléfono con él a fin de resolver una duda con la que seguía batallando. Todavía estaba avergonzada por cómo me había deshecho en lágrimas durante aquella sesión, más aún cuando me comparaba con Maureen y su pérdida, que sí merecía cuatro pañuelos, y me preocupaba que me ocurriera de nuevo en público, sin ir más lejos, en la gira de presentación de este libro.

—Normalmente no voy por ahí llorando como hice aquel día —le dije—. Soy una persona bastante feliz. Me tengo por una melancólica feliz, pero estoy escribiendo acerca de mi relación con mi madre y quizá haya quien me pregunte por ella en una emisora de radio nacional. ¿Qué va a pasar si pierdo la compostura delante de decenas de miles de personas?

—No sé si vas a vaciar el pozo por completo alguna vez —me dijo él con aire meditabundo—, pero vuelve a hacerme esa pregunta cuando acabes el libro, porque su escritura es parte del proceso de resolución. Tal vez cuando lo hayas terminado se alivie el duelo.

Eso fue lo que ocurrió exactamente. Para mí, escribir este libro supuso un acto más de transformación de la tristeza y el anhelo del pasado en la plenitud del presente. Ya no me preocupa la gira de promoción.

Y tú, ¿sientes la presión de un dolor antiguo? En ese caso ¿existe alguna conexión con tus antepasados que pueda ayudarte a ponerle fin? No hace falta que escribas todo un libro. Podrías pedirles a tus padres que te contaran la historia de su vida, como refiere Dar Williams en *After All*; echar a flotar un farolillo de papel por un río, como hacen algunos japoneses para honrar a sus difuntos, o disponer una mesa con ciertos alimentos predilectos como hacen los mexicanos para celebrar a los suyos.[28] Tal vez des con una terapia que te ayude a percibir los patrones transgeneracionales que has heredado y a hacerles un hueco, como hizo la paciente de Yehuda con la metáfora del amortiguador, o atravieses medio mundo para llegar al lugar en que comenzó el dolor de tus ancestros, como hizo Jeri Bingham en la isla senegalesa de Gorea. Quizá tu ingenio te ayude a encontrar un modo nuevo para ayudar a quienes sufren hoy pesares que te recuerdan a los que afligieron a tus progenitores, como hace Farah Jaṭīb con las refugiadas o Breitbart con su psicoterapia centrada en el sentido para los pacientes de cáncer. Y puede que, como dice Simcha, no llegues nunca a vaciar el pozo por completo; pero eso también es positivo.

Con todo, hay algo más que está al alcance de cualquiera de nosotros y que nos es dado hacer al mismo tiempo que investigamos y honramos el pasado de nuestros padres y ancestros. Podemos liberarnos del dolor, reparar en que las historias de nuestros ascendientes son las nuestras y, a la vez, no lo son. Puede que hayamos heredado el eco de su tormento, pero no fue nuestra carne la que ardió en los hornos crematorios; quizá llevemos con nosotros el legado de su pena, pero no fueron nuestros hijos los que arrancaron de nuestros brazos. Las lágrimas que derramaron corrieron por sus mejillas, no por las nuestras, del mismo modo que fueron ellos quienes alcanzaron sus logros, por más que nosotros podamos haber heredado parte de su grandeza.

Esto es más fácil de ver cuando miramos hacia delante. Nuestras historias vitales se convertirán de forma ineludible en las historias vitales de nuestros hijos, pero ellos tendrán historias propias que contar, deseamos que las tengan y les deseamos esa libertad. Pues bien, lo mismo cabe pretender para nosotros mismos. «Vive como si tus ancestros estuvieran viviendo de nuevo a través de ti», decían los antiguos griegos, lo que no quiere decir que recreemos sus experiencias, sino que les otorguemos una existencia nueva, flamante. [29]

¿Cuántas veces has oído decir a alguien cuyos padres murieron jóvenes cosas como «En este momento, tengo la edad que tenía mi madre —por ejemplo— cuando le diagnosticaron la enfermedad», o «Mi padre era alcohólico y yo no quiero ser como él»? Comentarios así hacen pensar en el proverbio recogido en el Libro de Ezequiel «Los padres comieron las [uvas] agraces y los dientes de los hijos sufren la dentera». Sin embargo, no hay que olvidar que la Biblia lo cita precisamente para rechazarlo; lo que quiere decir es que no somos responsables de los pecados de nuestros padres. Tampoco debemos cargar con su dolor. Eso no significa que volvamos la espalda a nuestros antepasados: podemos enviarles nuestro amor a través de los siglos; pero, en su nombre y en el nuestro, podemos seguir la tradición agridulce y transformar sus dificultades en algo mejor.

Cuando pienso hoy en el taller de Simcha, me doy cuenta de que lo que estábamos haciendo tanto Maureen como yo era, a nuestra manera confusa, tratar de rendir homenaje a nuestras madres: ella con su estoicismo y yo con mis lágrimas. Si lloré tanto fue porque tenía la impresión de que algo así me conectaba con mi madre, en tanto que Maureen contuvo sus lágrimas como una manera de establecer un vínculo con ella.

Ahora voy mucho a visitar a mi madre. Mientras escribo estas líneas ha cumplido ya los ochenta y nueve. Aunque su alzhéimer no deja de avanzar, todavía sabe quién soy. La demencia le ha quitado mucho, pero le ha devuelto su alma cariñosa, ajena a los obstáculos del día a día. No hay médico ni enfermero que la trate que no haga, de forma espontánea, un comentario sobre lo dulce —y lo divertida— que es. También ellos disfrutan de esta versión desnuda su espíritu. «No me queda mucho tiempo para poder decírtelo —me sigue repitiendo con gesto de urgencia cada vez que hablamos—, así que, por favor, acuérdate de cuánto te quiero».

Yo me siento al lado de su silla de ruedas y le cojo la mano. Está más delgada que nunca, pues ha dejado de comer casi por completo; pero su cara sigue teniendo el ancho de siempre gracias a sus carrillos caídos. Tiene los ojos pequeños y azules, engastados entre pliegues y ojeras. Un día yo tendré los mismos carrillos, las mismas ojeras. Nos miramos a los ojos con lo que parece un infinito entendimiento mutuo. Todas las dificultades que han poblado nuestra vida en común, todos los tiras y aflojas, las restricciones y los posicionamientos imposibles de nuestro amor maternofilial, todos los abrazos, las risas y las conversaciones, todo se reduce a esto, a esta conexión. Ella es mi madre; no tengo otra. Ahora sé que las lágrimas que no he podido contener durante todos estos años se deben a que no supe separar dos realidades. El problema no fue darle mi diario en lo que pareció un acto inconsciente de emancipación y matricidio emocional, sino que me aferré a mi propia culpa como una forma de asirme a ella, a mi abuelo, a las generaciones anteriores. Ahora, sin embargo, como me enseñó Simcha, puedo mantener viva la conexión con ellos sin aferrarme a su dolor.

Todos pensamos lo que pensamos, sentimos lo que sentimos y somos quienes somos por las vidas de quienes nos precedieron y por la interacción de nuestra alma con las suyas; pero nuestra vida no deja por ello de ser nuestra y singular. Tenemos que asumir a un tiempo estas dos verdades.

Y si tal cosa no es del todo posible —porque nada es del todo posible en esta vida agridulce—, si seguimos manteniendo cierta propensión a sentirnos culpables, si seguimos teniendo cualquier tendencia que desearíamos poder superar y si aún nos asalta un anhelo insaciable de un mundo perfecto y hermoso, también deberíamos aceptarlo de buena gana, porque, como lo expresa Rūmī en *Perros de amor*, el poema que compartí contigo en el capítulo 2: «Tu tristeza pura, / que suplica ayuda, / es el cáliz secreto». El anhelo que expresamos es, en realidad, el mensaje que nos responde y la pena que queremos alejar llorando nos conduce, de hecho, hacia la unión.

January Day: Lower Manhattan
© Thomas Schaller (thomaswschaller.com)

CODA

Cómo volver a casa

¿Y, aun así, conseguiste lo que
querías de esta vida?
Sí.
¿Y qué querías?
Poder tenerme por amado, sentirme
amado en esta tierra.

RAYMOND CARVER [1]

Aunque el extraño magnetismo de lo agridulce me estuvo fascinando desde aquel día en que mis amigas de la Facultad de Derecho me preguntaron qué hacía escuchando música fúnebre en mi cuarto, necesité diez años más para empezar siquiera a aprender la manera de explotar sus poderes.

Tenía treinta y tres años y llevaba siete trabajando en un bufete empresarial, con un despacho que daba a la Estatua de la Libertad situado en la planta cuadragésima segunda de un rascacielos de Wall Street; siete años seguidos trabajando dieciséis horas al día. Pues, aunque desde mis cuatro añitos había abrigado el sueño imposible de ser escritora, también tenía grandes ambiciones en el terreno de la abogacía y estaban a punto de hacerme socia. O eso creía yo.

Una mañana, llamó a la puerta de mi despacho uno de los socios principales, llamado Steve Shalen. Aquel hombre alto, distinguido y respetable se sentó, cogió la pelota antiestrés que descansaba sobre mi mesa y me anunció que, después de todo, no iban a hacerme socia. Recuerdo haber deseado tener también en la mano una pelota blandita que estrujar, pero la mía la estaba usando Steve Shalen. Recuerdo que me dio lástima que le hubiese tocado a un hombre bienintencionado como Steve darme semejante noticia. Recuerdo haber tenido la sensación de que se derrumbaba un edificio a mi alrededor, de que se desmoronaba un sueño que jamás se haría realidad.

Llevaba todos aquellos años trabajando como una loca, entregada en cuerpo y alma a aquel sueño que había ido a sustituir a mi fantasía infantil de ser escritora. En el sueño aparecía un tipo muy concreto de casa, un adosado de ladrillo rojo en Greenwich Village que había codiciado desde mi primera semana de trabajo, cuando otro socio principal me había invitado a cenar con el resto de empleados nuevos y había tenido la ocasión de contemplar el encanto del hogar que habitaba con su familia y las calles arboladas que debía de recorrer a pie con su mujer y sus hijos cada mañana de camino a la escuela y al trabajo.

Las viviendas de las calles moteadas por el sol que conformaban aquel barrio de cafés y tiendas de curiosidades estaban adornadas con placas recargadas que hablaban de los poetas y novelistas que se habían dejado embelesar por las musas en aquellos mismos edificios. Poco importaba lo paradójico que resultaba que fuesen propiedad no de artistas, sino de abogados; que el precio para habitarlos no fuese ya la publicación de un librito de poesía, sino hacerse socio de un despacho consagrado a la titulización de activos y las fusiones triangulares inversas. Entendía perfectamente que verme convertida en socia del bufete y adquirir una casa así no me llevaría a publicar egregios tomos de poesía decimonónica; pero soñaba con vivir en un Greenwich Village iluminado por literatos del pasado, y si al servicio de ese sueño debía aprender de curvas cupón cero y de índices de cobertura del servicio de la deuda y llevar a casa diccionarios sobre jerga de Wall Street para estudiármelos durante el fin de semana a la luz de las velas en mi piso de un solo dormitorio, estaba dispuesta a pagar el precio.

No obstante, en el fondo, sabía que Steve Shalen me acababa de dar la carta del Monopoly que te permite salir de la cárcel. Horas después, me fui del bufete para siempre y, semanas más tarde, acabé con una relación de siete años que nunca había acabado de ir bien. Mis padres, hijos de inmigrantes y de la Gran Depresión, me habían inculcado un talante práctico. Mi padre me había recomendado estudiar derecho para que nunca me faltase para el alquiler y mi madre me había advertido que debía tener hijos antes de que se me pasara el arroz. Sin embargo, a mis treinta y tres años, me encontré sin trabajo, sin pareja y sin un techo.

Empecé a salir con un músico muy guapo llamado Raul, una persona sociable y jovial que componía letras por el día y se pasaba las noches con los amigos, cantando acompañado de un piano. No era fácil contar con él, pero nos unía una conexión eléctrica y acabé por desarrollar una obsesión por él que, por suerte, no he vuelto a experimentar en la vida. Aquello fue antes de la era de los teléfonos inteligentes y acabé dedicando mis días a meterme en un cibercafé tras otro para comprobar si había recibido un correo electrónico suyo. Todavía recuerdo las descargas de dopamina que me producía el hecho de ver su nombre en negrita en letras azul oscuro en la bandeja de entrada de mi cuenta de Yahoo. Entre cita y cita, me enviaba recomendaciones musicales.

Yo, a esas alturas, vivía sola en un barrio anodino de Manhattan, en un pisito de alquiler sin mucho más mobiliario que una alfombra blanca mullida sobre la que me tumbaba a mirar al techo mientras oía la música que me había mandado Raul. En la acera de enfrente había una iglesia del siglo XIX con su jardín, diminuta y milagrosa, embutida entre rascacielos. Me pasaba horas sentada en sus bancos, respirando su aire de misterio silente. A veces, quedaba con mi amiga Naomi para tomar café y contarle todas las cosas fascinantes que había dicho Raul en nuestro último encuentro. No tuvo que ser fácil para ella escuchar continuamente todas aquellas historias, hasta que un día me dijo con afectuosa exasperación:

—Si estás tan obsesionada, será que él representa para ti algo que anhelas. —Había clavado en mí sus ojos azules enormes y penetrantes para preguntarme con una repentina intensidad—: ¿Qué es lo que anhelas?

Y la respuesta me asaltó sin más en ese mismo instante: Raul representaba la vida de escritora que había ansiado tener yo desde los cuatro años. Era el emisario de aquel mundo perfecto y hermoso, como lo había sido también el adosado del Greenwich Village, convertido para mí en señal indicadora de aquel lugar. Todos los años que había pasado trabajando en el bufete había estado interpretando erróneamente la dirección a la que apuntaba dicha indicación: pensaba que tenía que ver con una propiedad inmobiliaria cuando, en realidad, se refería a mi hogar.

Así, de un plumazo, se esfumó mi obsesión. Seguía queriendo a Raul, pero a la manera en que se quiere a un primo con el que estamos muy unidos. Desaparecieron toda atracción erótica por él y toda urgencia. Seguían encantándome aquellas residencias urbanas del Greenwich Village, pero ya no necesitaba tener una propia.

Empecé a escribir de verdad.

Dime, ¿y si te hiciera a ti la misma pregunta?

—¿Qué es lo que anhelas?

Quizá no te lo hayas planteado antes. Quizá no hayas identificado todavía los símbolos relevantes que pueblan tu historia vital o no hayas examinado lo que significan.

Probablemente te hayas hecho otras como ¿cuáles son mis objetivos profesionales?; ¿quiero casarme y tener hijos?; ¿me conviene salir con fulano?; ¿cómo puedo ser una persona ética y «buena»?; ¿a qué debería dedicarme?; ¿hasta qué punto debería definirme mi trabajo?; ¿cuándo debería jubilarme?

Pero ¿te las has planteado alguna vez en sus términos más profundos? ¿Te has preguntado qué es lo que más anhelas, la misión singular que te hace único, la vocación que te llama en silencio? ¿Te has planteado dónde puñetas estará lo más parecido a algo que puedas llamar tu hogar? ¿Te has sentado alguna vez a escribir «Hogar» al comienzo de una hoja de papel y a esperar a ver qué era lo que escribías a continuación?

Y, si eres de temperamento agridulce o si te ha llevado a adoptar una actitud así tu experiencia vital, ¿te has preguntado cómo debes manejar la melancolía que llevas dentro? ¿Has reparado en que formas parte de una tradición larga y llena de historias que puede ayudarte a transformar tu dolor en belleza, tu anhelo en integración?

¿Te has preguntado a qué artista, músico, atleta o empresario tienes en gran estimación y por qué, qué representa para ti? ¿Y sabes cuál es el dolor del que no logras zafarte y podrías convertir en tu propia ofrenda creativa? ¿Podrías buscar el modo de ayudar a quienes sufren una pena similar? ¿Puede ser que tu dolor provenga, como decía Leonard Cohen, del modo en que abrazas al sol y la luna?

¿Conoces las lecciones que puedes extraer de tus tristezas y anhelos particulares?

Tal vez tengas la sensación de que hay un abismo entre quién eres y con qué te ganas la vida. Tal vez eso te diga que trabajas demasiado o demasiado poco; o que deseas tener una ocupación más gratificante o un entorno laboral en el que encajes; o que el trabajo que necesitas no tiene nada que ver con el que tienes o con tu fuente de ingresos oficial. Tu deseo puede estar enviándote innumerables mensajes: escúchalos, síguelos y presta atención.*

Quizá te entusiasmes al ver reír a tus hijos, pero sufras demasiado cuando lloran, clara señal de que, en el fondo, aún no has aceptado que las lágrimas son parte de la vida y que tus hijos pueden gestionarlas.

Tal vez arrastres el dolor de tus padres, tus abuelos o tus tatarabuelos. Puede que tu organismo esté pagando el precio de sus penas, que tu relación con el mundo se vea afectada por el exceso de celo, un carácter demasiado irritable o una desesperanza eterna y que tengas que buscar el modo de transformar ese dolor histórico aun al tiempo que das con el modo de escribir el relato de tu propia vida.

Quizá llores tus rupturas o a tus difuntos y entiendas así que la de la separación es la más fundamental de las tristezas, pero también que ese apego representa nuestro deseo más hondo y que podrías trascender tu dolor cuando percibas en qué grado estás conectado a todos los seres humanos que se afanan en trascender el suyo y que, como tú, van emergiendo paso a paso y a trompicones.

Y tal vez ansíes un amor perfecto e incondicional como los que nos presentan en todos esos anuncios emblemáticos de una pareja elegante y atractiva que, a bordo de un descapotable, toma una curva que la llevará a ninguna parte. [2] Pero también podría ser que estuvieras empezando a percibir que la esencia de esos anuncios no es la pareja deslumbrante sino, más bien, el lugar invisible al que la lleva su flamante vehículo; que a la vuelta misma de esa curva los espera un mundo perfecto y hermoso; que, mientras tanto, arde en su interior la llama de ese lugar y que es posible dar con atisbos de ese sitio esquivo en todas partes, no solo en nuestras historias de amor, sino también

---

* No quiero decir con esto que tengas que abandonar tu nómina por un sueño (¡todavía no he abandonado del todo la actitud práctica de mis padres!), sino que puedes hacerles un hueco a tus aspiraciones.

cuando les damos un beso de buenas noches a nuestros hijos, cuando nos estremecemos de placer al oír una guitarra, cuando leemos una verdad soberbia expresada por un autor fallecido un milenio antes de que naciéramos nosotros.

Y tal vez adviertas que esa pareja no va a llegar nunca a su destino o que, si llega, no será para quedarse, situación que tiene el poder de volvernos locos de deseo (un deseo que el anunciante espera que tratemos de saciar comprando su reloj o su colonia). El mundo al que se dirige la pareja está siempre al otro lado de la curva. ¿Cuál tendría que ser nuestra reacción ante una verdad tan tentadora?

Después de dejar el bufete y poner fin a mi relación con Raul, conocí a Ken, con quien luego me casé. Él también era escritor y llevaba siete años participando en negociaciones de la ONU destinadas a mantener la paz en algunas de las zonas de guerra más sangrientas de la década de 1990: Camboya, Somalia, Ruanda, Haití, Liberia...

Si había dedicado a eso su vida es porque, bajo su personalidad entusiasta, lo habitaba su propio anhelo por un mundo distinto. Se había criado lidiando con el legado del Holocausto y, a los diez años, había pasado horas en vela preguntándose si habría tenido el valor de esconder a Anne Frank en su desván. Resultó que sí, porque, en la década de 1990, había vivido siete años en el ojo de algunos de los huracanes más violentos de la humanidad, un mundo de niños soldados, violaciones colectivas, canibalismo y genocidio. Había esperado impotente delante de un hospital de campaña mientras moría un joven amigo en un quirófano móvil de Somalia tras una emboscada. En Ruanda, donde en noventa días murieron asesinadas con machetes ochocientas mil personas, una tasa homicida que superó incluso a la de los campos de concentración nazis, tuvo por misión reunir pruebas para el tribunal de crímenes de guerra de la ONU. Caminó por campos de huesos —mandíbulas, clavículas y cráneos, esqueletos de bebés en brazos de los esqueletos de sus madres...— tratando de contener las arcadas que le provocaban el hedor y el saber que, una vez más, nadie había puesto freno a la matanza.

Tras todos aquellos años en los campos de batalla, empezó a tener la impresión de que su labor no servía de nada: la gente desalmada, los cuerpos mutilados y los espectadores indiferentes parecían no acabarse nunca. Pese a las buenas intenciones, brillaban por su ausencia las organizaciones heroicas, los países nobles y los individuos con motivaciones puras: la situación podía volverse brutal en cualquier parte y cualquier momento. Volvió al hogar, pero esta palabra significaba ya algo distinto. El hogar eran los amigos y la familia, la agradable sacudida del aire acondicionado a voluntad, el agua que, fría o caliente, sale del grifo de la cocina cuando a uno le apetece; pero también el jardín del Edén después de que Eva mordiese la manzana.

Decimos que no hay que olvidar, pero ese no era el problema de Ken. A él le era imposible olvidar lo que había visto. Raras veces lograba pensar en otra cosa. La única opción que tenía era escribirlo todo, dejar constancia de la realidad de la que había sido testigo. Mientras lo hacía, tenía siempre en el escritorio la fotografía enmarcada de un campo inmenso de huesos ruandeses. La foto sigue allí pese a que han pasado tantos años.

Cuando nos conocimos, él y sus amigos más queridos de las Naciones Unidas estaban a punto de publicar un libro sobre sus experiencias que, aunque no fuese su esposa, calificaría de brillante y mordaz (¡y no soy la única!, pues Russell Crowe compró los derechos para hacer una miniserie de televisión). [3]

Yo, por el contrario, tenía en mi haber una trayectoria legal fracasada y un puñado de poemas (cuando nos conocimos, me había dado por escribir mis memorias en forma de sonetos), pero en nuestra segunda cita no se me ocurrió otra cosa que enseñárselos a Ken. Aquella misma noche, me envió un correo electrónico que decía:

SANTO CIELO. SANTO CIELO. SANTO CIELO.

NO DEJES DE ESCRIBIR.
DEJA TODO LO DEMÁS.
ESCRIBE.

ESCRIBE,
MUJER,
ESCRIBE.

Su fe en mí me ayudó a hacer realidad mi anhelo de escribir. Cuando lo miro ahora —tratando de hacerle una lazada doble al rayar el alba a las botas de fútbol de nuestros hijos; plantando mil flores silvestres, ni una menos, en el jardín que tengo delante de mi estudio; jugando a lanzarle la pelota a nuestro perro durante minutos que se convierten en horas...— me doy cuenta de que compartimos algo más. Estos pequeños momentos de devoción cotidiana son para él una forma de expresión artística, celebraciones calladas, rituales y agridulces de una paz modesta. Aunque nuestra primera madurez se desarrolló en continentes y mundos emocionales distintos, él debió de ver en mis primeros escritos, y yo en los suyos, un anhelo compartido por el arte de la reparación pacífica.

En cuanto a la promesa, más ambiciosa, en la que tenía depositada su fe —un mundo exento para siempre de fosas comunes—, es cierto que sigue esperando, que todos seguimos esperando. ¿Y qué podemos hacer con la condición eternamente esquiva de nuestros sueños más preciados?

Siempre vuelvo a la respuesta metafórica de la cábala, la doctrina mística del judaísmo que inspiró el «aleluya frío y roto» de Leonard Cohen: al principio, toda la creación era un recipiente lleno de luz divina. El recipiente se rompió y hoy las esquirlas de santidad se encuentran esparcidas a nuestro alrededor. A veces no las vemos porque hay demasiada oscuridad; otras, estamos demasiado distraídos por el dolor o el conflicto. Sin embargo, nuestro cometido es muy sencillo: agacharnos, desenterrarlas, recogerlas y, al hacerlo, ser conscientes de que de la oscuridad puede surgir la luz, la muerte da paso al renacimiento y el alma desciende a este mundo desgarrador para aprender a ascender de nuevo; darnos cuenta de que cada uno de nosotros ve esquirlas distintas, de que yo puedo observar un trozo de carbón y tú el oro que reluce bajo él. [4]

Mira si es modesta esta imagen, que no promete ninguna utopía. Por el contrario, nos enseña que las utopías son imposibles y, por consiguiente, que deberíamos valorar lo que tenemos en lugar de apartarlo para buscar una perfección inalcanzable. Lo que sí podemos hacer es aplicar la tradición agridulce a nuestro ámbito, al rinconcito del mundo sobre el que ejercemos nuestra humilde influencia.

Puede que seas un adolescente y estés tratando de dar sentido a unas emociones que no dejan de alzarse y desplomarse y reparando en que tu cometido vital incluye no solo la búsqueda de amor y de un trabajo, sino también la transformación de tus penas y tus anhelos en la fuerza constructiva que quieras elegir.

Tal vez seas docente y busques un espacio en el que tus alumnos puedan expresar lo agrio y lo dulce de su experiencia personal, como hizo la profesora de inglés de Susan David que le tendió un cuaderno y la invitó a escribir su verdad.

Tal vez seas director de una oficina y, consciente de que la tristeza es el último gran tabú en el lugar de trabajo, te hayas propuesto crear un ambiente laboral sano, positivo y amable, pero capaz, al mismo tiempo, de reconocer la oscuridad que lleva aparejada la luz y de comprender la energía creadora que encierra esta fusión agridulce.

Tal vez seas ingeniero de redes sociales y notes que los algoritmos del medio llevan a los usuarios a transformar su dolor en insultos y atropellos, pero te preguntes si no será tarde para canalizar todo esto en belleza y curación.

Quizá seas un artista ciernes o consagrado y hayas empezado ya a absorber esta máxima: si no puedes librarte de un dolor, si no puedes contenerlo, conviértelo en una ofrenda creativa.

Puede que seas psicólogo y quieras hacer un hueco en tu actividad para lo que la mitóloga Jean Houston llama «psicología sagrada», que reconoce que «el anhelo más profundo de toda alma humana consiste en regresar a su fuente espiritual para experimentar allí la comunión y aun la unión con el Amado». [5]

Quizá seas teólogo y estés batallando con el interés cada vez menor en la religión que demuestra nuestra cultura, si bien sabes que el anhelo espiritual es una constante del ser humano que se presenta de maneras distintas en momentos diferentes. Aunque hoy adopta para muchos la forma de una política fervientemente divisiva, también tiene la facultad de movernos hacia la unidad.

Puede que estés de luto y empieces a vislumbrar que, como señala Nora McInerny, es posible seguir adelante sin pasar página (si no hoy, algún día).

También es posible que estés entre los cuarenta y los sesenta años o hayas legado a la tercera edad y empieces a darte cuenta de que las sombras, que se van alargando, en lugar de motivo de depresión, pueden representar una oportunidad para detenerse a contemplar las maravillas del día a día que no te habían dejado ver las distracciones.

Y para todos en general, sin importar a qué ámbito pertenezcamos, existe una prescripción sencilla que vale la pena seguir: la de dirigir nuestra mirada a la belleza. No hace falta adherirse a ninguna fe en particular ni a ninguna tradición filosófica concreta para advertir que en todas partes —literalmente— puede percibirse lo sagrado y lo milagroso, por más que los de nuestro tiempo seamos propensos a pasar por la vida sin fijarnos. Antes me desconcertaba la máxima decimonónica que afirma que «la belleza es verdad, la verdad belleza». Me preguntaba cómo podía asociarse algo tan superficial como una cara bonita o un cuadro de aspecto agradable con la grandeza moral de la *veritas*. Necesité varias décadas para entender que Keats se refería a la belleza como estado al que podemos acceder, durante visitas tan breves como transformadoras, a través de diversos portales: la misa del gallo, la *Gioconda*, un pequeño gesto amable, un acto grandioso de heroísmo…

Lo que nos lleva de nuevo al lugar de partida: el violonchelista de Sarajevo y el anciano del bosque que se negó a identificarse como musulmán o croata al dejar claro que era, sin más, músico.

Cuando mi padre murió de COVID-19 celebramos una ceremonia religiosa mínima al pie de su sepultura. El rabino de veinticinco años encargado del panegírico que, pese a no haberlo conocido personalmente, se prestó a presidir en pandemia el funeral de un extraño, alabó su amor a Dios. «No conocía a papá», pensé yo sonriente. Mi padre estaba orgulloso de ser judío, pero la religión formal no le hacía ninguna gracia. Con todo, no bien había hecho aquel gesto incrédulo, caí en la cuenta de que mi reacción se hallaba fuera de lugar y que el comentario del rabino no era tan desacertado: mi padre amaba a Dios, aunque por otro nombre o, mejor dicho, por otros muchos nombres.

Ahora me percato de que mi padre pasó una buena parte de su vida recogiendo las esquirlas de la vasija rota de la cábala. Como todos nosotros, distaba mucho de ser perfecto. Sin embargo, se pasaba la vida haciendo cosas hermosas por el simple hecho de hacerlas. Como le encantaban las orquídeas, construyó un invernadero en el sótano y lo llenó de ellas. Como le encantaba el sonido del francés, aprendió a hablarlo con soltura, aunque raras veces tuvo tiempo de ir a Francia. Como le encantaba la química orgánica, se pasaba los domingos leyendo manuales sobre la materia. Me enseñó, por ejemplo, que si quieres llevar una vida discreta, lo único que tienes que hacer es llevar una vida discreta, y que si eres una persona introvertida a la que no le interesa ser el centro de atención, debes ser una persona introvertida a la que no le interesa ser el centro de atención. No es muy complicado. (Estas últimas lecciones se convertirían con el tiempo en la base de *Quiet: El poder de los introvertidos*).

También lo vi desempeñar sus oficios de médico y de padre; estudiar publicaciones médicas tras la cena, dedicar el tiempo que hiciera falta junto al lecho de todos sus pacientes hospitalizados; formar a una generación tras otra de gastroenterólogos hasta bien entrado en sus ochenta años; compartir con sus hijos las cosas que amaba, como la música, el avistamiento de aves o la poesía, para que un día nos gustasen también a nosotros. Uno de los primeros recuerdos que guardo es cuando le pedía una y otra vez que me pusiera «el disco de la silla» (el concierto *Emperador* de Beethoven, cuyo nombre era demasiado pequeña para pronunciar).

Si nos vemos atraídos hacia mundos sublimes como la música, el arte o la medicina no es solo porque son hermosos y sanadores, sino por lo que tienen de manifestación de amor, de lo divino o como quieras llamarlo. La noche que murió mi padre estuve escuchando música, no por buscarlo en ella —porque en ella no lo encontré—, sino porque amar a un padre y amar una canción —o el deporte, la naturaleza o la literatura, las matemáticas o las ciencias— no son más que manifestaciones distintas de un mundo perfecto y hermoso, de las personas con las que anhelamos estar, del lugar que queremos habitar. Puede que tu ser querido no esté ya contigo, pero tales manifestaciones viven para siempre.

Mi padre y yo hablamos por teléfono justo antes de su muerte. Estaba en el hospital y le costaba respirar.

—Que estés bien, hija —me dijo antes de colgar.

Eso pretendo. Y también espero que lo estés tú.

AGRADECIMIENTOS

El de conocer a Richard Pine, mi agente literario, en 2005, fue uno de los mayores golpes de suerte que he tenido en mi vida. ¿Qué supone para una escritora contar con un profesional como Richard? Pues tener a alguien capaz de no perder la fe ni siquiera cuando te ve tardar una eternidad en imaginar cómo vas a escribir tu libro; alguien con cuya integridad y juicio literario puedes contar en todo momento y que no duda en decirte la verdad sobre la primera redacción —y la segunda, la tercera y la cuarta— de modo que puedas entender su consejo. Significa tener una amistad de por vida. Estoy en deuda con él y con sus magníficos colegas: Lyndsey Blessing (tan buena con su trabajo que todo el mundo debería limitarse a hacer siempre lo que ella diga), Alexis Hurley, Nathaniel Jacks y todo el equipo de InkWell, con mención especial para Eliza Rothstein y William Callahan por leer mis originales y hacer recomendaciones que los transformaron.

Mi editora, Gillian Blake, posee un instinto punto menos que milagroso para ofrecerme la valoración necesaria en el momento más apropiado. Inteligente y perspicaz, ha estado siempre presente en el preciso instante en que la he necesitado. Si te ha gustado este libro, te encantará, como a mí, la labor de Gillian. Ha sido toda una bendición trabajar con todo el equipo maravilloso de Crown durante todos estos años: Julie Cepler, Markus Dohle, David Drake, Christine

Johnston, Rachel Klayman, Amy Li, Madeline McIntosh, Rachel Rokicki *Superstar*, Annsley Rosner y Chantelle Walker. Todo lo que pueda agradecerles es poco.

He disfrutado de cada instante de mis años de colaboración con el equipo de Viking/Penguin del Reino Unido, que incluye a Daniel Crewe (que introdujo lúcidas mejoras en el original), Julia Murday y Poppy North, además, claro, de Venetia Butterfield y Joel Rickett.

Renee Wood y yo llevamos ya casi diez años colaborando y lo cierto es que no tengo la menor idea de cómo me las arreglaba antes sin su diplomacia, su competencia, su perspicacia, su atención al detalle, su disposición a esforzarse al máximo y su sentido del humor inigualable. Su capacidad para iluminar al mundo con su forma de ser a despecho de una enfermedad crónica me inspira a diario. Con los años, su marido, Prince Leon Wood, y ella se han convertido en parte de mi familia.

Muchísimas gracias también a Joseph Hinson, Joshua Kennedy, Emma Larson y Ronen Stern, así como a Laurie Flynn y Stacey Kalish, que se lanzaron con tanto entusiasmo como competencia a verificar los hechos que se presentaban en el original, investigar datos adicionales y, en general, llevar el libro a buen puerto. Ojalá sigamos colaborando de por vida.

Muchas gracias al personal de las charlas TED, incluidos Chris Anderson, Juliet Blake, Bruno Giussani, Oliver Friedman y Kelly Stoetzel, por ofrecer una plataforma a las ideas que ofrezco en estas páginas ¡casi tres años antes de que se publicaran! Y por compartir las ideas de tantas otras personas.

También estoy muy agradecida a la amistad y el apoyo de mi equipo excepcional de la Speaker's Office (Tracey Bloom, Jennifer Canzoneri, Jessica Case, Holli Catchpole, Crystal Davidson, Carrie Glasgow y Michele Wallace) y de la WME (Ben Davis y Marissa Hurwitz).

Conocí a Jeri Bingham cuando acababa de empezar este proyecto agridulce y desde entonces me ha mejorado la vida por el simple hecho de compartir conmigo su cariño, sus meteduras de pata, su natural reflexivo y sus ideas sobre lo agridulce, el duelo heredado y la vida misma. El orientador Brendan Cahill se presentó un buen día en nuestra vida familiar y nos prodigó su acervo, en apariencia ilimitado, de sabiduría, corazón e inspiración. Merece un reconocimiento particular Amy Cuddy, que ha entendido y alimentado este proyecto desde el principio, que me deslumbra sin descanso con su percepción social y su facilidad para expresarla, que no se cansa de recomendarme impresionante música agridulce, que sabe trocar en dulzor sus experiencias más amargas y que ha sido una verdadera amiga en todo momento, amén de compañera de escritura en Telluride. Siempre estaré en deuda con Carla Davis y Mytzi Stewart por el cuidado y la atención que han prodigado a mis padres estos cinco últimos años, aun cuando no ha sido fácil —o en especial por eso—. Emily Esfahani Smith ha sido una gran amiga, una verdadera alma gemela y una compañera espiritual durante estos años de investigación y escritura. Christy Fletcher, además de amiga, ha ejercido de valiosa consejera y aportado su genio para los negocios durante todos estos años agridulces y me considero afortunada por haberla conocido. Maritza Flores, *Abrazo Gordo*, ha sido una presencia siempre enriquecedora en nuestra familia durante los años de escritura de este libro y antes, y siempre la querré. Mi amistad con Mitch Joel comenzó con los desayunos en TED y ha continuado durante todos estos años agridulces, por no hablar de que quizá es tan amante como yo de la música de Leonard Cohen. Emily Klein y yo hemos criado juntas a nuestros hijos, nos hemos ayudado mutuamente a mantener la cordura y seguimos compartiendo el alegre agridulzor de nuestras vidas. Estoy agradecidísima a Scott Barry Kaufman y David Yaden por colaborar conmigo probando y validando el cuestionario agridulce, por su asesoramiento en varias cuestiones agridulces y, sobre todo, por su amistad, su honradez y su afinidad vital. Cathy

Lankenau-Weeks me ha brindado su amistad, apasionada y constante, desde mi primer día de universidad y me ha enseñado mucho sobre lo que significa compartir las alegrías y las penas de la vida, así como sus risas. Les Snead me ha inspirado durante todos estos años con su liderazgo reflexivo y eficaz, así como con la generosidad que ha prodigado con nuestra familia, y Kara Henderson me ha brindado su amistad y ha convertido en todo un obsequio habitual sus mensajes sobre la música en clave menor y todo lo demás. Emma Seppala, espíritu amable donde los haya, fue una de las primeras personas a las que entrevisté para este libro y me ha enseñado mucho a lo largo de los años sobre budismo, hinduismo y meditación del amor benevolente. Marisol Simard ofreció consejos tan clarividentes como generosos acerca de la cubierta del libro, y Ben Falchuk y ella han sido amigos íntimos y leales desde el día que tuvimos la suerte de mudarnos enfrente de su casa. Andrew Thomson y su esposa, Suzie, se cuentan entre los amigos más queridos de mi familia, y tengo que agradecerle que usara los conocimientos que adquirió por las malas para responder con paciencia a mis interminables preguntas acerca del Sarajevo sitiado. Gracias a *mi Judita* van der Reis, amiga casi de toda la vida e interlocutora incansable, por ser tan divertida, tan inteligente y tan decididamente antiagridulce. Si se puede tener nostalgia por una experiencia que nunca se ha llegado a tener, eso es precisamente lo que siento por Rebecca Wallace-Segall, quien sin duda era mi mejor amiga de niña y con quien no volví a encontrarme hasta después de cumplir los treinta. Eso sí, como he aprendido a lo largo de este proyecto agridulce, nunca es tarde. Cali Yost ha compartido generosamente conmigo las historias agridulces de su familia, además de su amistad y su personalidad entusiasta.

Estoy en deuda con todos aquellos a los que he citado, estudiado o entrevistado para este libro: Maya Angelou, George Bonanno, Alain de Botton, Anna Braverman, William Breitbart, Laura Carstensen, Tim Chang, Leonard Cohen, Keith Comito, Charles Darwin,

Susan David, Aubrey de Grey, Raffaella de Rosa, Rene Denfeld, Pete Docter, Jane Dutton, Barbara Ehrenreich, Paul Ekman, Rick Fox, Neal Gabler, Drew Gilpin Faust, Stephen Haff, Stephen Hayes, Kobayashi Issa, Hooria Jazaieri, Jason Kanov, Dacher Keltner, Min Kym, Tim Leberecht, C. S. Lewis, Mariana Lin, Laura Madden, Maureen, Nora McInerny, Lara Nuer, James Pennebaker, Simcha Raphael, Ŷalāl ad-Dīn Rūmī, Sharon Salzberg, Scott Sandage, Lois Schnipper, Tanja Schwarzmüller, Vedran Smailović, Sri Sri, Ami Vaidya, Llewellyn Vaughan-Lee, Owe Wikström, Dar Williams, Monica Worline y Rachel Yehuda.

También hay muchos otros cuyo nombre no se da en estas páginas, pero que han ayudado de manera marcada a dar forma a mi pensamiento, ya mediante entrevistas formales o lecturas, ya a través de su amistad, y entre quienes se incluyen, aunque la lista no es exhaustiva: Lera Auerbach, Kate Augustus, Andrew Ayre, John Bacon, Barbara Becker, Martin Beitler, Anna Beltran, Ons Ben Zakour, la familia Berger, Jen Berger, Lisa Bergqvist, Spiros Blackburn, Anna Braverman, Brené Brown, Brendan Cahill, Lindsay Cameron, senséi Chodo Robert Campbell, Paul Coster, Jonah Cuddy, Catherine Cunningham, Geshe Dadul, Rich Day, Lia Buffa de Feo, Michael de Feo, Regina Dugan, senséi Koshin Paley Ellison, Robin Ely, Oscar Eustis, Aaron Fedor, Tim Ferriss, Jonathan Fields, Sheri Fink, Erick Flores, Nicoll Flores, Jim Fyfe, Rashmi Ganguly, Dana Gharemani, Panio Gianopoulos, Kerry Gibson, Seth Godin, Hillary Hazan-Glass, Michael Glass, Robert Gluck, Ashley Goodall, Adam Grant, Seth Greene, Rufus Griscom, Jonathan Haidt, Ashley Hardin, Annaka Harris, Sam Harris, Jim Holohan, Maureen Holohan, Zoltan Istvan, Jason Kanov, Heidi Kasevich, Jeff Kaplan, la familia Keum, Ariel Kim, Charlie Kim, Emily Klein, Peter Klose, Hitomi Komatsu, Samantha Koppelman, Heesun Lee, Lori Lesser, Salima Lihanda, Mariana Lin, Reut Livne-Tarandach, Laura Madden, Farah Maher, Sally Maitlis, Nathalie Man, Fran Marton, Jodi Massoud, Meghan Messenger, Lisa Miller, Mandy O'Neill, Shlomit Oren, Amanda Palmer, Neil Pasricha, Annie Murphy Paul, Daniella Phillips, Sesil Pir, Josh Prager, John Ratliff, Jayne Riew, JillEllyn Riley, Gretchen Rubin, Matthew Sachs, Raed Salman, Aviva Saphier, Matthew Schaefer, Jonathan Sichel, Nancy Siegel, Peter Sims, Tim Smith, Brande y David Stellings, Daphy Stern, la familia Sugerman, Tom Sugiura, Steve Thurman, Tim Urban, Fataneh Vazvaei-Smith, Jean Voutsinas, Sam Walker, Jeremy Wallace, Harriet Washington, Allen Weinberg, Ari Weinzweig, Kristina Workman y mis compañeros del Invisible Institute, el Next Big Idea Club y el Silicon Guild.

Gracias por todo a mi familia: a mis queridísimos padres, mi hermano, mi hermana, mis abuelos y Paula Yeghiayan; a los maravillosos Schnipper (Barbara, Steve, Jonathan, Emily, Lois y Murray; a mis queridos primos Romer y Weinstein); a Heidi Postelwait, miembro honorífico de mi familia, y a Bobbi, Al y Steve Cain, cuya compañía resulta siempre encantadora, cuya casa en Ann Arbor se ha convertido en nuestro segundo hogar y cuyo amor, apoyo y afinidad forman parte de las mayores alegrías de mi vida.

Por encima de todo, estoy agradecida a mi amada «manada»: Ken, Sam, Eli y Sophie. A Sophie, que nos lleva de paseo, nos da la patita y parece haber llegado a nuestro hogar directamente desde el mundo hermoso y perfecto. A Eli, que un día me vio tirarme de los pelos ante la imposibilidad de estructurar un capítulo y me tendió un pósit en el que había escrito: «Sé que es duro, pero tienes que decirte a ti misma "Puedo hacerlo"», consejo que, viniendo de un campeón que da siempre lo mejor de sí mismo, me llegó al alma. Nadie ha visto nunca a un goleador tan enérgico y consagrado a su actividad como tú, y nos llena de orgullo verte aplicar la misma dedicación a tu espectacular rendimiento académico. Sin embargo, tus palabras me llegaron sobre todo porque las escribiste tú, que vives tu vida con la empatía de un buen hombre. A Sam; nunca olvidaré el gesto particular que tenía tu carita siendo bebé, esa expresión cálida y sagaz que me hizo pensar adónde podrías llegar con catorce años. Pues bien, mientras escribía este libro, te has convertido en el hombre que siempre has estado destinado a ser: un hacha en el deporte y los estudios que ha iluminado tantas aulas con su sonrisa, que ha electrificado con sus tripletes tantos campos de fútbol y que tantos amigos de verdad se ha ganado con su humor irónico, su mente brillante y su franca honradez. Un día no muy lejano, compartirás con el mundo todos esos dones y tu padre y yo pensaremos, por enésima vez, que hemos tenido una suerte inmensa de que los hayas compartido con nosotros desde el principio. A Gonzo, más conocido por Ken, que ha llevado a los chicos a navegar en lancha motora, a jugar a la pelota, a patinar sobre hielo y a tantas otras actividades mientras yo me quedaba en casa escribiendo; que ha pasado dos noches en vela corrigiendo el original; que me ha traído café de la confitería y flores del jardín, y que nos deleita a diario con su entusiasmo, su presencia, con un sentido del humor muy propio de Gonzo y con la dedicación que brinda a sus colegas y sus proyectos. Porque *juntos somos más.**

---

* En español en el original. (*N. del t.*).

NOTAS

PRELUDIO: EL VIOLONCHELISTA DE SARAJEVO

1. Los detalles de esta historia están sacados de *El violonchelista de Sarajevo* (Steven Galloway, *The Cellist of Sarajevo*, Riverhead Books, Nueva York, 2009; trad. esp.: El Aleph, Barcelona, 2012, traducción de Núria Salinas); *The New York Times* publicó la noticia de la iniciativa de Vedran Smailović el 6 de junio de 1992, doce días después de la muerte de veintidós personas en la cola del pan (https://www.nytimes.com/1992/06/08/world/death-city-elegy-for-sarajevo-special-report-people-under-artillery-fire-manage.html).

2. Allan Little, «Grief of Bosnian War Lingers On», *BBC News* (6 de abril 2012), https://www.bbc.com/news/world-europe-17636221.

INTRODUCCIÓN

1. Puede verse un ejemplar manuscrito del poema en el sitio web del Garden Museum de Londres, https://gardenmuseum.org.uk/collection/the-garden/.

2. Aristóteles, *Problemas* XXX 1, describe la conexión entre melancolía y genio. Véase Heidi Northwood, «The Melancholic Mean: The Aristotelian *Problema* XXX.1», Παιδεία, https://www.bu.edu/wcp/Papers/Anci/AnciNort.htm.

3. U. S. National Library of Medicine, «Emotions and Disease», *History of Medicine*, https://www.nlm.nih.gov/exhibition/emotions/balance.html.

4. Mi concepción de lo agridulce, y sobre todo la idea del «gozo punzante», se inspira en los escritos de C. S. Lewis sobre la *Sehnsucht*.

5. Carta a Giovanni Cavalcanti, Marcilio Ficino, *Letters*, 2, n.º 24 (1978), pp. 33-34, citado en Angela Voss, «The Power of a Melancholy Humour», en P. Curry y A. Voss, eds., *Seeing with Different Eyes: Essays in Astrology and Divination*, Cambridge Scholars, Newcastle (Reino Unido), 2007.

6. Alberto Durero, *Melencolia I* (1514), https://www.metmuseum.org/art/collection/search/336228.

7. Véase Kevin Godbout, «Saturnine Constellations: Melancholy in Literary History and in the Works of Baudelaire and Benjamin», tesis doctoral, University of Western Ontario, 2016.

8. Susan David, «The Gift and Power of Emotional Courage», charla TED, 2017, https://www.ted.com/talks/susan_david_the_gift_and_power_of_emotional_courage/transcript?language=en.

9. Se menciona en el libro I y se explora en el V; véase, por ejemplo, http://classics.mit.edu/Homer/odyssey.5.v.html.

10. Llewellyn Vaughan-Lee, «Love and Longing: The Feminine Mysteries of Love», *The Golden Sufi Center*, https://goldensufi.org/love-and-longing-the-feminine-mysteries-of-love/.

11. Thom Rock, *Time, Twilight, and Eternity: Finding the Sacred in the Everyday*, Wipf and Stock, Eugene (Oregón), 2017, p. 90.

12. Vaughan-Lee, «Love and Longing», cit., y san Agustín de Hipona, *Confesiones*, https://www.vatican.va/spirit/documents/spirit_20020821_agostino_en.html.

13. Jean Houston, *The Search for the Beloved: Journeys in Mythology and Sacred Psychology*, J. P. Tarcher, Nueva York, 1987, p. 228.

14. Mark Merlis, *An Arrow's Flight*, Macmillan, Nueva York, 1998, p. 13.

15. C. S. Lewis, *Till We Have Faces*, HarperOne, Nueva York, 2017, p. 86. (Hay trad. esp.: *Mientras no tengamos rostro*, Rialp, Madrid, 2008).

16. «13 Praise-Worthy Talent Show Performances of Leonard Cohen's "Hallelujah"», *Yahoo! Entertainment* (11 de noviembre de 2016), https://www.yahoo.com/news/13-praise-worthy-talent-show-performances-of-leonard-cohens-hallelujah-081551820.html.

17. La idea puede encontrarse, entre otros lugares, en Joseph Campbell, *A Joseph Campbell Companion: Reflections on the Art of Living*, ed. de Diana K. Osbon, HarperCollins, Nueva York, 1991 (hay trad. esp.: *Reflexiones sobre la vida*, Emecé, Buenos Aires, 1965, traducción de César Aira); véase también https://www.jcf.org/works/quote/participate-joyfully/.

18. Janet S. Belcove-Shalin, *New World Hasidim*, State University of New York Press, Albany, 2012, p. 99.

19. D. B. Yaden y A. B. Newberg, *The Varieties of Spiritual Experience: A Twenty-First Century Update*, Oxford University Press, Nueva York, próxima aparición, y D. B. Yaden *et al.*, «The Varieties of Self-Transcendent Experience», *Review of General Psychology*, 21, n.º 2 (junio de 2017), pp. 143-160, https://doi.org/10.1037/gpr0000102.

20. Northwood, art. cit.

CAPÍTULO 1

1. Naomi Shihab Nye, «Kindness», en *Words Under the Words: Selected Poems*, Eighth Mountain Press, Portland (Oregón), 1995, p. 42.

2. Dacher Keltner y Paul Ekman, «The Science of Inside Out», *The New York Times* (3 de julio de 2015), https://www.nytimes.com/2015/07/05/opinion/sunday/the-science-of-inside-out.html.

3. Alan S. Cowen y Dacher Keltner, «Self-report Captures 27 Distinct Categories of Emotion Bridged by Continuous Gradients», *Proceedings of the National Academy of Sciences*, 114, n.º 38 (septiembre de 2017), https://www.pnas.org/content/114/38/E7900.abstract. Véase también Wes Judd, «A Conversation with the Psychologist Behind "Inside Out"», *Pacific Standard* (8 de julio de 2015), https://psmag.com/social-justice/a-conversation-with-psychologist-behind-inside-out.

4. «It's All in Your Head: Director Pete Docter Gets Emotional in *Inside Out*», *Fresh Air*, NPR (3 de julio de 2015), https://www.npr.org/2015/07/03/419497086/its-all-in-your-head-director-pete-docter-gets-emotional-in-inside-out.

5. Pete Docter, entrevista con la autora (30 de noviembre de 2016).

6. «It's All in Your Head», cit.

7. «Inside Out Sets Record for Biggest Original Box Office Debut», *Business Insider* (junio de 2015), https://www.businessinsider.com/box-office-inside-out-sets-record-for-biggest-original-jurassic-world-fastest-to-1-billion-2015-6, y Keltner y Ekman, «The Science of *Inside Out*», cit.

8. Keltner, entrevistas con la autora (noviembre de 2018 y otras fechas).

9. Keltner, *Born to Be Good: The Science of a Meaningful Life*, W. W. Norton, Nueva York, 2009.

10. «What Is Compassion?», *Greater Good Magazine*, https://greatergood.berkeley.edu/topic/compassion/definition.

11. En realidad, se refiere al «sufrimiento» más que a la «tristeza». Véase Nick Cave, *Red Hand Files*, https://www.theredhandfiles.com/utility-of-suffering/.

12. El neurólogo Giacomo Rizzolatti descubrió las «neuronas espejo» a principios de la década de 1990, cuando observó con sus colegas de la Universidad de Parma neuronas individuales de los cerebros de macacos que se activaban cuando cogían un objeto y también cuando observaban a otros de su especie coger el mismo objeto. Véase Lea Winerman, «The Mind's Mirror», *Monitor on Psychology*, 36, n.º 9 (octubre de 2005), https://www.apa.org/monitor/oct05/mirror.

13. C. Lamm, J. Decety y T. Singer, «Meta-Analytic Evidence for Common and Distinct Neural Networks Associated with Directly Experienced Pain and Empathy for Pain», *NeuroImage*, 54, n.º 3 (febrero de 2011), pp. 2.492-2.502, https://doi.org/10.1016/j.neuroimage.2010.10.014.

14. Jennifer E. Stellar y Dacher Keltner, «Compassion in the Autonomic Nervous System: The Role of the Vagus Nerve», en Paul Gilbert, ed., *Compassion: Concepts, Research, and Applications*, Routledge, Oxfordshire, 2017, pp. 120-134. Véase también Brian DiSalvo y Dacher Keltern, «Forget Survival of the Fittest: It Is Kindness That Counts», *Scientific American* (26 de febrero de 2009).

15. Keltner, «The Compassionate Species», *Greater Good Magazine* (31 de julio de 2012), https://greatergood.berkeley.edu/article/item/the_compassionate_species.

16. J. D. Greene *et al.*, «The Neural Bases of Cognitive Conflict and Control in Moral Judgment», *Neuron*, 44, n.º 2 (octubre de 2004), pp. 389-400,

https://doi.org/10.1016/j.neuron.2004.09.027, y J. B. Nitschke *et al.*, «Orbitofrontal Cortex Tracks Positive Mood in Others Viewing Pictures of Their Newborn Infants», *NeuroImage*, 21, n.º 2 (febrero de 2004), pp. 583-592, http://dx.doi.org/10.1016/j.neuroimage.2003.10.005.

17. James K. Rilling *et al.*, «A Neural Basis for Social Cooperation», *Neuron*, 35 (julio de 2002), pp: 395-405, http://ccnl.emory.edu/greg/PD%20Final.pdf.

18. Yuan Cao *et al.*, «Low Mood Leads to Increased Empathic Distress at Seeing Others' Pain», *Frontiers in Psychology*, 8 (noviembre de 2017), https://dx.doi.org/10.3389%2Ffpsyg.2017.02024, y J. K. Vuoskoski *et al.*, «Being Moved by Unfamiliar Sad Music Is Associated with High Empathy», *Frontiers in Psychology* (septiembre de 2016), https://doi.org/10.3389/fpsyg.2016.01176.

19. Nassir Ghaemi, *A First-Rate Madness: Uncovering the Links Between Leadership and Mental Illness*, Penguin Books, Nueva York, 2012, p. 85.

20. Michael Brenner, «How Empathic Content Took Cleveland Clinic from Zero to 60 Million Sessions in One Year», *Marketing Insider Group* (29 de agosto de 2019), https://marketinginsidergroup.com/contentmarketing/how-empathetic-content-took-cleveland-clinic-from-zero-to-60-million-sessions-in-6-years/.

21. Gretchen Rubin, «Everyone Shines, Given the Right Lighting» (26 de enero de 2012), https://gretchenrubin.com/2012/01/everyone-shines-given-the-right-lighting.

22. https://embodimentchronicle.wordpress.com/2012/01/28/the-happiness-of-melancholy-appreciating-the-fragile-beauty-of-life-and-love/.

23. Keltner, «The Compassionate Species», cit.

24. Center for Whale Research, «J35 Update» (11 de agosto de 2018), https://www.whaleresearch.com/j35, y Virginia Morell, «Elephants Console Each Other», *Science Magazine* (febrero de 2014), https://www.sciencemag.org/news/2014/02/elephants-console-each-other.

25. Alfred, Lord Tennyson, «In Memoriam», y Dan Falk, «The Complicated Legacy of Herbert Spencer, the Man Who Coined "Survival of the Fittest"», *Smithsonian Magazine* (29 de abril de 2020), https://www.smithsonianmag.com/science-nature/herbert-spencer-survival-of-the-fittest-180974756/.

26. Keltner, «Darwin's Touch: Survival of the Kindest», *Greater Good Magazine* (12 de febrero de 2009), https://greatergood.berkeley.edu/article/item/darwins_touch_survival_of_the_kindest.

27. Deborah Heiligman, «The Darwins' Marriage of Science and Religion», *Los Angeles Times* (29 de enero de 2009, https://www.latimes.com/la-oe-heiligman29-2009jan29-story.html.

28. Kerry Lotzof, «Charles Darwin: History's Most Famous Biologist», *Natural History Museum*, https://www.nhm.ac.uk/discover/charles-darwin-most-famousbiologist.html.

29. Charles Darwin, *Beagle Diary*, Cambridge University Press, Cambridge, 1988, p. 42. (Hay trad. esp.: *Diario del viaje de un naturalista alrededor del mundo*, Espasa-Calpe, Madrid, 2008).

30. Adam Gopnik, *Angels and Ages: A Short Book About Darwin, Lincoln, and Modern Life*, Alfred A. Knopf, Nueva York, 2009, y Deborah Heiligman, *Charles and Emma: The Darwins' Leap of Faith*, Henry Holt, Nueva York, 2009.

31. Adrian J. Desmond, James Richard Moore y James Moore, *Darwin*, W. W. Norton, Nueva York, 1994, p. 386. (Hay trad. esp.: *Charles Darwin*, Herder, Barcelona, 2008).

32. «The Death of Anne Elizabeth Darwin», *Darwin Correspondence Project*, University of Cambridge, https://www.darwinproject.ac.uk/people/about-darwin/family-life/death-anne-elizabeth-darwin.

33. Charles Darwin, *The Descent of Man, and Selection in Relation to Sex* (1872), D. Appleton, Londres, 2007, pp. 69 y 84. (Hay trad. esp.: *El origen del hombre*, Crítica, Barcelona, 2012).

34. *Ibid.*, pp. 74-75.

35. *Ibid.*, p. 78.

36. Paul Ekman, «Darwin and the Dalai Lama, United by Compassion» (conferencia del 17 de junio de 2010), https://www.youtube.com/watch?v=1Qo64DkQsRQ.

37. Algis Valiunas, «Darwin's World of Pain and Wonder», *New Atlantis* (otoño de 2009-invierno de 2010), https://www.thenewatlantis.com/publications/darwins-world-of-pain-and-wonder.

38. Darwin, *The Descent of Man*, ed. cit., pp. 96-97.

39. Paul Ekman, «The Dalai Lama Is a Darwinian», *Greater Good Magazine* (junio de 2010), https://greatergood.berkeley.edu/video/item/the_dalai_lama_is_a_darwinian.

40. *Id.*, *Emotional Awareness: Overcoming the Obstacles to Psychological Balance and Compassion*, Henry Holt, Nueva York, 2008, p. 197. (Hay trad. esp.: *Sabiduría Emocional: una conversación entre S. S. el Dalai Lama y Paul Ekman*, Kairós, Barcelona, 2010). Ekman lo cita en su conferencia «Darwin and the Dalai Lama, United by Compassion», Greater Good Science Center, Universidad de California en Berkeley (junio de 2010), https://www.youtube.com/watch?v=1Qo64DkQsRQ.

41. *Id.*, «Darwin and the Dalai Lama», cit., y «The Origins of Darwin's Theory: It May Have Evolved in Tibet», *Independent* (16 de febrero de 2009), https://www.independent.co.uk/news/science/the-origins-of-darwin-s-theory-it-may-have-evolved-in-tibet-1623001.html.

42. *Id.*, «The Origins of Darwin's Theory», cit.

43. J. J. Froh, «The History of Positive Psychology: Truth Be Told», *NYS Psychologist* (mayo-junio de 2004), https://scottbarrykaufman.com/wp-content/uploads/2015/01/Froh-2004.pdf.

44. Barbara Held, «The Negative Side of Positive Psychology», *Journal of Humanistic Psychology*, 44, n.º 1 (enero de 2004), pp. 9-46, http://dx.doi.org/10.1177/0022167803259645.

45. Nancy McWilliams, «Psychoanalytic Reflections on Limitation: Aging, Dying, Generativity, and Renewal», *Psychoanalytic Psychology*, 34, n.º 1 (2017), pp. 50-57, http://dx.doi.org/10.1037/pap0000107.

46. «The Upside of Being Neurotic», *Management Today* (10 de mayo de 2018), https://www.managementtoday.co.uk/upside-neurotic/personal-development/article/1464282.

47. Tim Lomas, «Positive Psychology: The Second Wave», *Psychologist*, 29 (julio de 2016), https://thepsychologist.bps.org.uk/volume-29/july/positive-psychology-second-wave.

48. Scott Barry Kaufman, *Transcend: The New Science of Self-Actualization*, Penguin Books, Nueva York, 2020, p. 223.

49. Keltner, «What Science Taught Me About Compassion, Gratitude and Awe», (4 de noviembre de 2016), https://www.dailygood.org/story/1321/what-science-taughtme-about-compassion-gratitude-and-awe/.

50. P. K. Piff *et al.*, «Higher Social Class Predicts Increased Unethical Behavior», *Proceedings of the National Academy of Sciences*, 109, n.º 11 (febrero de 2012), pp. 4.086-4.091, http://dx.doi.org/10.1073/pnas.1118373109, y Kathleen D. Vohs *et al.*, «The Psychological Consequences of Money», *Science*, 314, n.º 5.802 (noviembre de 2006), pp. 1.154-1.156, https://doi.org/10.1126/science.1132491.

51. Lisa Miller, «The Money-Empathy Gap», *New York* (29 de junio de 2012), https://nymag.com/news/features/money-brain-2012-7/, y J. E. Stellar, V. M. Manzo, M. W. Kraus y D. Keltner, «Class and Compassion: Socioeconomic Factors Predict Responses to Suffering», *Emotion*, 12, n.º 3 (2012), pp. 449-459, https://doi.org/10.1037/a0026508.

52. Keltner, «What Science Taught Me About Compassion», cit.

53. Hooria Jazaieri, «Six Habits of Highly Compassionate People», *Greater Good Magazine* (24 de abril de 2018), https://greatergood.berkeley.edu/article/item/six_habits_of_highly_compassionate_people.

54. *Ibid.*

CAPÍTULO 2

1. Lewis, *Till We Have Faces*, ed. cit., p. 86.

2. Robert James Waller, *The Bridges of Madison County*, Warner Books, Nueva York, 1992 (hay trad. esp.: *Los puentes de Madison County*, Ediciones B, Barcelona, 1995); «*Bridges of Madison County* Author Robert James Waller Dies, 77», *BBC News* (10 de marzo de 2017), https://www.bbc.com/news/world-us-canada-39226686.

3. Plato, *Symposium*, 12 (traducción de Benjamin Jowett recogida en la web del MIT, http://classics.mit.edu/Plato/symposium.html; trad. esp.: Platón, *El banquete*, Alma, Barcelona, 2021). Véase también Jean Houston, *The Hero and the Goddess: «The Odyssey» as Mystery and Initiation*, Wheaton (Illinois), Quest, 2009, p. 202. (Hay trad. esp.: *La diosa y el héroe: el viaje como símbolo e iniciación*, Planeta, Buenos Aires, 1993).

4. Alain de Botton, «Why You Will Marry the Wrong Person», *The New York Times* (28 de mayo de 2016), https://www.nytimes.com/2016/05/29/opinion/sunday/why-you-will-marry-the-wrong-person.html.

5. *Id.*, «"Romantic Realism": the Seven Rules to Help You Avoid Divorce», *The Guardian* (10 de enero de 2017), https://www.theguardian.com/lifeandstyle/2017/jan/10/romantic-realism-the-seven-rules-tohelp-you-avoid-divorce.

6. «Baby Reacts to Moonlight Sonata», (19 de noviembre de 2016), https://www.youtube.com/watch?v=DHUnLY1_PvM.

7. Jaak Panksepp, «The Emotional Sources of 'Chills' Induced by Music», *Music Perception*, 13, n.º 2 (1995): pp. 171-207, https://doi.org/10.2307/40285693; véase también Rémi de Fleurian y Marcus T. Pearce, «The Relationship Between Valence and Chills in Music: A Corpus Analysis», *i-Perception*, 12, n.º 4 (julio de 2021), https://doi.org/10.1177%2F20416695211024680.

8. Fred Conrad *et al.*, «Extreme re-Listening: Songs People Love... and Continue to Love», *Psychology of Music*, 47, n.º 1 (enero de 2018), http://dx.doi.org/10.1177/0305735617751050.

9. Helen Lee Lin, «Pop Music Became More Moody in Past 50 Years», *Scientific American* (13 de noviembre de 2012), https://www.scientificamerican.com/article/scientists-discover-trends-in-pop-music/.

10. Shoba Narayan, «Why Do Arabic Rhythms Sound So Sweet to Indian Ears?», *National News* (17 de enero de 2011), https://www.thenationalnews.com/arts-culture/comment/why-do-arabic-rhythms-sound-so-sweet-to-indian-ears-1.375824.

11. Federico García Lorca, «Canciones de cuna españolas»; trad. al inglés: «On Lullabies», traducción de A. S. Kline, *Poetry in Translation*, https://www.poetryintranslation.com/PITBR/Spanish/Lullabies.php.

12. David Landis Barnhill, «Aesthetics and Nature in Japan», *The Encyclopedia of Religion and Nature*, ed. de Bron Taylor, Thoemmes Continuum, Londres, 2005, pp. 17-18, https://www.uwosh.edu/facstaff/barnhill/244/Barnhill%20-%20Aesthetics%20and%20Nature%20in%20Japan%20-%20ERN.pdf.

13. Vuoskoski *et al.*, «Being Moved by Unfamiliar Sad Music Is Associated with High Empathy», cit.

14. Mahash Ananth, «A Cognitive Interpretation of Aristotle's Concepts of Catharsis and Tragic Pleasure», *International Journal of Art and Art History*, 2, n.º 2 (diciembre de 2014), http://dx.doi.org/10.15640/ijaah.v2n2a1.

15. Matthews Sachs, Antonio Damasio y Assal Habibi, «The Pleasures of Sad Music», *Frontiers in Human Neuroscience* (24 de julio de 2015), https://doi.org/10.3389/fnhum.2015.00404.

16. Joanne Loewy *et al.*, «The Effects of Music Therapy on Vital Signs, Feeding, and Sleep in Premature Infants», *Pediatrics*, 131, n.º 5 (mayo de 2013), pp. 902-918, https://doi.org/10.1542/peds.2012-1367.

17. Sachs, Damasio y Habibi, art. cit.

18. García Lorca, «Juego y teoría del duende»; trad. al inglés: *In Search of Duende*, New Directions, Nueva York, 1998, p. 57.

19. Ray Baker, *Beyond Narnia: The Theology and Apologetics of C. S. Lewis*, Christian Publishing House, Cambridge (Ohio), 2021, pp. 67-68.

20. «Pothos», Livius.org, https://www.livius.org/articles/concept/pothos/.

21. Houston, *The Search for the Beloved*, ed. cit., p. 124.

22. *Ibid.*

23. Lewis, *Surprised by Joy: The Shape of My Early Life*, HarperOne, Nueva York, 1955. (Hay trad. esp.: *Cautivado por la alegría*, Encuentro, Madrid, 2008).

24. *Id.*, *The Pilgrim's Regress*, William B. Eerdmans, Grand Rapids (Míchigan), 1992. (Hay trad. esp.: *El regreso del peregrino*, Planeta, Barcelona, 2008).

25. *Id.*, Surprised by Joy, ed. cit.

26. Peter Lucia, «*Saudade* and *Sehnsucht*», Noweverthen.com, https://noweverthen.com/many/saudade.html.

27. Michael Posner, *Leonard Cohen, Untold Stories: The Early Years*, Simon and Schuster, Nueva York, 2020, p. 28.

28. Merlis, *op. cit.*, p. 13.

29. Nick Cave, «Love Is the Drug», *The Guardian* (21 de abril de 2001), https://www.theguardian.com/books/2001/apr/21/extract.

30. Sandeep Mishra, «Valmiki: The First Poet», *Pearls from the Ramayana* (14 de agosto de 2020), https://www.amarchitrakatha.com/mythologies/valmiki-the-first-poet/.

31. Sri Sri Ravi Shankar, «Longing Is Divine», https://wisdom.srisriravishankar.org/longing-is-divine/.

32. Siddhartha Mukherjee, «Same but Different», *The New Yorker* (25 de abril de 2016), https://www.newyorker.com/magazine/2016/05/02/breakthroughs-in-epigenetics.

33. Rumi, «The Song of the Reed», trad. al inglés de Coleman Barks, *The Essential Rumi*, HarperOne, Nueva York, 2004, p. 17.

34. «The Pain of Separation (The Longing)» (29 de julio de 2014), https://www.youtube.com/watch?v=Za1me4NuqxA.

35. Rukmini Callimachi, «To the World, They Are Muslims. To ISIS, Sufis Are Heretics», *The New York Times* (25 de noviembre de 2017), https://www.nytimes.com/2017/11/25/world/middleeast/sufi-muslims-isis-sinai.html.

36. «Llewellyn Vaughan-Lee and Oprah Winfrey Interview» (4 de marzo de 2012), *The Golden Sufi Center*, https://goldensufi.org/video/llewellyn-vaughan-lee-and-oprah-winfrey-interview/.

37. Vaughan-Lee, «Feminine Mysteries of Love», *Personal Transformation*, https://www.personaltransformation.com/llewellyn_vaughan_lee.html.

38. Shahram Shiva, *Rumi's Untold Story*, Rumi Network, s. l., 2018; Jane Ciabattari, «Why Is Rumi the Best-Selling Poet in the US?», *BBC* (21 de octubre de 2014), https://www.bbc.com/culture/article/20140414-americas-best-selling-poet.

39. Rumi, *The Book of Love*, San Francisco, HarperCollins, 2005, p. 98.

40. *Ibid.*, p. 146.

41. Joseph Goldstein, «Mindfulness, Compassion & Wisdom: Three Means to Peace», PBS.org, https://www.pbs.org/thebuddha/blog/2010/May/11/mindfulness-compassion-wisdom-three-means-peace-jo/.

42. La cita procede de Buddha's Advice, el blog de Lynn J. Kelly, budista practicante, https://buddhasadvice.wordpress.com/2012/04/19/longing/.

43. Vaughan-Lee, *In the Company of Friends*, Golden Sufi Center, Point Reyes Station (California), 1994.

44. *Id.*, «The Ancient Path of the Mystic: An Interview with Llewellyn Vaughan-Lee», Golden Sufi Center, https://goldensufi.org/the-ancient-path-of-the-mystic-an-interview-with-llewellyn-vaughan-lee/.

45. *Id.*, «A Dangerous Love», *Omega Institute for Holistic Studies* (26 de abril de 2007), https://www.youtube.com/watch?v=Q7pe_GLp_6o.

46. Lewis, *The Weight of Glory*, Macmillan, Nueva York, 1966, pp. 4-5. (Hay trad. esp.: *El peso de la gloria*, Rialp, Madrid, 2017, traducción de Gloria Esteban).

CAPÍTULO 3

1. David Remnick, «Leonard Cohen Makes It Darker», *The New Yorker* (17 de octubre de 2016), https://www.newyorker.com/magazine/2016/10/17/leonard-cohen-makes-it-darker.

2. Sylvie Simmons, «Remembering Leonard Cohen», *CBC Radio* (11 de noviembre de 2017), https://www.cbc.ca/radio/writersandcompany/remembering-leonard-cohen-biographer-sylvie-simmons-on-montreal-s-beloved-poet-1.4394764.

3. Andrew Anthony, «Leonard Cohen and Marianne Ihlen: The Love Affair of a Lifetime», *The Guardian* (30 de junio de 2019), https://www.theguardian.com/film/2019/jun/30/leonard-cohen-marianne-ihlen-love-affair-of-a-lifetime-nick-broomfield-documentary-words-of-love.

4. Simmons, «Remembering Leonard Cohen», cit.

5. Marvin Eisenstadt, *Parental Loss and Achievement*, Simon and Schuster, Nueva York, 1993.

6. Kay Redfield Jamison, *Touched with Fire*, Simon and Schuster, Nueva York, 1993. (Hay trad. esp.: *Marcados con fuego: la enfermedad maniaco-depresiva y el temperamento artístico*, México, FCE, 1998).

7. Christopher Zara, *Tortured Artists*, Avon (Massachusetts), Adams Media, 2012.

8. Karol Jan Borowiecki, «How Are You, My Dearest Mozart? Well-Being and Creativity of Three Famous Composers Based on Their Letters», *The*

Review of Economics and Statistics, 99, n.º 4 (octubre de 2017), pp. 591-605, https://doi.org/10.1162/REST_a_00616.

9. Modupe Akinola y Wendy Berry Mendes, «The Dark Side of Creativity: Biological Vulnerability and Negative Emotions Lead to Greater Artistic Creativity», *Personality and Social Psychology Bulletin*, 34, n.º 12 (diciembre de 2008), https://dx.doi.org/10.1177%2F0146167208323933.

10. Joseph P. Forgas, «Four Ways Sadness May Be Good for You», *Greater Good Magazine* (4 de junio de 2014), https://greatergood.berkeley.edu/article/item/four_ways_sadness_may_be_good_for_you.

11. Tom Jacobs, «How Artists Can Turn Childhood Pain into Creativity», *Greater Good Magazine* (8 de mayo de 2018), https://greatergood.berkeley.edu/article/item/how_artists_can_turn_childhood_pain_into_creativity.

12. Karuna Subramaniam *et al.*, «A Brain Mechanism for Facilitation of Insight by Positive Affect», *Journal of Cognitive Neuroscience*, https://direct.mit.edu/jocn/article/21/3/415/4666/A-Brain-Mechanism-for-Facilitation-of-Insight-by.

13. Amanda Mull, «6 Months Off Meds I Can Feel Me Again», *The Atlantic* (20 de diciembre de 2018), https://www.theatlantic.com/health/archive/2018/12/kanyewest-and-dangers-quitting-psychiatric-medication/578647/.

14. Sylvie Simmons, *I'm Your Man: The Life of Leonard Cohen*, Ecco Press, Nueva York, 2012, p. 763.

15. Nancy Gardner, «Emotionally Ambivalent Workers Are More Creative, Innovative», *University of Washington News* (5 de octubre de 2006), https://www.washington.edu/news/2006/10/05/emotionally-ambivalent-workers-are-more-creative-innovative/.

16. Tom Huizenga, «Beethoven's Life, Liberty and Pursuit of Enlightenment», *Morning Edition*, NPR (1 de diciembre de 2020), https://www.npr.org/sections/deceptivecadence/2020/12/17/945428466/beethovens-life-liberty-and-pursuit-of-enlightenment.

17. Joseph Kerman *et al.*, «Ludwig van Beethoven», *Grove Music Online* (20 de enero de 2001), p. 13, https://www.oxfordmusiconline.com/grovemusic/view/10.1093/gmo/9781561592630.001.0001/omo-9781561592630-e-0000040026.

18. *Ibid.*, p. 17.

19. David Nelson, «The Unique Story of Beethoven's Ninth Symphony», *In Mozart's Footsteps* (2 de agosto de 2012), http:// inmozartsfootsteps.com/2472/the-unique-story-of-beethovens-ninth-symphony/.

20. Jan Caeyers, *Beethoven: A Life*, University of California Press, Oakland, 2020), 486.

21. Koenraad Cuypers *et al.*, «Patterns of Receptive and Creative Cultural Activities and Their Association with Perceived Health, Anxiety, Depression and Satisfaction with Life Among Adults: The HUNT Study, Norway», *Journal of Epidemiology and Community Health*, 66, n.º 8 (agosto de 2012), https://doi.org/10.1136/ jech.2010.113571.

22. Matteo Nunner, «Viewing Artworks Generates in the Brain the Same Reactions of Being in Love», *Medicina Narrativa* (10 de julio de 2017), https://www.medicinanarrativa.eu/viewing-artworks-generates-in-the-brain-the-same-ractions-of-being-in-love.

23. Mark Rothko, «Statement About Art», Daugavpils Mark Rothko Art Centre, https://www.rothkocenter.com/en/art-center/mark-rothko/ statement-about-art.

24. Simmons, *I'm Your Man*, ed. cit., p. 491.

25. Rick Rubin, «Leonard Cohen's Legacy with Adam Cohen: Thanks for the Dance», *Broken Record*, s. f., https://brokenrecordpodcast.com/ episode-8-leonard-cohens-legacy-with-adam-cohen.

26. D. B. Yaden *et al.*, «The Varieties of Self-Transcendent Experience», *Review of General Psychology*, 21, n.º 2 (junio de 2017), https://doi. org/10.1037%2Fgpr0000102.

27. Scott Barry Kaufman, *Transcend: The New Science of Self-Actualization*, TarcherPerigee, Nueva York, 2021, p. 198.

28. David Yaden, entrevista con la autora (10 de diciembre de 2019).

29. J. Harold Ellens, ed., *The Healing Power of Spirituality: How Faith Helps Humans Thrive*, Praeger, Santa Barbara (California), 2010, p. 45.

30. Yaden *et al.*, «The Varieties of Self-Transcendent Experience», cit.

31. D. B. Yaden y A. B. Newberg, *The Varieties of Spiritual Experience: A Twenty-First Century Update*, Oxford University Press, Nueva York, próxima aparición.

32. D. K. Simonton, «Dramatic Greatness and Content: A Quantitative Study of 81 Athenian and Shakespearean Plays», *Empirical Studies of the Arts*, 1, n.º 2 (1983), pp. 109-123, https://doi.org/10.2190/0AGV-D8A9-HVDF-PL95; D. K. Simonton, *Greatness: Who Makes History and Why*, Guilford Press, Nueva York, 1994; véase también Paul Wong, «The Deep-and-Wide Hypothesis in Giftedness and Creativity» (17 de mayo de 2017), http://www.drpaulwong.com/the-deep-and-wide-hypothesis-in-giftedness-and-creativity/.

33. Tom S. Cleary y Sam I. Shapiro, «The Plateau Experience and the Post-Mortem Life: Abraham H. Maslow's Unfinished Theory», *Journal of Transpersonal Psychology*, 27, n.º 1 (1995), https://www.atpweb.org/jtparchive/trps-27-95-01-001.pdf.

34. Amelia Goranson *et al.*, «Dying Is Unexpectedly Positive», *Psychological Science* (1 de junio de 2017), https://doi.org/10.1177%2F0956797617701186.

35. Estelle Frankel, *Sacred Therapy: Jewish Spiritual Teachings on Emotional Healing and Inner Wholeness*, Shambhala, Boulder (Colorado), 2004. (Hay trad. esp.: *Terapia sagrada: enseñanzas espirituales judías sobre la sanación emocional y la completitud interior*, Obelisco, Barcelona, 2020).

36. Dr. Vicky Williamson, «The Science of Music: Why Do Songs in a Minor Key Sound So Sad?», *New Musical Express* (14 de febrero de 2013), https://www.nme.com/blogs/nme-blogs/the-science-of-music-why-do-songs-in-a-minor-keysound-sad-760215.

37. https://theconversation.com/myth-making-social-media-and-the-truth-about-leonard-cohens-last-letter-to-marianne-ihlen-108082.

38. Min Kym, *Gone: A Girl, a Violin, a Life Unstrung*, Crown Publishers, Nueva York, 2017.

39. *Ibid.*, p. 85.

40. Conversaciones con la autora en diversos momentos de su amistad.

41. Liz Baker y Lakshmi Singh, «Her Violin Stolen, a Prodigy's World Became "Unstrung"», *All Things Considered*, NPR (7 de mayo de 2017),

https://www.npr.org/2017/05/07/526924474/her-violin-stolen-a-prodigys-world-became-unstrung.

CAPÍTULO 4

1. https://genius.com/Dylan-thomas-and-death-shall-have-no-dominion-annotated.

2. Steven C. Hayes, «From Loss to Love», *Psychology Today* (18 de junio de 2018), https://www.psychologytoday.com/us/articles/201806/loss-love.

3. Tony Rousmaniere, «Steven Hayes on Acceptance and Commitment», Psychotherapy.net (s. f.), https://www.psychotherapy.net/interview/acceptance-commitment-therapy-ACT-steven-hayes-interview.

4. Steven C. Hayes y Kirk D. Strosahl, *A Practical Guide to Acceptance and Commitment Therapy*, Springer, Nueva York, 2004.

5. Rousmaniere, art. cit.

6. Hayes, «From Loss to Love», cit.

7. M. E. Levin *et al.*, «Examining Psychological Inflexibility as a Transdiagnostic Process Across Psychological Disorders», *Journal of Contextual Behavioral Science*, 3, n.º 3 (julio de 2014), p. 155-163, https://dx.doi.org/10.1016%2Fj.jcbs.2014.06.003.

8. Cuando Brett Ford era alumna de la Universidad de California en Berkeley, en 2017, concibió con otros tres investigadores del campus un estudio de tres partes destinado a determinar la relación entre la aceptación de emociones negativas y la prosperidad a largo plazo. Sus conclusiones, recogidas en Ford *et al.*, «The Psychological Health Benefits of Accepting Negative Emotions and Thoughts: Laboratory, Diary, and Longitudinal Evidence», se publicaron en el *Journal of Personality and Social Psychology*, 115, n.º 6 (2018), https://doi.org/10.1037/pspp0000157.

9. Lila MacLellan, «Accepting Your Darkest Emotions Is the Key to Psychological Health», *Quartz* (23 de julio de 2017), https://qz.com/1034450/accepting-your-darkest-emotions-is-the-key-to-psychological-health/, y Ford *et al.*, «Psychological Health Benefits of Accepting Negative Emotions and Thoughts».

10. Hayes, «From Loss to Love», cit.

11. Marshall McLuhan lo denomina así en R. Buckminster Fuller, *Buckminster Fuller: Starting with the Universe*, ed. de K. Michael Hays y Dana Miller, Whitney Museum of American Art, Nueva York, 2008, p. 39.

12. Maya Angelou, *I Know Why the Caged Bird Sings*, Random House, Nueva York, 2010. (Hay trad. esp.: *Yo sé por qué canta el pájaro enjaulado*, Libros del Asteroide, Barcelona, 2016, traducción de Carlos Manzano).

13. *Ibid.*, p. 97.

14. Oprah Winfrey, prólogo a Angelou, *op. cit.*, p.

15. Richard Gray, «The Sorrow and Defiance of Maya Angelou», *The Conversation* (29 de mayo de 2014), https://theconversation.com/the-sorrow-and-defiance-of-maya-angelou-27341.

16. Winfrey, prólogo a Angelou, *op. cit.*, p. x.

17. Serge Daneault, «The Wounded Healer: Can This Idea Be of Use to Family Physicians?», *Canadian Family Physician*, 54, n.º 9 (2008), pp. 1.218-1.225, https://www.ncbi.nlm.nih.gov/pmc/articles/PMC2553448/.

18. Neel Burton, «The Myth of Chiron, the Wounded Healer», *Psychology Today* (20 de febrero de 2021), https://www.psychologytoday.com/us/blog/hide-and-seek/202102/the-myth-chiron-the-wounded-healer.

19. «Candace Lightner», https://www.candacelightner.com/Meet-Candace/Biography.

20. Catherine Ho, «Inside the Bloomberg-Backed Gun-Control Group's Effort to Defeat the NRA», *The Washington Post* (20 de junio de 2016), https://www.washingtonpost.com/news/powerpost/wp/2016/06/20/everytowns-survivors-network-stands-on-the-front-lines-of-the-gun-control-battle/.

21. Lauren Eskreis-Winkler, Elizabeth P. Shulman y Angela L. Duckworth, «Survivor Mission: Do Those Who Survive Have a Drive to Thrive at Work?», *Journal of Positive Psychology*, 9, n.º 3 (enero de 2014), pp. 209-218, https://doi.org/10.1080/17439760.2014.888579.

22. Adam M. Grant y Kimberly A. Wade-Benzoni, «The Hot and Cool of Death Awareness at Work: Mortality Cues, Aging, and Self-Protective

and Prosocial Motivations», *Academy of Management Review*, 34, n.º 4 (2017), https://doi.org/10.5465/amr.34.4.zok600.

23. Abby Goodnough, «More Applicants Answer the Call for Teaching Jobs», *The New York Times* (11 de febrero de 2002), https://www.nytimes.com/2002/02/11/us/more-applicants-answer-the-call-for-teaching-jobs.html.

24. Donna Kutt Nahas, «No Pay, Long Hours, But Now, Glory», *The New York Times* (17 de febrero de 2002), https://www.nytimes.com/2002/02/17/nyregion/no-pay-long-hours-but-now-glory.html.

25. «Terrorist Survivor Enlists in Air Force», *Airman* (12 de septiembre de 2002).

26. Jane Ratcliffe, «Rene Denfeld: What Happens After the Trauma», *Guernica* (18 de noviembre de 2019), https://www.guernicamag.com/rene-denfeld-what-happens-after-the-trauma/.

27. Rene Denfeld, «The Other Side of Loss», The Manifest-Station (21 de enero de 2015), https://www.themanifeststation.net/2015/01/21/the-other-side-of-loss/.

28. «Rene Denfeld», https://renedenfeld.com/author/biography/.

29. Denfeld, «The Other Side of Loss», cit.

30. Emma Seppälä, «18 Science-Backed Reasons to Try Loving-Kindness Meditation», *Psychology Today* (15 de septiembre de 2014), https://www.psychologytoday.com/us/blog/feeling-it/201409/18-science-backed-reasons-try-loving-kindness-meditation.

31. «Who Was Dipa Ma?», *Lion's Roar* (24 de febrero de 2017), https://www.lionsroar.com/mother-of-light-the-inspiring-story-of-dipa-ma/.

32. Justin Whitaker, «The Buddhist Parable of the Mustard Seed», Patheos (29 de noviembre de 2016), https://www.patheos.com/blogs/americanbuddhist/2016/11/the-buddhist-parable-of-the-mustard-seed-grief-loss-and-heartbreak.html.

33. Salzberg, entrevista con la autora (3 de agosto de 2017).

34. Jordi Sierra i Fabra, *Kafka and the Traveling Doll*, SIF Editorial, s. l., 2019, trad. al inglés de Jacqueline Minett Wilkinson. (Orig. esp.: *Kafka y la muñeca viajera*, Siruela, Madrid, 2007).

CAPÍTULO 5

1. Garrison Keillor, «A Studs Terkel Lesson in Losing and Redemption», *Chicago Tribune*, s. f., https://digitaledition.chicagotribune.com/tribune/article_popover.aspx?guid=eeb0ab19-1be3-4d35-a015-238d1dadab6c.

2. David, «The Gift and Power of Emotional Courage», cit.

3. Olga Khazan, «Why Americans Smile So Much», *The Atlantic* (3 de mayo de 2017), https://www.theatlantic.com/science/archive/2017/05/why-americans-smile-so-much/524967/.

4. Kuba Krys *et al.*, «Be Careful Where You Smile: Culture Shapes Judgments of Intelligence and Honesty of Smiling Individuals», *Journal of Nonverbal Behavior*, 40 (2016), pp. 101-116, https://doi.org/10.1007/s10919-015-0226-4.

5. «How Learning to Be Vulnerable Can Make Life Safer», *Invisibilia*, NPR (17 de junio de 2016), https://www.npr.org/sections/health-shots/2016/06/17/482203447/invisibilia-how-learning-to-be-vulnerable-can-make-life-safer.

6. National Institute of Mental Health, «Any Anxiety Disorder», https://www.nimh.nih.gov/health/statistics/any-anxiety-disorder; Deborah S. Hasin *et al.*, «Epidemiology of Adult DSM-5 Major Depressive Disorder and Its Specifiers in the United States», *JAMA Psychiatry*, 75, n.º 4 (abril de 2018), pp. 336-346, https://dx.doi.org/10.1001%2Fjamapsychiatry.2017.4602, y Benedict Carey y Robert Gebeloff, «Many People Taking Antidepressants Discover They Cannot Quit», *The New York Times* (7 de abril de 2018), https://www.nytimes.com/2018/04/07/health/antidepressants-withdrawal-prozac-cymbalta.html.

7. Sogyal Rinpoche, *Tibetan Book of Living and Dying*, Nueva York, HarperOne, 2009, p. 22 (hay trad. esp.: *El libro tibetano de la vida y de la muerte*, Urano, Barcelona, 2006, traducción de Jorge Luis Mustieles); «Intentional Flaws», *The World* (julio de 2002), https://www.pri.org/stories/2002-07-13/intentional-flaws, y Emma Taggart, «Wabi-Sabi: The Japanese Art of Finding Beauty in Imperfect Ceramics», *My Modern Met*, https://mymodernmet.com/wabi-sabi-japanese-ceramics/.

8. Birgit Koopmann-Holm y Jeanne L. Tsai, «Focusing on the Negative: Cultural Differences in Expressions of Sympathy», *Journal of Personality and Social Psychology*, 107, n.º 6 (2014), pp. 1.092-1.115, https://dx.doi.org/10.1037%2Fa0037684.

9. Aunque, por más que lo he intentado, no he sido capaz de recordar dónde lo he leído ni de localizarlo, el dato se me ha quedado.

10. Barbara Ehrenreich, *Bright-Sided: How the Relentless Promotion of Positive Thinking Has Undermined America*, Henry Holt, Nueva York, 2009, p. 6.

11. Drew Gilpin Faust, *This Republic of Suffering: Death and the American Civil War*, Vintage, Nueva York, 2008, p. xi.

12. Andrew Curry, «Parents' Emotional Trauma May Change Their Children's Biology. Studies in Mice Show How», *Science Magazine* (julio de 2019), https://www.sciencemag.org/news/2019/07/parents-emotional-trauma-may-change-their-children-s-biology-studies-mice-show-how.

13. Según Joel R. Beeke y Paul M. Smalley, del Seminario Teológico Puritano Reformado: «Lo que enseña la doctrina de la predestinación es que solo se salvarán los elegidos de Dios. Eso no quiere decir que no podamos saber con certeza si nos salvaremos. Más bien, el don de Dios, que "nos ha concedido todo lo necesario para una vida plenamente piadosa mediante el conocimiento de quien nos llamó con su propia gloria y potencia" (es decir, Jesucristo), permite a los creyentes "consolidar vuestro llamamiento y vuestra elección" para crecer en el conocimiento, la fe y la santidad práctica (2 Pedro 1:3-10)». Joel R. Beeke y Paul M. Smalley, «Help! I'm Struggling with the Doctrine of Predestination», *Crossway* (19 de octubre de 2020), https://www.crossway.org/articles/help-im-struggling-with-the-doctrine-of-predestination/.

14. Jenni Murray, «Smile or Die: How Positive Thinking Fooled America and the World by Barbara Ehrenreich», *The Guardian* (9 de enero de 2010), https://www.theguardian.com/books/2010/jan/10/smile-or-die-barbara-ehrenreich.

15. Gobernador William Bradford, *Of Plymouth Plantation*, diario de 1630 (hay trad. esp.: *De la plantación de Plymouth*, Universidad de León, 1994, traducción de José Luis Chamosa); véase Peter C. Mancall, «The Real Reason the Pilgrims Survived», *Live Science* (22 de noviembre de 2018), https://www.livescience.com/64154-why-the-pilgrims-survived.html.

16. Ralph Waldo Emerson, «Nature» (1836), en *Nature and Selected Essays*, Penguin Books, Nueva York, 2003. (Hay trad. esp.: *Naturaleza y otros escritos de juventud*, Biblioteca Nueva, Madrid, 2008, traducción de Javier Alcoriza Vento y Antonio Lastra Meliá).

17. Maria Fish, «When Failure Got Personal», *SFGATE* (6 de marzo de 2005), https://www.sfgate.com/books/article/When-failure-got-personal-2693997.php.

18. Scott A. Sandage, *Born Losers: A History of Failure in America*, Cambridge (Massachusetts), Harvard University Press, 2006, p. 11.

19. *Ibid.*, p. 36.

20. Véase la presentación de Sandage, *op. cit.*, en el sitio web de la Harvard University Press, https://www.hup.harvard.edu/catalog.php?isbn=9780674021075.

21. Sandage, *op. cit.*, p. 46.

22. *Ibid.*

23. Christopher H. Evans, «Why You Should Know About the New Thought Movement», *The Conversation* (febrero de 2017), https://theconversation.com/why-you-should-know-about-the-new-thought-movement-72256.

24. William James, *The Varieties of Religious Experience*, Longmans, Green, Londres, 2009, p. 95. (Hay trad. esp.: *Las variedades de la experiencia religiosa*, Península, Barcelona, 1999, traducción de J. F. Yvars).

25. Boy Scouts of America, «What Are the Scout Oath and the Scout Law?», https://www.scouting.org/about/faq/question10/.

26. Robert Baden-Powell, *Scouting for Boys*, Oxford University Press, Oxford, 2018 (reimpr. de la ed. de 1908), p. 46. (Hay trad. esp.: *Escultismo para muchachos*, CEAC, Barcelona, 2010, traducción de José María de la Torre Maroto).

27. Sandage, *op. cit.*, p. 261.

28. *Ibid.*, p. 337.

29. Napoleon Hill, *Think and Grow Rich*, Ralston Society, Meriden (Connecticut), 1937. (Hay trad. esp.: *Piense y hágase rico*, Bruguera, Barcelona, 1971, traducción de Jaime Piñeiro González).

30. Norman Vincent Peale, *The Power of Positive Thinking*, Touchstone, Nueva York, 2003. (Hay trad. esp.: *El poder del pensamiento positivo*, Obelisco, México, 2018).

31. Sandage, *op. cit.*, p. 262.

32. *Ibid.*, pp. 262 y 263.

33. *Ibid.*, pp. 266 y 267.

34. Stuart Jeffries, «Why I Loved Charlie Brown and the "Peanuts" Cartoons», *The Guardian* (5 de diciembre de 2015), https://www. theguardian.com/lifeandstyle/2015/dec/05/charlie-brown-charles-schultz-peanuts-cartoon-movie-steve-martino.

35. Martin Miller, «Good Grief! Charles Schulz Calls It Quits», *Los Angeles Times* (16 de diciembre de 1999), https://www.latimes.com/archives/la-xpm-1999-dec-15-mn-44051-story.html#:~:text=%E2%80%9CAs%20a%20youngster%2C%20I%20didn,%2C%20adults%20and%20children%20alike.%E2%80%9D.

36. Neal Gabler, «America's Biggest Divide: Winners and Losers», *Salon* (octubre de 2017), https://www.salon.com/2017/10/08/americas-biggest-divide-winners-and-losers_partner/.

37. Kate Bowler, «Death, the Prosperity Gospel and Me», *The New York Times* (13 de febrero de 2016), https://www.nytimes.com/2016/02/14/opinion/sunday/death-the-prosperity-gospel-and-me.html.

38. David Van Biema y Jeff Chu, «Does God Want You to Be Rich?», *Time* (10 de septiembre de 2006), http://content.time.com/time/magazine/article/0,9171,1533448-2,00.html.

39. Google Books Ngram Viewer, https://books.google.com/ngrams/graph?content=loser+&year_start=1800&year_end=2019&corpus=26&smoothing=3&direct_url=t1%3B%2Closer%3B%2Cc0.

40. Ben Schreckinger, «Trump Attacks Mc-Cain», *Politico* (18 de julio de 2015), https://www.politico.com/story/2015/07/trump-attacks-mccain-i-like-people-who-werent-captured-120317.

41. Lauren Lumpkin, «Rates of Anxiety and Depression Amongst College Students Continue to Soar, Researchers Say», *The Washington Post* (10 de junio de 2021), https://www.washingtonpost.com/education/2021/06/10/dartmouth-mental-health-study/. Amir Whitaker, director de estrategia de la Unión Estadounidense por las Libertades Civiles del Sur de California, asegura: «Si antes de la pandemia lo considerábamos ya una crisis de salud mental, ahora podemos hablar de estado de emergencia»; véase Carolyn Jones,

«Student Anxiety, Depression Increasing During School Closures, Survey Finds», *EdSource* (13 de mayo de 2020), https://edsource. org/2020/studentanxiety-depression-increasing-during-school-closures-survey-finds/631224.

42. Kate Fagan, «Split Image», *ESPN* (7 de mayo de 2015), http://www. espn.com/espn/feature/story/_/id/12833146/instagram-account-university-pennsylvaniarunner-showed-only-part-story.

43. Izzy Grinspan, «7 College Students Talk About Their Instagrams and the Pressure to Seem Happy», *New York* (31 de julio de 2015), https:// www.thecut.com/2015/07/college-students-on-the-pressure-to-seem-happy.html.

44. Val Walker, «The Loneliness of Unshareable Grief», *Psychology Today* (2 de diciembre de 2020), https://www.psychologytoday.com/us/blog/400-friends-who-can-i-call/202012/the-loneliness-unshareable-grief.

45. Entrevista de la autora con Luke, Paige, Heather y Nick (13 de febrero de 2018).

46. «American Psychological Association Survey Shows Teen Stress Rivals That of Adults», *American Psychological Association* (2014), https://www. apa.org/news/press/releases/2014/02/teen-stress.

47. Entrevista con la autora (13 de febrero de 2018).

48. Kinsey cree que esta cita procede de la entrevista que concedió para este proyecto, iniciativa que codirigió siendo vicedecana en Princeton; pero hemos sido incapaces de dar con la fuente original.

49. Kristie Lee, «Questioning the Unquestioned», *Duke Today* (6 de octubre de 2003), https://today.duke.edu/2003/10/20031006.html.

50. «The Duck Stops Here», *Stanford University*, https://duckstop.stanford. edu/why-does-duck-stop-here.

CAPÍTULO 6

1. Quizá de alguno de los monólogos cómicos de Shakes.

2. Entrevistas con la autora (27 de julio de 2017 y demás).

3. David, «The Gift and Power of Emotional Courage», cit.

4. Peter J. Frost, «Why Compassion Counts!», *Journal of Management Inquiry*, 8, n.º 2 (junio de 1999), pp. 127-133, https://doi.org/10.1177/105649269982004.

5. Entrevista con la autora (31 de octubre de 2016).

6. Entrevista con la autora (15 de febrero de 2017) y correspondencia electrónica posterior.

7. Juan Madera y D. Brent Smith, «The Effects of Leader Negative Emotions on Evaluations of Leadership in a Crisis Situation: The Role of Anger and Sadness», *The Leadership Quarterly*, 20, n.º 2 (abril de 2009), pp. 103-114, http://dx.doi.org/10.1016/j.leaqua.2009.01.007.

8. Tanja Schwarzmüller *et al.*, «It's the Base: Why Displaying Anger Instead of Sadness Might Increase Leaders' Perceived Power But Worsen Their Leadership», *Journal of Business and Psychology*, 32 (2017), https://doi.org/10.1007/s10869-016-9467-4.

9. Melissa Pandika, «Why Melancholy Managers Inspire Loyalty», *OZY* (4 de enero de 2017), https://www.ozy.com/news-and-politics/why-melancholy-managers-inspire-loyalty/74628/.

10. *Ibid.*

11. Entrevista con la autora (16 de diciembre de 2019).

12. *Ibid.*

13. Entrevista con la autora (27 de septiembre de 2017).

14. «How Learning to Be Vulnerable Can Make Life Safer», cit.

15. Robin J. Ely y Debra Meyerson, «Unmasking Manly Men», *Harvard Business Review* (julio-agosto de 2008), https://hbr.org/2008/07/unmasking-manly-men.

16. Mi descripción de la historia de Rick se basa en el programa de *Invisibilia*, el estudio que de su caso hicieron en Harvard y en la conversación que mantuve con él mismo el 27 de mayo de 2019.

17. Kerry Roberts Gibson *et al.*, «When Sharing Hurts: How and Why Self-Disclosing Weakness Undermines the Task-Oriented Relationships of Higher Status Disclosers», *Organizational Behavior and Human Decision Processes*, 144 (enero de 2018), pp. 25-43, https://doi.org/10.1016/j.obhdp.2017.09.001.

18. Jane E. Dutton *et al.*, «Understanding Compassion Capability», *Human Relations*, 64, n.º 7, junio de 2011, pp. 873-899, http://dx.doi. org/10.1177/0018726710396250.

19. *Ibid.*

20. Correo electrónico a la autora (14 de septiembre de 2021).

21. James W. Pennebaker, «Expressive Writing in Psychological Science», *Perspectives in Psychological Science*, 13, n.º 2 (marzo de 2018), pp. 226-229, https://doi.org/10.1177%2F1745691617707315.

22. Susan David, «You Can Write Your Way Out of an Emotional Funk. Here's How», *New York* (6 de septiembre de 2016), https://www.thecut. com/2016/09/journaling-can-help-you-out-of-a-bad-mood.html.

23. James W. Pennebaker, «Writing About Emotional Experiences as a Therapeutic Process», *Psychological Science*, 8, n.º 3 (1997), pp. 162-166, http://www.jstor.org/stable/40063169.

24. Stefanie P. Spera *et al.*, «Expressive Writing and Coping with Job Loss», *Academy of Management Journal*, 37, n.º 3 (1994), pp. 722-733, https:// www.jstor.org/stable/256708.

25. Susan David, *Emotional Agility: Get Unstick, Embrace Change, and Thrive in Work and Life*, Penguin Random House, Nueva York, 2016. (Hay trad. esp.: *Agilidad emocional: rompe tus bloqueos, abraza el cambio y triunfa en el trabajo y la vida*, Sirio, Málaga, 2018, traducción de Francesc Prims Terradas).

26. Entrevista con la autora (4 de noviembre de 2018).

27. Fernando Pessoa, «Letter to Mário de Sá-Carneiro», en *The Floating Library* (publicado por Sineokov, 17 de julio de 2009), https:// thefloatinglibrary.com/2009/07/17/letter-to-mario-de-sa-carneiro/. El texto original puede consultarse en https://ldod.uc.pt/fragments/ fragment/Fr614/inter/Fr614_WIT_ED_CRIT_C.

CAPÍTULO 7

1. Eliezer Yudkowsky, *Harry Potter and the Methods of Rationality*, cap. 45, https://www.hpmor.com/chapter/45. (Hay trad. al esp.: *Harry Potter y los métodos de la racionalidad*, https://rhaidot.blogspot.com/p/fanfics_6. html).

2. «RAADfest 2017 to Feature World-Class Innovators on Super Longevity», RAAD Festival 2017, https://www.raadfest.com/raad-fest// raadfest-2017-to-feature-world-class-innovators-on-super-longevity.

3. RAAD Festival 2018, https://www.raadfest.com/home-1.

4. Entrevista de la autora en el transcurso del Raad Festival 2017. Véanse también «David Wolfe», https://www.raadfest.com/david-wolfe, y https://www.rlecoalition.com/raadfest.

5. Parece que la cita, que copié hace unos años, ya no está en dicha página.

6. De la transcripción de la ponencia presentada por el doctor Mike West en el RAAD Festival de 2017.

7. Joshua J. Mark, «The Eternal Life of Gilgamesh», *World History Encyclopedia* (10 de abril de 2018), https://www.worldhistory.org/ article/192/the-eternal-life-of-gilgamesh/.

8. Keith Comito, entrevista con la autora (12 de junio de 2017).

9. Aubrey de Grey, entrevista con la autora (Raad Festival, 2017).

10. H. A. McGregor *et al.*, «Terror Management and Aggression: Evidence That Mortality Salience Motivates Aggression Against Worldview-Threatening Others», *Journal of Personality and Social Psychology*, 74, n.º 3 (marzo de 1998), pp. 590-605, https://doi.org/10.1037//0022-3514.74.3.590.

11. Tom Pyszczynski *et al.*, «Mortality Salience, Martyrdom, and Military Might: The Great Satan Versus the Axis of Evil», *Personality and Social Psychology Bulletin*, 32, n.º 4 (abril de 2006), pp. 525-537, https://doi. org/10.1177/0146167205282157.

12. «People Unlimited: Power of Togetherness to End Death» (17 de marzo de 2015), https://peopleunlimitedinc.com/posts/2015/03/people-unlimited-power-of-togetherness-to-end-death.

13. Lewis, *Till We Have Faces*, ed. cit., p. 86, y J. R. R. Tolkien, *The Letters of J. R. R. Tolkien*, ed. de Humphrey Carpenter, Houghton Mifflin Harcourt, Boston, 2014, p. 125. (Hay trad. esp.: *Cartas de J. R. R. Tolkien*, Planeta DeAgostini, Barcelona, 2002, traducción de Rubén Masera).

CAPÍTULO 8

1. Mary Oliver, *American Primitive*, 1.ª ed., Back Bay Books, Boston, 1983, p. 82.

2. Cit. en Harold Bolitho, *Bereavement and Consolation: Testimonies from Tokugawa Japan*, Yale University Press, New Haven (Connecticut), 2003.

3. Robert Hass *et al.*, *The Essential Haiku: Versions of Basho, Busōn & Issa*, Ecco Press, Hopewell (Nueva Jersey), 1994.

4. Atul Gawande, *Being Mortal*, Henry Holt, Nueva York, 2004, p. 156. (Hay trad. esp.: *Ser mortal*, Galaxia Gutenberg, Barcelona, 2018, traducción de Alejandro Pradera).

5. Philippe Ariès, *Western Attitudes Toward Death*, Johns Hopkins University Press, Baltimore (Maryland), 1975, pp. 85 y 92. (Hay trad. esp. del original francés: *La muerte en Occidente*, Argos Vergara, Barcelona, 1982, traducción de Josep Elías).

6. Geoffrey Gorer, *Death, Grief, and Mourning*, Arno Press, Nueva York, 1977, pp. ix-xiii. Joan Didion escribe al respecto en *The Year of Magical Thinking*, Vintage Books, Nueva York, 2005. (Hay trad. esp.: *El año del pensamiento mágico*, Global Rhythm, Barcelona, 2006, traducción de Olivia de Miguel).

7. Gerard Manley Hopkins, «Spring and Fall», en *id.*, *Poems and Prose*, Penguin Classics, Harmondsworth, 1985 (hay trad. esp. de su obra lírica: *Poemas completos*, Mensajero, Bilbao, 1988, traducción de Manuel Linares Mejías); véase también *Poetry Foundation*, https://www.poetryfoundation.org/poems/44400/spring-and-fall.

8. Laura Carstensen, entrevista con la autora (11 de junio de 2018).

9. Gawande, *Being Mortal*, ed. cit., p. 99.

10. Laura L. Carstensen *et al.*, «Emotional Experience Improves with Age: Evidence Based on Over 10 Years of Experience Sampling», *Psychology and Aging*, 26, n.º 1 (marzo de 2011), pp. 21-33, https://dx.doi.org/10.1037%2Fa0021285.

11. Carstensen, entrevista con la autora (11 de junio de 2018).

12. Carstensen, «The Influence of a Sense of Time on Human Development», *Science*, 312, n.º 5.782 (junio de 2006), pp. 1.913-1.915,

https://dx.doi.org/10.1126%2Fscience.1127488; Helene H. Fung y Laura L. Carstensen, «Goals Change When Life's Fragility Is Primed: Lessons Learned from Older Adults, the September 11 Attacks, and SARS», *Social Cognition*, 24, n.º 3 (junio de 2006), pp. 248-278, http://dx.doi.org/10.1521/soco.2006.24.3.248.

13. «Download the FTP Scale», Stanford Life-Span Development Laboratory, https://lifespan.stanford.edu/download-the-ftp-scale.

14. David DeSteno, *How God Works: The Science Behind the Benefits of Religion*, Simon & Schuster, Nueva York, 2021, pp. 144 y 147.

15. «*Memento Mori*: The Reminder We All Desperately Need», Daily Stoic, https://dailystoic.com/memento-mori/.

16. George Bonanno, *The Other Side of Sadness*, Basic Books, Nueva York, 2010.

17. Chimamanda Ngozi Adichie, «Notes on Grief», *The New Yorker* (10 de septiembre de 2020), https://www.newyorker.com/culture/personal-history/notes-on-grief.

18. David Van Nuys «An Interview with George Bonanno, Ph.D., on Bereavement», *Gracepoint Wellness*, https://www.gracepointwellness.org/58-grief-bereavement-issues/article/35161-an-interview-with-george-bonanno-phd-on-bereavement.

19. Sri Sri Ravi Shankar, entrevista con la autora mediante correo electrónico (2017).

20. Van Nuys, «Interview with George Bonanno», cit.

21. Stephen Haff, entrevista con la autora (h. 27 de octubre de 2017).

22. George Orwell, «Reflections on Gandhi», *Orwell Foundation*, https://www.orwellfoundation.com/the-orwell-foundation/orwell/essays-and-other-works/reflections-on-gandhi/. (Hay trad. esp.: «Reflexiones sobre Gandhi», en Orwell, *Ensayos escogidos*, Sexto Piso, México, 2003, traducción de Osmodiar Lampio).

23. Ami Vaidya, entrevista con la autora (20 de abril de 2017).

24. Ram Dass, «More Ram Dass Quotes», Love Serve Remember Foundation, https://www.ramdass.org/ram-dass-quotes/ («If you think you're enlightened go spend a week with your family»).

25. Lois Schnipper, entrevista con la autora (9 de diciembre de 2016).

26. Nora McInerny, «We Don't "Move On" from Grief. We Move Forward with It», TED Talk (noviembre de 2018), https://www.ted.com/talks/nora_mcinerny_we_don_t_move_on_from_grief_we_move_forward_with_it/transcript?language=en#t-41632.

CAPÍTULO 9

1. Kathleen Saint-Onge, *Discovering Françoise Dolto: Psychoanalysis, Identity and Child Development*, Routledge, Londres, 2019.

2. Dr. Simcha Raphael, entrevistas con la autora (13 de octubre y 20 de diciembre de 2017) y «The Art of Dying», taller del Open Center (Nueva York, 17 de octubre de 2017).

3. Rachel Yehuda, «How Trauma and Resilience Cross Generations», *On Being*, con Krista Tippett (pódcast, 30 de julio de 2015), https://onbeing.org/programs/rachel-yehuda-how-trauma-and-resilience-cross-generations-nov2017/.

4. Helen Thomson, «Study of Holocaust Survivors Finds Trauma Passed On to Children's Genes», *The Guardian* (21 de agosto de 2015), https://www.theguardian.com/science/2015/aug/21/study-of-holocaust-survivors-finds-trauma-passed-on-to-childrens-genes.

5. Rachel Yehuda *et al.*, «Holocaust Exposure Induced Intergenerational Effects on FKBP5 Methylation», *Biological Psychiatry*, 80, n.º 5 (septiembre de 2016), pp. 372-380, https://doi.org/10.1016/j.biopsych.2015.08.005.

6. Seema Yasmin, «Experts Debunk Study That Found Holocaust Trauma Is Inherited», *Chicago Tribune* (9 de junio de 2017), https://www.chicagotribune.com/lifestyles/health/ct-holocaust-trauma-not-inherited-20170609-story.html.

7. Rachel Yehuda, Amy Lehrner y Linda M. Bierer, «The Public Reception of Putative Epigenetic Mechanisms in the Transgenerational Effects of Trauma», *Environmental Epigenetics*, 4, n.º 2 (abril de 2018), https://doi.org/10.1093/eep/dvy018.

8. Linda M. Bierer *et al.*, «Intergenerational Effects of Maternal Holocaust Exposure on KFBP5 Methylation», *The American Journal of*

Psychiatry (21 de abril de 2020), https://doi.org/10.1176/appi.
ajp.2019.19060618.

9. Anurag Chaturvedi *et al.*, «Extensive Standing Genetic Variation from a
Small Number of Founders Enables Rapid Adaptation in Daphnia»,
Nature Communications, 12, n.º 4.306 (2021), https://doi.org/10.1038/
s41467-021-24581-z.

10. Brian G. Dias y Kerry J. Ressler, «Parental Olfactory Experience
Influences Behavior and Neural Structure in Subsequent Generations»,
Nature Neuroscience, 17 (2014), pp. 89-96, https://doi.org/10.1038/
nn.3594.

11. Gretchen van Steenwyk *et al.*, «Transgenerational Inheritance of
Behavioral and Metabolic Effects of Paternal Exposure to Traumatic
Stress in Early Postnatal Life: Evidence in the 4th Generation»,
Environmental Epigenetics, 4, n.º 2 (abril de 2018), https://dx.doi.
org/10.1093%2Feep%2Fdvy023.

12. Dora L. Costa, Noelle Yetter y Heather DeSomer, «Intergenerational
Transmission of Paternal Trauma Among U.S. Civil War ex-POWs»,
PNAS, 115, n.º 44 (octubre de 2018), pp. 11.215-11.220, https://doi.
org/10.1073/pnas.1803630115.

13. P. Ekamper *et al.*, «Independent and Additive Association of Prenatal
Famine Exposure and Intermediary Life Conditions with Adult
Mortality Between Age 18-63 Years», *Social Science and Medicine*, 119
(octubre de 2014), pp. 232-239, https://doi.org/10.1016/j.
socscimed.2013.10.027.

14. Veronica Barcelona de Mendoza et al., «Perceived Racial Discrimination
and DNA Methylation Among African American Women in the
InterGEN Study», *Biological Research for Nursing*, 20, n.º 2 (marzo de
2018), pp. 145-152, https://doi.org/10.1177/1099800417748759.

15. Curry, «Parents' Emotional Trauma May Change Their Children's
Biology», cit.

16. *Ibid.*

17. Rachel Yehuda, Amy Lehrner y Linda M. Bierer, «The Public Reception
of Putative Epigenetic Mechanisms in the Transgenerational Effects of
Trauma», *Environmental Epigenetics*, 4, n.º 2 (abril de 2018), https://doi.
org/10.1093/eep/dvy018.

18. Rachel Yehuda *et al.*, «Epigenetic Biomarkers as Predictors and Correlates of Symptom Improvement Following Psychotherapy in Combat Veterans with PTSD», *Frontiers in Psychiatry*, 4, n.º 118 (2013), https://dx.doi.org/10.3389%2Ffpsyt.2013.00118.

19. Katharina Gapp *et al.*, «Potential of Environmental Enrichment to Prevent Transgenerational Effects of Paternal Trauma», *Neuropsychopharmacology*, 41 (2016), pp. 2.749-2.758, https://doi.org/10.1038/npp.2016.87.

20. Yehuda, «How Trauma and Resilience Cross Generations», cit.

21. Jeri Bingham, correo electrónico enviado a la autora (junio de 2021). Sobre la isla de Gorea, véase «Goree: Senegal's Slave Island», *BBC News* (27 de junio de 2013), https://www.bbc.com/news/world-africa-23078662.

22. Los lectores que deseen saber más sobre la relación existente entre la pena heredada y la experiencia afroamericana quizá quieran leer el libro de la doctora Joy DeGruy *Post Traumatic Slave Syndrome: America's Legacy of Enduring Injury and Healing*, Uptone Press, Portland (Oregón), 2005.

23. Farah Jaṭīb, entrevista con la autora (julio de 2019).

24. William Breitbart, ed., *Meaning-Centered Psychotherapy in the Cancer Setting: Finding Meaning and Hope in the Face of Suffering*, Oxford University Press, Nueva York, 2017, https://doi.org/10.1093/med/9780199837229.001.0001.

25. William Breitbart, ed., «Meaning-Centered Group Psychotherapy: An Effective Intervention for Improving Psychological Well-Being in Patients with Advanced Cancer», *Journal of Clinical Oncology*, 33, n.º 7 (febrero de 2015), pp. 749-754, https://doi.org/10.1200/JCO.2014.57.2198; Lori P. Montross Thomas, Emily A. Meier y Scott A. Irwin, «Meaning-Centered Psychotherapy: A Form of Psychotherapy for Patients with Cancer», *Current Psychiatry Reports*, 16, n.º 10 (septiembre de 2014), p. 488, https://doi.org/10.1007/s11920-014-0488-2.

26. Wendy G. Lichtenthal *et al.*, «Finding Meaning in the Face of Suffering», *Psychiatric Times*, 37, n.º 8 (agosto de 2020), https://www.psychiatrictimes.com/view/finding-meaning-in-the-face-of-suffering.

27. William Breitbart, entrevista con la autora (3 de mayo de 2017).

28. Dave Afshar, «The History of Toro Nagashi, Japan's Glowing Lantern Festival», *Culture Trip* (19 de abril de 2021), https://theculturetrip.com/asia/japan/articles/the-history-of-toro-nagashi-japans-glowing-lantern-festival/, y Amy Scattergood, «Day of the Dead Feast Is a High-Spirited Affair», *Los Angeles Times* (29 de octubre de 2008), https://www.latimes.com/local/la-fo-dia29-2008oct29-story.html.

29. Encontré esta cita leyendo a Ted Hughes, pero, por desgracia, no he logrado dar con la fuente original.

CODA

1. Raymond Carver, «Late Fragment», *A New Path to the Waterfall, Atlantic Monthly Press*, Nueva York, 1988. (Hay trad. esp.: *Un sendero nuevo a la cascada: últimos poemas*, Visor, Madrid, 2008, traducción de Mariano Antolín Rato.

2. La iconografía de los descapotables se describe de forma excelente en Virginia Postrel, *The Power of Glamour: Longing and the Art of Visual Persuasion, Simon and Schuster*, Nueva York, 2013.

3. Kenneth Cain, Heidi Postlewait y Andrew Thomson, *Emergency Sex and Other Desperate Measures*, Hyperion, Nueva York, 2004. (Hay trad. esp.: *Sexo de emergencia y otras medidas desesperadas*, Ediciones B, Barcelona, 2007, traducción de David Paraleda).

4. Estoy convencida de que la idea del ascenso del alma lo he leído en alguna parte y no es mía; pero no consigo encontrar la fuente.

5. Houston, *The Search for the Beloved*, ed. cit., p. 26.